Public Shared
Service Centers

公共部门
共享服务中心

（德）杰德·施瓦茨（Gerd Schwarz）/著
张庆龙/译
于梅 冯玉莹/审校

Public Shared
Service Centers

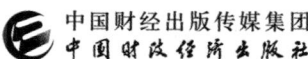

中国财经出版传媒集团
中国财政经济出版社

First published in English under the title
Public Shared Service Centers: A Theoretical and Empirical Analysis of US Public Sector Organizations
by Gerd Schwarz
Copyright © Springer Fachmedien Wiesbaden, 2014
This edition has been translated and published under licence from Springer Fachmedien Wiesbaden GmbH, part of Springer Nature.
Simplified Chinese translation edition copyrights © 2020 by China Financial and Economic Publishing House.

本书中文简体字版专有翻译出版权经由Springer Fachmedien Wiesbaden 授予中国财政经济出版社，中文版权属于Springer Fachmedien Wiesbaden 和中国财政经济出版社共有。未经许可，不得以任何手段和形式复制或抄袭本书内容。

北京市版权局著作权合同登记号　图字：01-2020-3048

图书在版编目（CIP）数据

公共部门共享服务中心 /（德）杰德·施瓦茨著；张庆龙译. -- 北京：中国财政经济出版社，2020.11

书名原文：Public Shared Service Centers

ISBN 978-7-5223-0051-1

Ⅰ.①公… Ⅱ.①杰… ②张… Ⅲ.①公共部门-财务管理-研究 Ⅳ.①F810.6

中国版本图书馆CIP数据核字（2020）第177134号

责任编辑：陈志伟　　　　　　责任印制：史大鹏
封面设计：卜建辰　　　　　　版式设计：南　博

GONGGONG BUMEN GONGXIANG FUWUZHONGXIN
公共部门共享服务中心
中国财政经济出版社 出版
URL：http://www.cfeph.cn
E-mail：cfeph@cfemg.cn
（版权所有　翻印必究）
社址：北京市海淀区阜成路甲28号　邮政编码：100142
营销中心电话：010-88191537
天猫网店：中国财政经济出版社旗舰店
网址：https://zgczjjcbs.tmall.com
北京时捷印刷有限公司印刷　各地新华书店经销
成品尺寸：170mm×240mm　16开　19.5印张　264 000字
2020年11月第1版　2020年11月北京第1次印刷
定价：88.00元
ISBN 978-7-5223-0051-1
（图书出现印装问题，本社负责调换，电话：010-88190548）
本社质量投诉电话：010-88190744
打击盗版举报热线：010-88191661　QQ：2242791300

译者序

一、新公共管理：催生西方公共部门财务共享服务模式兴起

当公共预算限制所形成的成本压力和公民日益提高的服务期望不断加强时，政府部门就开始被迫采取措施，以有效应对这些新的挑战。从20世纪中叶起，一些西方国家为了克服凯恩斯主义的缺陷，开始重新思考政府的角色定位、政府的作用定位、政府管理的制度和机制问题，并最终形成了新公共管理运动和相应的理论思潮。这一运动和理论的核心内容是，将市场机制、竞争原理引入政府管理领域，从而提高政府工作效率，降低行政运行成本，实现政府功能再造。

新公共管理理论将政府角色定位为决策者，主张将决策制定过程和决策执行过程相分离。政府的主要工作要放在决策过程上，决策执行过程即公共服务的生产和提供过程可交由市场和社会去完成。为了适应政府的新角色，政府组成人员应该以管理型专家为主，而不是以技术型专家为主，从而能够满足管理活动专业化的要求。

事实上，在西方国家过去的三十年里，情况远远比想象的更糟。各个政治派别均对政府的预算绩效提出了批评。他们宣称：政府行政运行效率低下、毫无成效、机构过于庞大、开支过高、过度呈现官僚化、制定了许多不必要的规则、对民众需求反应冷淡、政务不公开、不民主、侵犯公民隐私权、以权谋私等，并且认为政府服务无论数量还是质量均未达到理应向纳税民众提供的标准。

当公共部门运行的环境充满挑战时，政府部门的各个组织开始考虑引入和借助于企业的共享服务模式，降低后台服务职能部门的成本并集中政府财政预算资金以改进服务。正是在这一背景下，《公共部门共享服务中心》一书得以问世。事实上，这一概念已经在西方国家的许多跨国企业、行业组织广泛应用，其目的是分拆后台职能（例如，人力资源、采购、IT、财务、文书等），将不属于组织的主要活动但具有辅助作用的任务趋于集中，运用流程再造和信息化水平的提升，降低成本，提升后台部门的服务能力和运行效率。共享服务与新公共管理的目标是一致的。共享服务中心这一概念更有利于激励其管理层改善组织绩效，并赋予管理层权力，通过消除阻碍创新的规则和程序来实现他们的目标。共享服务也符合公共管理改革运动的顾客导向宗旨，因为共享服务中心会公布对所提供服务的成本、质量和及时性的持续评估结果。鉴于公共部门的支出会影响到整个经济的全局，共享服务中心建设的决策就显得尤为慎重。

在西方，公共部门是指负责提供公共产品或进行公共管理，致力于增进公共利益的各种组织和机构，最典型的公共部门是政府部门，它以公共权力为基础，具有明显的强制性，依法管理社会公共事务，其目标是谋求社会的公共利益，对社会与公众负责，不以营利为根本目的，不偏向于任何集团的私利。在我国，鲜有公共部门的提法，对应起来，主要是指我国的行政事业单位。党的十八大以来，我国经济进入新常态，我国也深度融入经济全球化进程，国际国内环境发生深刻变化，中国作为已经崛起的经济大国，必然以现代化的形象面向世界、面向未来。政府改革发展的总目标也必然开始着眼于制度的更加完善和国家治理体系和治理能力的现代化，建设有效治理型政府既是成熟市场经济国家之必然，也是全面提高国家竞争力之必须。政府必须依法执政、科学执政、民主执政，核心就是国家治理能力的现代化。应该看到，在我国大力推行国家治理能力现代化、预算绩效改革、减税降费、政府综合财务报告与政府会计制度改革的宏观背景下，行政事业单位推行共享服务这一问题的讨论和可行性研究具有重要的理论意义与实践意义。

二、政府会计改革：推动我国行政事业单位财务转型与财务共享中心建立

2019年1月1日，我国各级政府部门开始使用新的政府会计准则与制度。经济学家们认为，在稀缺的世界里制度本身也是稀缺的，选择一种制度意味着必须放弃另外一种制度。与交易成本一样，制度成本也是客观存在的一种社会事实。因此，对制度的任何选择都是有机会成本、创立成本和执行成本的。从制度演化的角度来看，执行成本包括实施成本和维护成本。我国原有的各级政府部门采用的会计信息系统，仅能满足会计核算制度下收付实现制会计核算和报表编制的要求，并不能满足政府会计制度改革要求的"双体系"功能，这必然需要更高水平的信息化系统提供支持，包括会计软件和会计信息系统的更换与升级换代，这些势必会增加政府部门的行政运行成本。此外，简单地进行分散的会计核算系统的升级再造，在业财长期分离和难以实施管控的背景下，会重新制造"信息孤岛"问题，会计数据分散造成的不完整的问题，执行标准不统一的问题，简单、重复性强的低附加值会计核算占用大量财务人员时间，使得财务人员难以向更具有决策管理功能的管理会计职能转型的问题。这些问题和背景的存在，恰恰与企业当初建立财务共享服务中心的背景如出一辙，成为引入财务共享服务中心模式的重要驱动因素。而数字经济与技术的兴起，更为财务人员的数字化转型提供了可能，如何基于财务共享服务进一步推动财务数字化转型正在成为财务界研究和实践的热点问题。

三、行政事业单位推行财务共享服务具备可行性

（一）企业经验为行政事业单位引入共享服务提供借鉴

财务共享服务中心（Financial Shared Service Center，简称FSSC）是近年来出现并流行起来的会计和报告业务管理方式。它是将不同国家、地点的实体的会计业务拿到一个共享服务中心（SSC）来记账和报告，这样做的好处是保证了会计记录和报告的规范、结构统一，而且由于不需要在每个公司和办事处都设会计，从而会大大节省系统和人工成本。财务共享服务中心作为一种新的财务管理组织模式正在许多跨国公司和国内大型集团公司中兴起与推广。财务共享服务中心是企业集中式管理模式在财务管理上的最新应用，其

目的在于通过一种有效的运作模式来解决大型集团公司财务职能建设中的重复投入和效率低下的弊端。"财务共享服务"最初源于一个很简单的想法：将集团内各分公司的某些事务性的功能（如会计账务处理、员工工资福利处理等）集中处理，以达到规模效应，降低运作成本。财务共享服务中心起源于20世纪80年代的西方跨国公司的发展，90年代开始被推广，2000年以后得到了迅速的发展。2015年最新调查显示，目前已有超过76%的《财富》500强和超过91%的《财富》100强企业建立了财务共享服务中心。财务共享服务中心已经成为西方跨国企业极为流行的一种财务组织形式。

对比而言，我国企业集团构建财务共享服务中心起步较晚。最早建立财务共享服务中心的时间大约在2005年左右，中兴通讯作为最早建立财务共享服务的企业，其财务共享服务中心成立于2005年。以共享服务为基础，中兴通讯最早建立了一套战略财务、业务财务、财务共享及专家团队四位一体的全球财经管理体系。经过不断探索和实践，2013年中兴财务云发展成为中国第一家全球财务共享服务中心，负责全球90个国家的核算业务，116个国家和地区的资金管理，服务语言多达25种，是中兴通讯的全球核算中心、国际资金中心、全球费用中心、全球税务中心、会计档案中心及管理数据中心。我国建立财务共享服务的高潮是源于2013年财政部发布的一份文件。2013年12月6日，财政部以财会〔2013〕20号文印发了《企业会计信息化工作规范》。其中第三十四条规定："分公司、子公司数量多、分布广的大型企业、企业集团应当探索利用信息技术促进会计工作的集中，逐步建立财务共享服务中心。"这一制度为我国大型企业集团建立和实施财务共享服务提供了重要的政策性依据。此后，出现了像阳光保险、四川长虹、平安集团、中铁建、华为、宝钢、海尔、万科、中国电信、中国网通、中国石化、中国石油等一大批先后建立财务共享服务中心的大型企业集团。即使这样，对于中国大多数的企业和企业集团来说，财务共享服务还是一个新鲜事物。当然，许多企业已经开始跃跃欲试，探索适合于本企业发展的财务共享服务模式。

当前，我国大多数行政单位仍处于会计信息化的初级阶段，甚至一些单位仅是实现了最基本的会计电算化。条块分割、各自为战的信息孤岛现象十分严重，许多方面还存在不足。而企业运用财务共享服务的经验可以为我国行政事业单位引入共享服务所借鉴。例如，云计算为特征的财务共享服务中心不但会减少行政事业单位会计信息化建设的时间，还会大量节约信息系统的开发成本和硬件设备的购买成本，同时还能够避免传统会计信息化建设可能出现的开发风险和系统风险等。云计算更会有利于各级行政事业单位共享一套核算规则，共享一套会计核算系统。通过类似企业财务共享的"银企互联"模式，可以实现行政事业单位财务无现金报账和网上收款，提升银行信息反馈质量和工作效率。

近一两年，我国的一些行政事业单位也开始尝试运用财务共享服务模式解决会计核算效率低下，加强管控能力，降低核算成本。例如，海南省根据会计集中核算模式从2018年开始从全省的角度，利用国库集中支付与数字经济的优势探讨向财务共享服务的转型问题。工业和信息化部2019年围绕"互联网＋政务服务"和国家大数据发展战略需要，引入财务共享模式，坚持组织、制度、平台"三位一体"统筹设计，全面推进业财融合与内控信息化建设，率先实现在政府部门建立财务共享中心，促进会计改革和财务转型，切实贯彻落实政府会计制度各项要求。其通过财务共享平台专线与银行对接，通过银政互联的建设，实现资金支付不落地、"无摆渡"，确保财务收支精准及资金安全，强化了对财政资金分配使用等权力集中的部门和岗位的内部控制；同时对接"公务之家"差旅报销APP，实现差旅报销的"一键化"与全程"电子化"，购置专用电子凭证柜，改善财务整体服务支撑水平，确保电子数据安全传输和存储。在功能模块上，工业和信息化部秉承从财务核心业务辐射至相关外沿业务的原则进行设计需求排期及开发上线。在财务共享平台建设的基础上，分阶段完成相关内控业务系统的开发上线。重点推进预算、采购、合同、建设项目、资产管理、管理报表、智能审核等功能模块，梳理各项业务实质，理顺各模块间关联关系，打通底层数据链，打造业务财务一体化的新格局。这些为我国行政事业单位推行财务共享服务中心积累了一些初步的经验。

（二）行政事业单位下属单位众多、同质性强

财务共享服务适用于一定规模以上的组织，规模越大的组织越会选择建立财务共享服务中心，这样才能够通过集中更有效地发挥财务共享模式的规模经济效应。在我国，行政事业单位往往在全国呈现出纵向的多层级分布，且分支机构众多。行政主管部门一般为一级预算单位，其下属单位为基层（二级、三级等）预算单位，虽然机构众多，但同质性较强。例如，中央设立国家税务总局，各省市设立省级市级国家税务局；国家气象部门在各省市设立气象部门；某教育厅下属的高校、中小学校；某卫生健康委下属的众多公立医院；某科研机构下属的全国科研院所等等，这些为建立行政事业单位财务共享服务奠定了重要的组织基础。如果将这些单位同质性的业务职能与会计核算集中起来，通过流程再造与信息化结合，便可以高质量、低成本地提供标准化会计核算服务，产生规模财务管理效益与经济效益，显著提高核算的效率，减少各单位因大量报销而产生的工作量，节约人工成本，并专注于业务发展，逐步形成良性发展。

（三）会计集中核算与政府会计改革搭建了会计集中与统一的基础

行政事业单位会计集中核算严格来说是一种会计委派制，指的是由财政部门成立会计核算中心，在保障行政事业单位资金使用权、自主权及所有权不变的基础上，取消统管单位的会计核算人员、出纳人员岗位，由财政部门委派会计人员，集中对行政事业单位的会计核算业务、会计监督管理及会计服务等加以处理，并由核算中心管理银行账户，清理银行账户，所有的收支业务归集到核算中心结算、核算的一种会计核算模式。

行政事业单位会计集中核算模式产生的目的不仅仅是会计核算业务的集中，更主要的是将各行政事业单位银行账户、资金收支纳入统一管理，并以此来规范和监督各单位财政资金使用，减少贪污腐败现象的发生。

会计集中核算尽管有其优点，一段时期发挥了重要作用，但在实际执行过程中，也产生了很多突出的问题。第一，容易造成会计集中核算机构与单

位会计责任界限不清,在会计主体责任界定上出现单位和核算机构相互推诿和扯皮;第二,会计集中核算没有推进会计与业务的融合,反而造成会计远离了业务,会计对于业务的监督功能反而得到了弱化,更无法发挥预算对于事前和事中的监督;第三,一个会计同时处理几个单位的会计核算又会由于对业务情况的不了解带来会计信息不准确和不真实的问题。因此,会计集中核算在行政事业单位并没有得到推广应用。

尽管如此,会计集中核算与财务共享服务中心的理念在会计基础作业的处理相一致,它将分散的、重复的基本业务抽离出来,集中到一个新的财务平台按照统一的标准、统一的流程进行处理。可以说,原来的会计集中核算给财务共享服务搭建了集中与统一的基础,财务共享服务则是在此基础上的功能划分和系统升级改造。当然,财务共享服务中心与会计集中核算有所不同,财务共享服务不是简单地将现有的财务流程简单归集和组合,而是要在现有的基础上实现对财务流程的再造设计,逐步形成共享财务、业务财务、战略财务的功能划分。

(四)国库集中支付制度建立了资金账户集中管理的基础

传统财政资金管理模式下,财政资金分散存放于不同的财政账户,财政资金多头管理、多户存放,这种多头管理、多户存放的管理模式弊端很多,但主要是极易造成财政专户资金长年结存数额巨大、国库资金却不足的突出问题。国库集中支付管理下,规范了财政资金拨付渠道,取消各类财政专户资金,所有资金统一存放国库和统一从国库支付,避免了财政资金大量沉淀在国库之外,有利于国库统一调度使用资金,极大地提高了财政资金运行效率。

行政事业单位构建财务共享服务中心可以借助已经建立的国库集中支付制度规范行政事业单位的账户管理体系,减少银行账户,压缩支付层级,统一结算,提高效率。加之,集中所带来的实时比对,有利于往来的动态监控和预警,提高预算资金的风险防控。资金账户的集中管理,有利于强化大额资金的预算管理与审批管理,降低预算执行偏差率,提高预算执行的准确性,减少无效资金沉淀带来的财务成本和国库资金余额的不足问题。

（五）数字经济赋能行政事业单位推行财务共享服务模式

对比以往的各个时期，如今的行政事业单位推行财务共享服务模式更加具有可行性，这就是数字经济所带来的技术赋能优势。数字经济是指以使用数字化的知识和信息作为关键生产要素、以现代信息网络作为重要载体、以信息通信技术的有效使用作为效率提升和经济结构优化的重要推动力的一系列经济活动。数字经济的基础设施是保证数字经济系统正常运行的公共服务系统，是数字社会生存发展的一般物质条件。其主要内容包括：大数据、人工智能、移动互联、云计算、物联网、区块链等基础设施。此时，数据将成为行政事业单位新的生产要素与新能源，平台将代替组织形式加速资源的优化配置，这将有利于政府部门的管理层级出现扁平化，使得决策到执行之间的环节大大缩减，信息传达与反馈的效率和准确度将提高，横向部门的沟通会更加顺畅。无论是内部组织架构的平台化还是推动产销一体化的政府购买的电商平台都将极大提高公共事务处理的效率，使得行政事业单位资源的配置更精准，降低自身的运行成本，避免资源不合理浪费。对比过去企业最先开始的财务共享服务中心建设，新技术的应用，特别是自动化与智能化技术的部署，成为提高财务共享服务中心效率，进一步释放核算资源的关键所在。财务共享服务中心需要考虑如何通过数字化转型进一步替代现有人工，通过自动化共享作业，进一步释放劳动力实现转型。例如，在审核环节，可以引入机器学习引擎，实现对单据的风险等级判断，提高审核的靶向性，而审核后的结果则通过会计引擎完成全自动的记账核算。这样所构建的财务共享服务平台会消灭大量低附加值的报账、审核、核算环节，由智能化系统实时自动完成，使财务的有限人力得到最大限度的利用，避免财务共享服务中心自身由于单纯的核算集中所带来的缺陷。

四、《公共部门共享服务中心》一书值得借鉴

严格来说，Schwarz先生撰写出版的《公共部门共享服务中心》是一本理论专著。基于美国公共部门的问卷调查结果，他采用了实证研究方法，综合考虑了影响公共部门共享服务中心组织架构的相关因素，比较了公共部门后台职能中发挥作用的各种方案的优缺点，并提出了适当建议，丰富了该领域的研究成果。从目前现有关于政府部门领域财务共享服务中心的文献来看，它是一本难得的高质量文献，观点极富创新性，其中的见解远远超越任何现有的文献分析，值得我国行政事业单位开展财务共享服务研究与实践时进行借鉴。

全书共包括10章，主要内容集中在第2至第9章。

第1章主要介绍了公共部门的经济作用，并特别介绍了共享服务这一概念，通过探讨私营部门实施这一模式的成功案例，分析了将共享服务拓展至公共部门的可行性依据。

第2章分析了"州"这种组织形式在社会治理中的作用，以及在向公共和私营组织分配经济活动中的作用。该章描述了公共部门所面临的主要环境因素，并强调了公共部门和私营公司之间的一些关键激励差异。此外，该章还讨论了"新公共管理"（NPM）改革运动，为公共部门共享服务方案的设计奠定了重要理论基础。其主要观点认为，共享服务与新公共管理的目标是一致的。共享服务中心这一概念更有利于激励其管理层改善组织绩效，并赋予管理层权力，通过消除阻碍创新的规则和程序来实现他们的目标。共享服务也符合改革运动的顾客服务导向宗旨，因为共享服务中心会公布对所提供服务的成本、质量和及时性的持续评估结果。

第3章则运用价值链管理将公共部门的组织活动分解为主要活动和支持活动，同时考察分析了企业安排支持活动的传统方案。本章主要观点认为，许多公司从单一组织架构向多部门组织结构的转变导致了支持服务功能的重复建设，这一现象最终导致共享服务中心的引入。由于缺乏关于公共部门共享服务的可靠数据，本研究收集了72个美国公共部门组织实证调查取得的主要数据。此外，本章还介绍了共享服务在公共部门兴起的原因，并对伊利诺伊州、俄亥俄州和国家航空航天局3个成功建立共享服务中心的公共部门进行了案例研究。这些案例展示了公共部门组织在中心范围、中心位置、合同义务和其他特征方面可以采用的各种方法。

第4章分析了通过共享服务中心提供后台支持服务与在单个机构内提供后台支持服务的各自优缺点。这一章还将建立共享服务中心的成本区分为生产成本、交易成本和政治成本，并给出了参加调查的72个公共部门组织对这些成本的重要性评估结果。其主要观点认为，设立共享服务中心具有交易成本优势，它减轻了各机构内部的管理压力，使得共享服务中心管理层能够有充足的精力管理后台服务，提高透明度，降低监管难度，加强客户服务导向。但设立共享服务中心也会增加交易成本、各机构的停业成本、共享服务组织的设立成本、与各个机构的信息和通信成本。由于缺乏竞争、子目标识别和机构管理层反对而导致的推诿也会增加激励成本。除了生产和交易成本外，在决定公共部门支持服务的组织设计时还需要考虑政治成本。一些政客们很可能会评估建立共享服务中心对其连任机会的影响，连任机会可能会因各机构解雇公务员而减少。

第5章分析了共享服务中心的区位策略，对实际设立共享服务中心的数量、选择棕地法还是绿地法，以及位置选择标准都进行了讨论。接着分析了组织结构（组织结构分为纵向组织结构和横向组织结构），讨论了诸如合同义务、共享服务中心绩效评估基础、定价策略、治理模型和范围扩展方法等内容。最后，对共享服务中心的激励体系进行了分析，讨论了目标实现对共享服务中心管理的经济后果。

第6章讨论了被列为调查对象的公共部门中引入共享服务的成本与质量效应。对计划和实现的效应进行比较，并针对不同子群体分别对实现效应进行分析，例如按部门、规模、调查对象概况、位置、流程类型等。然后，给出了以实际发生成本与质量效应为因变量的回归模型结果。主要观点认为，公共部门组织将其支持服务转变为共享服务中心，可以削减成本和改进质量。平均而言，这些组织降低了3.5%的成本，提高了7.7%的质量。这些结果低于预期——这些组织预期的成本与质量效应分别为11.0%和10.1%，而且在成本节约方面显著低于有关私营部门推行共享服务中心的四项研究所取得的

27.8%的平均水平。之所以达不到私营部门在降低成本方面的成就，其中一个原因是大多数公共部门组织未充分利用区位经济和劳动力套利机会，只有5.6%的公共部门组织将共享服务中心设在其在美国的管辖范围以外，没有一家在海外设立共享服务中心。

第7章考察了美国公共部门外包后台服务的特点，研究了美国公共部门机构可以合法外包给第三方支持服务的范围，区分了政府固有活动、不具备竞争力的商业活动和具备竞争力的商业活动；目前来看只有后者被外包给私营服务供应商。据调查，组织的后台职能活动可以分为三类，42.3%属于政府固有活动，17.2%属于非竞争性商业活动，40.5%属于竞争性商业活动。回归模型表明，分类可以解释外包支持服务35.7%的百分比变化。总的来说，受调查的组织外包了17.3%的后台服务，即不到一半的竞争性商业活动。超过一半的组织未来打算将更多的支持服务外包出去，只有10%的组织计划减少外包。此外，还提出了被调查组织外包后台支持服务的程度，并分析讨论了最终获取的实证证据。

第8章研究了使用外部服务供应商而非公共部门共享服务中心提供后台服务的相对优势和劣势。考虑到规模经济和范围经济、区位优势以及消除了公共部门雇员和采购方面存在的僵化现象等优势，雇用私营服务供应商——符合第2章所述的"引导而不是争吵"的新公共管理范式——可以降低生产成本。然而，交易成本更高。由于交易成本由资产特性、不确定性、频率、可度量性和相互依赖性五个维度决定，因此本研究邀请了72个公共部门组织根据这些维度评价支持服务，提出了以外包后台服务的百分比为因变量、以交易维度为自变量的回归模型。

第9章测试了第3章至第8章中生成的27个假设。这些假设假定了成熟的共享服务中心（至少在5年前建立）比新设的共享服务中心更能充分地表现出共享服务中心的优势。

第10章总结了研究的主要成果，并对未来公共部门共享服务中心的研究提出了建议。第一，在回归模型中，系数有预期的符号，但没有达到显著性。

随着越来越多的公共部门组织转向共享服务，将来应该有可能获得更大的样本，从而对变量做出更有力和更可靠的解释。第二，可以开展一项新研究，使数据客观化。如有可能，应收集设立共享服务中心前后准确的后台服务成本。对于只能主观评价而无法客观核查的变量，可以同时询问同一公共部门组织不同部门的代表，以查明可能的差异。第三，本研究包括伊利诺伊州、俄亥俄州和国家航空航天局的案例研究。还需要进行更多的案例研究，以便更深入和更长期地探讨各个公共部门组织在设立共享服务中心时所面临的问题，从而揭示协调和激励各个组织部门的最佳做法。第四，未来的研究重点应放在第5章探讨的共享服务架构的理论发展上，尤其应对垂直和水平差异进行更详细的分析。由此，可以更深入地了解公共部门共享服务的合同义务和适当的定价机制等问题，从而有可能确定共享服务中心发展的更详细的阶段划分，证明存在不同的合同类型和收费模式的必要性。最后，应扩大研究的地理范围。本调查仅包括美国公共部门组织。未来需要开展更多研究，分析其他国家的公共部门组织是如何设计其支持服务的。这将有助于评估美国公共部门组织是否与20世纪80年代的私营部门组织类似，在采用公共部门共享服务方面走在前列。特别值得研究的是，公共部门共享服务在中国等新兴经济体的使用情况。

五、我国行政事业单位推行财务共享服务中心模式任重而道远

虽然企业经验、信息技术的发展、会计制度改革、西方国家的建设经验都为财务共享服务中心的推行奠定了良好的基础，但是，当前在我国行政事业单位推行财务共享服务还是存在一定障碍性因素，主要表现在：

（一）管理层观念落后、变革的主动意识不强

行政事业单位推行财务共享服务的本质是通过会计核算的集中与财务信息化水平的提升逐步带动整个业务管理效率和管控能力的增强。即便如此，行政事业单位管理层对于财务转型与变革仍缺乏主动意识。会计核算集中到财务共享服务中心意味着自由财务权力的丢失，这是大多数单位管理层所不愿意见到的。此外，创新意味着可能失败。建立财务共享服务中心对于行政

事业单位来说还是一件新鲜事，主管部门的管理层对于新事物往往具有抵触心理，害怕因为变革影响自身组织的稳定性和自身职务的升迁。对于下一层级的管理层来说，财务共享势必会冲击单位现有管理的操作流程、财务制度甚至是组织架构等方面，这就免不了会触及现有的内部利益格局，堵住一些"灰色地带"，从而使"一把手"产生抗拒心理。在技术手段的利用上，传统的管理者依然习惯于依赖手工操作、纸质文件签名、审批等习惯，而不习惯于电子化审批。因此，行政事业单位未来建立财务共享服务中心最大的阻力将来自于各级管理层。

（二）财务人员素质有待提高

财务共享不是简单的将会计核算集中化处理，更重要的是在各个分子单位设置业务型财务，去从事有利于管理层决策的业务，从而推动财务人员转型。长期以来，行政事业单位对于高素质财务人员的需求不足，这就导致财务资源的投入也明显不足，使得当前行政事业单位财务人员的素质普遍不高。而且，行政事业单位由于体制、事业单位性质等原因，无法辞退冗余的会计核算人员，很容易使得会计核算队伍变得更加庞大，成本不降反升。加之，固定编制的限制性因素，使得财务共享服务中心不可能为此而增加人数，这也会大大影响建立财务共享服务中心后的实施效果。

（三）会计信息化基础薄弱，业务条块分割明显

大多数行政事业单位目前的会计信息化仅是一个孤立的会计核算系统，并没有打通相关业务信息系统，这与行政事业单位的条块分割的管理体制是直接相关的。这种体制性的障碍因素会导致各行政事业单位之间、各分支机构之间、各信息系统之间不能有效实现资源共享和互联互通，这些与财务共享的理念是背道而驰的。此外，由于大多数行政事业单位财务的信息化程度较低，要达到建立财务共享服务中心所要求的信息化程度需要很大的资金投入，并且财务共享服务中心的建立是一项长期工作，可能会持续2-3年，同时在这一阶段会计人员需要学习、更新相关的知识。会计核算系统更新成本较高以及由此带来的一系列麻烦，会给人们带来畏难的情绪，阻碍财务共享

服务中心的建立，也会成为阻碍财务共享服务中心建立的重要借口。

（四）业财分离影响财务共享服务作用的发挥

建设财务共享服务中心的目的之一就是为了实现财务转型，构建业财一体化的业务型财务。财务共享服务中心建设完成后，可以通过业财融合路径，通过管理会计职能发挥财务对于业务的决策支撑，实现更好的服务，并通过服务来带动管控。而长期以来，行政事业单位的财务人员远离业务，重核算轻业务，重事后轻事前事中。大量的核算工作占用了会计人员大量的工作时间，造成管理会计作用的发挥极其有限。

建立财务共享服务中心后，许多留在行政事业单位的业务型财务由于不懂共享服务中心的运作模式，不会利用财务共享服务中心自身的数据创造功能，一旦双方在某一领域的业务、职责划分、权属关系等问题上持不同的观点而产生矛盾，就会影响单位财务内部的合作关系，进而影响财务部门工作整体运行效率，最终进一步影响管理会计作用的发挥，这可能会在某种程度上与最初建设财务共享的设想大相径庭。这些也会成为进一步推进财务共享服务中心建设，实现财务转型的障碍性因素。

六、推行财务共享服务模式是大势所趋

虽然，在我国行政事业单位推行财务共享模式面临着诸多障碍性因素，但笔者坚持认为，推行财务共享服务模式仍然是大势所趋。必须肯定财务共享服务模式对于现有行政事业单位财务管理体系及其信息化升级再造的推动作用，它有利于政府财务报告信息透明度的增加，降低行政事业单位整体的运行成本，避免重复浪费。当然，行政事业单位与企业、与西方的政体还存在诸多的差异性。但是，随着国家治理及国家治理能力现代化的增强，尤其是随着数字经济引发的数字化转型，政府部门关于大数据的认识能力会不断增强，财务共享服务中心所带动的后台职能部门共享化、数字化、智能化，会使得基于财务共享服务中心的数据基础、技术基础、组织基础优势大放异彩。基于财务共享提升单位领导层的科学决策能力，以可视化的形式展示财务部门所掌握的数据优势将显得十分必要。它最终有利于打通部门间，尤其

是业务部门的信息壁垒，增强业财沟通与协同的效率，避免职能与职责的相互推诿与扯皮，从而更好地提供社会服务职能，发挥公共服务职能。

  本书的翻译历时两年之久，书中有大量的专业术语与实证研究方法，增加了翻译的难度与深度。无论如何，该书即将面世，感谢为本书付出辛勤劳动的郭巍老师、韩菲老师、冯玉莹同学，本书得以顺利出版也要感谢中国财政经济出版社尉敏编辑的大力支持，希望该书对于广大学者和实务工作者研究行政事业单位财务共享服务可以提供重要参考价值，由于翻译水平有限，书中难免出现错误或者遗漏，敬请广大读者批评指正。

张庆龙

2020年9月

谨以此书献给 Susan、Adam 和 Alexander

序 PREFACE

在过去二十年中,迅速变化的外部环境对公共部门和私营公司的运行管理产生了深刻影响。预算限制所造成的成本压力和公民不断提高的服务期望迫使这些组织采取措施,以有效应对新的挑战。在此背景下,新公共管理已成为预算改革的流行语。

在过去几年中,一些概念与新公共管理一起日益受到追捧,其中一个就是建立共享服务中心。这一概念已被许多行业组织成功应用,其本质是分拆后台职能,即不属于组织主要活动但具有辅助作用的任务。

建立共享服务中心是施瓦兹(Schwarz)先生著作的核心。他以一个理论框架为基础,处理了相关的成本和收益以及其他组织方案,并设计了一组假设,然后在实证环境中进行了测试。在这项实证研究中,他引用了美国公共部门的调查结果,目的是比较在公共部门执行后台职能的各种方案的优缺点,并提出适当建议。

从理论和实证角度看,施瓦兹(Schwarz)先生成功地以一种最佳的方式揭示了公共部门共享服务中心的现象。特别值得注意的是,他能够将实证研究和理论讨论紧密联系起来,这说明了其论点的严谨性。该著作是极富创新性的，其中的见解远远超越任何现有的文献分析。本研究综合考虑了影响公共部门共享服务中心组织架构的相关因素，丰富了这一领域的研究，也为这一背景下的政府部门和公众讨论提供了新的建议。其分析和讨论都达到国际最高标准。因此，我希望他的著作可以受到广泛欢迎。

彼得·J·乔斯特（Peter-J. Jost）

2014年3月于瓦伦达尔

序言
PREFACE

我在德勤担任绩效管理服务业务领导者的经历,激发了我对公共部门共享服务中心的研究兴趣。当客户询问有关共享服务中心的建议时,我检索了相关文献,却发现在一些核心问题上可用的文献很少。共享服务中心相对于其他组织形式的比较优势和劣势是什么?建立共享服务中心的成本与质量效应如何?共享服务中心应该设置在何处?共享服务中心应该如何为其服务定价?内部客户使用共享服务是可选的还是强制的?为了回答这些问题,我启动了共享服务中心研究项目,并最终完成了这本著作。

我有幸得到许多人的支持,他们的见解令我受益匪浅。首先,我要感谢我在奥托·拜斯海姆管理学院的博士生导师彼得·J·乔斯特(Peter-J. Jost)教授。他向我介绍了交易成本理论,我正是运用这一理论解答研究问题,而且他总是愿意和我讨论研究课题。Jost教授不仅是一个学识渊博的人,也是我开启学术生涯时效仿的榜样。我还要感谢于尔根·韦伯(Jürgen Weber)教授担任我的第二位博士生导师。我的著作大多是在哈佛大学写的。在此期间,我有幸在哈佛肯尼迪学院担任三年"公共战略管理"课程的助教。教授这门课的老师玛丽·乔·贝恩(Mary Jo Bane)、安迪·泽勒克（Andy Zelleke）和彼得·齐默尔曼（Peter Zimmerman）让我收获了关于公共管理和领导力方面的宝贵观点，帮助我明确了共享服务中心在公共部门中所扮演的角色。加里·奥尔恩（Gary Orren）教授是我在哈佛及以后日子里的导师。杰瑞·梅克林（Jerry Mechling）使我有机会在他的领导下，为哈佛大学的一个世界级高管网络教育项目授课，使我得以与研究中所调查的许多组织建立联系。

在我写作期间，我的妻子同时也是我的哈佛同学苏珊、我们的儿子亚当和亚历山大给予了我极大的爱与支持，并与我分享了探索共享服务的经验。因此，我将本书献给他们。

杰德·施瓦茨（Gary Schwarz）

目录 CONTENTS

图目录 1
表目录 1
缩略语表 1

1. 引言 1
    1.1   研究动机与目的 1
    1.2   文献综述 4
        1.2.1   私营部门共享服务 4
        1.2.2   公共部门共享服务 7
    1.3   研究方法 9
        1.3.1   理论视角 9
        1.3.2   生成假设 10
        1.3.3   实证研究设计 11
        1.3.4   描述性样本统计 13
        1.3.5   实证研究的限制 16
    1.4   章节概述 17

2. 公共部门 19
    2.1   国家学说 19

- 2.2 历史概述 ·· 20
- 2.3 公私区别 ·· 21
  - 2.3.1 公共产品 ································· 22
  - 2.3.2 所有权 ····································· 22
  - 2.3.3 经费来源 ································· 23
  - 2.3.4 公共利益 ································· 24
- 2.4 政治与行政 ····································· 24
  - 2.4.1 政治—行政二分法 ······················ 24
  - 2.4.2 政治控制 ································· 26
- 2.5 政府机构 ·· 27
  - 2.5.1 官僚组织 ································· 27
  - 2.5.2 公共部门的特点 ························· 33
- 2.6 新公共管理 ····································· 35
  - 2.6.1 起源与特征 ······························ 35
  - 2.6.2 美国新公共管理运动 ···················· 38
  - 2.6.3 有关新公共管理的批判性评价 ········· 40

3. 共享服务 ·· 43

- 3.1 活动分解 ·· 43
  - 3.1.1 主要活动 ································· 44
  - 3.1.2 支持活动 ································· 45
- 3.2 定义 ··· 45
- 3.3 私营部门共享服务 ······························ 48
  - 3.3.1 职能型和多部门型组织形式 ············ 48
  - 3.3.2 历史早期模式 ···························· 51
  - 3.3.3 共享服务的兴起 ························· 61

3.3.4　证据 ………………………………………… 64
　3.4　公共部门的共享服务 ………………………… 65
　　3.4.1　依据 ………………………………………… 65
　　3.4.2　证据 ………………………………………… 66
　　3.4.3　微型案例研究 ……………………………… 69

4. 提供支持服务的比较经济组织：共享服务还是政府机构　80

　4.1　共享服务的比较优势和劣势 ………………… 81
　　4.1.1　生产成本 …………………………………… 81
　　4.1.2　交易成本 …………………………………… 86
　　4.1.3　政治成本 …………………………………… 98
　　4.1.4　实证结果 …………………………………… 99
　4.2　政府机构的比较优势与劣势 ………………… 101

5. 共享服务架构　103

　5.1　区位策略 ………………………………………… 103
　　5.1.1　集中度 ………………………………………… 104
　　5.1.2　区位类型 ……………………………………… 105
　　5.1.3　选址 …………………………………………… 109
　5.2　组织结构 ………………………………………… 110
　　5.2.1　垂直差异 ……………………………………… 111
　　5.2.2　水平差异 ……………………………………… 125
　5.3　激励结构 ………………………………………… 137
　　5.3.1　绩效评价与评估 ……………………………… 138
　　5.3.2　报酬 …………………………………………… 139

6. 共享服务的成本效应和质量效应 …… 142

6.1 成本效应 …… 143
- 6.1.1 计划成本效应 …… 143
- 6.1.2 已实现总成本效益 …… 144
- 6.1.3 细分的已实现成本效应 …… 145
- 6.1.4 已实现成本效应的预测因子 …… 149

6.2 质量效应 …… 157
- 6.2.1 计划质量效应 …… 157
- 6.2.2 已实现总质量效应 …… 157
- 6.2.3 细分的已实现质量效应 …… 159
- 6.2.4 已实现质量效应的预测因子 …… 162

7. 美国公共部门支持服务外包特点 …… 166

7.1 背景 …… 166
7.2 政府固有活动 …… 167
7.3 商业活动 …… 170
- 7.3.1 非竞争性商业活动 …… 170
- 7.3.2 竞争性商业活动 …… 172

7.4 实证结果 …… 175
- 7.4.1 分类 …… 175
- 7.4.2 后台服务外包 …… 177

8. 支持服务的经济组织比较：外包与共享服务 …… 180

8.1 外部服务供应商的比较优势和劣势 …… 180
- 8.1.1 生产成本 …… 181
- 8.1.2 交易成本 …… 185

	8.1.3 政治成本	206
	8.1.4 实证结果	207
8.2	内部共享服务的比较优势和劣势	212

9. 跨期差异 216

9.1	假设	216
9.2	统计方法	218
9.3	结果	219
	9.3.1 共享服务的特征	219
	9.3.2 政府机构差异	221
	9.3.3 共享服务架构	222
	9.3.4 成本与质量效应	227
	9.3.5 美国公共部门特征	228
	9.3.6 对外包的影响	228

10. 结论 232

10.1	研究成果汇总	232
10.2	未来可能的研究方向	237

附录：调查问卷 239

参考文献 250

图目录

图1　后台职能冗余 …………………………………………………… 3
图2　受调查组织的部门组成 ………………………………………… 15
图3　被调查对象概况 ………………………………………………… 16
图4　旧公共行政和新公共管理概览 ………………………………… 36
图5　价值链 …………………………………………………………… 43
图6　职能型 …………………………………………………………… 48
图7　多部门型 ………………………………………………………… 50
图8　直接任务与间接任务 …………………………………………… 52
图9　组织目标的划分 ………………………………………………… 54
图10　中央部门模式 …………………………………………………… 59
图11　私营部门组织的共享服务范围 ………………………………… 64
图12　私营共享服务中心所执行的最常见的流程 …………………… 65
图13　受调查组织的共享服务范围 …………………………………… 67
图14　公共部门共享服务中心执行的最常见的流程 ………………… 68
图15　共享服务中心成本数据组 ……………………………………… 69
图16　伊利诺伊州共享服务中心项目范围 …………………………… 73
图17　俄亥俄州共享服务中心财务资源配置和交易处理对标图 …… 74
图18　公共部门的比较成本评价 ……………………………………… 82
图19　组织架构 ………………………………………………………… 103
图20　受调查组织共享服务中心的实际地点数量 …………………… 104
图21　受调查组织的共享服务中心的地点 …………………………… 106
图22　受调查组织的选址标准 ………………………………………… 110
图23　受调查组织的缔约义务情况 …………………………………… 113
图24　受调查组织的标准化程度 ……………………………………… 115

图 25　受调查组织共享服务中心绩效的评价基础 …………………… 117

图 26　受调查组织的收费策略 …………………………………………… 120

图 27　共享服务治理模式 ………………………………………………… 123

图 28　受调查组织的委员会结构 ………………………………………… 124

图 29　SOS 模式 …………………………………………………………… 126

图 30　示范组织结构 ……………………………………………………… 128

图 31　规模扩张矩阵 ……………………………………………………… 128

图 32　受调查组织的规模扩张 …………………………………………… 129

图 33　服务水平协议在受调查组织中的应用 …………………………… 133

图 34　受调查组织的服务水平协议内容 ………………………………… 134

图 35　采购到支付流程责任划分实例 …………………………………… 134

图 36　受调查组织的服务水平协议更新情况 …………………………… 137

图 37　受调查组织对过渡到共享服务中心前后确切后台成本的
　　　　了解情况 ………………………………………………………… 138

图 38　对受调查组织共享服务中心管理层货币报酬的影响程度 …… 140

图 39　计划成本效应 ……………………………………………………… 144

图 40　已实现的成本效应 ………………………………………………… 145

图 41　计划质量效应 ……………………………………………………… 158

图 42　已实现质量效应 …………………………………………………… 158

图 43　支持服务决策树 …………………………………………………… 167

图 44　按职能划分的竞争性活动（2006 年，以全时当量计算）…… 173

图 45　受调查组织中的政府固有活动和商业后台活动 ………………… 175

图 46　受调查组织外包的后台服务 ……………………………………… 177

图 47　受调查组织未来的支持服务外包计划 …………………………… 179

图 48　平均年薪 …………………………………………………………… 185

图 49　受调查组织更换后台供应商的难易程度 ………………………… 188

图 50　受调查组织的区位特性 …………………………………………… 189

图 51 受调查组织的实务资产专用性 …………………………… 190

图 52 受调查组织的专用资产专用性 …………………………… 191

图 53 受调查组织的人力资本专用性 …………………………… 192

图 54 受调查组织的声誉专用性 ………………………………… 192

图 55 受调查组织的活力 ………………………………………… 194

图 56 受调查组织的复杂性 ……………………………………… 195

图 57 资产专用性和不确定性对支持服务自制或
购进决策的影响 …………………………………………… 195

图 58 受调查组织的频率 ………………………………………… 197

图 59 资产专用性和频率对支持服务自制或购进决策的影响 …… 198

图 60 受调查组织的绩效评价难易度 …………………………… 199

图 61 受调查组织的独立性 ……………………………………… 201

图 62 受调查组织的共享服务中心扩张策略 …………………… 225

表目录

表1　共享服务主要文章概述 ⋯⋯⋯⋯⋯⋯⋯⋯⋯⋯⋯⋯⋯⋯⋯ 6
表2　公共共享服务相关主要文章概述 ⋯⋯⋯⋯⋯⋯⋯⋯⋯⋯ 7
表3　问卷调查对象 ⋯⋯⋯⋯⋯⋯⋯⋯⋯⋯⋯⋯⋯⋯⋯⋯⋯ 13
表4　受调查组织的部门分类和雇员人数 ⋯⋯⋯⋯⋯⋯⋯⋯⋯ 15
表5　被调查共享服务中心的分类和成熟度 ⋯⋯⋯⋯⋯⋯⋯⋯ 16
表6　民主与官僚主义的内在冲突* ⋯⋯⋯⋯⋯⋯⋯⋯⋯⋯⋯ 31
表7　旧公共行政与新公共管理的比较* ⋯⋯⋯⋯⋯⋯⋯⋯⋯ 38
表8　共享服务的定义 ⋯⋯⋯⋯⋯⋯⋯⋯⋯⋯⋯⋯⋯⋯⋯⋯ 46
表9　公司员工角色* ⋯⋯⋯⋯⋯⋯⋯⋯⋯⋯⋯⋯⋯⋯⋯⋯ 57
表10　Eisenstat总结的员工角色 ⋯⋯⋯⋯⋯⋯⋯⋯⋯⋯⋯⋯ 57
表11　伊利诺伊州共享服务中心人力资源和财政流程范围（节选）⋯ 71
表12　俄亥俄州共享服务最初范围分析 ⋯⋯⋯⋯⋯⋯⋯⋯⋯ 75
表13　美国国家航空航天局共享服务中心职能领域范围 ⋯⋯⋯ 78
表14　受调查组织对共享服务相对于机构优势的看法 ⋯⋯⋯⋯ 99
表15　受调查组织对共享服务相对于机构劣势的看法 ⋯⋯⋯⋯ 100
表16　中心类型 ⋯⋯⋯⋯⋯⋯⋯⋯⋯⋯⋯⋯⋯⋯⋯⋯⋯⋯ 116
表17　示范企业中心与共享服务中心的比较 ⋯⋯⋯⋯⋯⋯⋯ 126
表18　关键绩效指标实例 ⋯⋯⋯⋯⋯⋯⋯⋯⋯⋯⋯⋯⋯⋯⋯ 135
表19　标记法 ⋯⋯⋯⋯⋯⋯⋯⋯⋯⋯⋯⋯⋯⋯⋯⋯⋯⋯⋯ 142
表20　部门已实现成本效应 ⋯⋯⋯⋯⋯⋯⋯⋯⋯⋯⋯⋯⋯⋯ 146
表21　按规模细分的已实现成本效应 ⋯⋯⋯⋯⋯⋯⋯⋯⋯⋯ 146
表22　按调查对象概况细分的已实现成本效应 ⋯⋯⋯⋯⋯⋯⋯ 147
表23　按选址细分的已实现成本效应 ⋯⋯⋯⋯⋯⋯⋯⋯⋯⋯ 148
表24　按流程类型细分的已实现成本效应 ⋯⋯⋯⋯⋯⋯⋯⋯ 148

表25	按合同义务细分的已实现成本效应	149
表26	描述性统计及相关性	150
表27	STATA结果实例	152
表28	已实现成本效应的回归模型	153
表29	计划成本效应和已实现成本效应的部门相关性	155
表30	按部门细分的已实现质量效应	159
表31	按规模细分的已实现质量效应	159
表32	按调查对象概况细分的已实现质量效应	160
表33	按选址细分的已实现质量效应	161
表34	按流程类型细分的已实现质量效应	161
表35	按合同义务细分的已实现质量效应	161
表36	已实现质量效应的回归模型	163
表37	计划质量效应与已实现质量效应的部门相关性	164
表38	美国有关政府固有职能的主要法律比较	169
表39	采用竞争性采购的法律限制	170
表40	2002年非竞争性商业全时当量	171
表41	2006财政年度公私竞争结果	174
表42	外包的描述性统计和相关性	176
表43	商业活动的回归模型	178
表44	美国公共部门组织与私营部门组织的工资和福利比较	184
表45	受调查组织对私营服务供应商相较共享服务中心优势的评价	207
表46	受调查组织对私营服务供应商相较共享服务中心劣势的评价	208
表47	交易成本的回归模型	210
表48	假设	217
表49	共享服务特征和机构差异的假设检验	220
表50	共享服务架构、成本与质量效应的假设检验	223
表51	美国公共部门特征和对外包影响的假设检验	229

缩略语表

BPR	业务流程再造
CIO	首席信息官
DoD	国防部
ERP	企业资源规划
FAIR	联邦职能清单改革
FAR	联邦采购条例
FTE	全时当量
FY	财政年度
GAO	政府问责办公室
GDP	国内生产总值
GPRA	政府绩效与结果法案
HR	人力资源
IAS	国际会计准则
IT	信息技术
KPI	关键绩效指标
NASA	国家航空航天局
NASACT	美国州政府审计、会计与司库人员协会
NIE	新制度经济学
NPM	新公共管理
NPR	国家绩效评估
OMB	管理和预算办公室
PART	项目评级工具
P.L.	公法
RFP	征询方案
SLA	服务水平协议
SSC	共享服务中心
USC	美国法典
WTA	接受意愿
WTP	支付意愿

1 引言

过去三十年里，世界上各个政治派别都对政府绩效提出了批评。批评者宣称，政府效率低下、毫无成效、过于庞大、开支过高、过度官僚化、制定过多不必要的规则、对民众需求反应冷淡、政务不公开、不民主、侵犯公民隐私权、谋私利，并且政府服务无论数量还是质量均未达到理应达到的水准。

政府运行环境充满挑战，开篇引文已有所描述。在这种情况下，不少公共部门组织考虑借助共享服务，降低后台服务成本并集中政府资源以改进市民服务。鉴于政府机构开支会影响经济全局，共享服务决策显得尤为重要。

第一章将介绍公共部门的经济作用，并将特别介绍共享服务这一概念，通过探讨私营部门实施这一模式的成功案例，分析将共享服务拓展至公共部门的依据。第一章包含文献综述部分，该部分将对公共部门共享服务方面相对匮乏的文献加以总结，找出研究空白，明确本研究的着力点。研究方法部分将阐述本论文所采纳的理论视角和实证研究设计。最后章节概述将对全文加以概括。

1.1 研究动机与目的

在美国，公共部门是经济的重要组成部分。21世纪初，美国联邦、州和地方政府的开支占国内生产总值（GDP）的28%。自20世纪70年代中期至90年代中期的大部分时间里，政府总开支超过GDP的30%。平均而言，仅美国联邦政府的开支就占20世纪下半叶GDP（国内生产总值）的近20%，在1947年至1960年期间，约占美国公共开支的四分之三。然而，近年来联邦政府开支已让位于各州和市的开支，从1999年起，联邦开支在美国公共开支中的比重不到三分之二。

除GDP以外，公共部门还是主要的雇主。在21世纪初，美国约16%的劳动力受雇于公共部门。20世纪60年代，公共部门的总就业率达到了近20%的峰值。然而，自20世纪80年代初以来，公共部门就业人数与作为GDP组成部分的公共开支的比例一直低于60%。比20世纪60年代减少了15%，这表明政府越来越依赖第三方供应商，并将以前公开提供的服务外包了出去。

与此同时，世界上一些在规模上数一数二的政府部门很多都是美国所属的政府机构。美国最大的联邦机构国防部（DoD）2006年的预算为4 100亿美元，超过了世界头两大公司（根据销售额）埃克森美孚（3 399亿美元）和沃尔玛（3 157亿美元）的销售额。国防部共雇用了330万人，其中260万人为军人，70万人为平民，超过了埃克森美孚（84 000人）和沃尔玛（180万人）的雇员人数。就经营预算而言，即使是预算最低的美国内阁部门——商务部（Department of Commerce），也在《财富》（Fortune）500强中排名第367位。

考虑到政府在经济发展中的特殊作用，以及雇员占GDP比重的显著变化，公共外包和共享服务的有关现象一直未得到充分研究。蒂罗尔（Tirole）指出："……鉴于公务员和政治家在我们的经济中发挥的重要作用，人们可能会问，为何政府内部组织所受到的关注如此有限。"

公共部门经常会在其各个机构中设置后台职能。后台职能包括信息技术（IT）、财务和会计、人力资源（HR）、采购和其他后台服务（如文书）。多数情况下，公共部门对其自身业务的方方面面往往大包大揽，并且这种机构的数量还在不断增多。在另一些情况下，责任被有意识地转移到经营实体那里，毕竟，他们更清楚需要提供什么样的支持服务。结果造成了后台部门的极度冗余和效率低下，如图1所示。

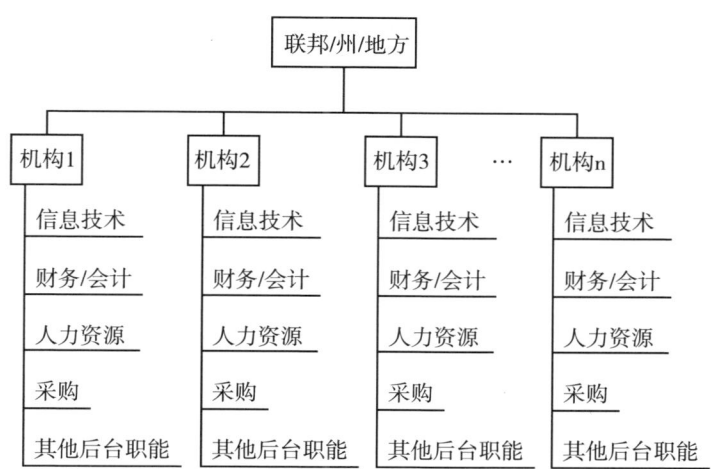

图1　后台职能冗余

近年来，特别是金融危机爆发以来，美国公共部门已认识到，它们无法在每个业务部门内重复其后台的支持流程，而放弃规模经济和专业化所带来的好处。

自20世纪80年代末以来，私营部门的跨国公司一直在巩固、加强其后台职能。通用电气（General Electric）和惠普（Hewlett-Packard）等业界先驱决定使用共享服务中心（Shared Service Centers，SSCs）来改善其后台职能。原因很简单：共享服务中心是一个罕见的在降低成本的同时，还能提高服务质量的工具。2001年，拜沃特（Bywater）估计，财富500强和欧洲500强企业中，90%以上已经或打算推行某种形式的共享服务。巴赫（Bach）和佩特里（Petry）估计，在德国DAX 30家公司中，至少有27家使用共享服务来实现后台职能。

与其他管理创新一样，公共部门在采用共享服务中心模式方面已经落在了后面。许多机构经常以类似的方式执行后台职能，而许多公共部门却无法从规模经济和专门化中获益。

其结果就是可能造成预算和质量损失。杨森（Janssen）和乔哈（Joha）指出，"共享服务中心似乎特别适合于公共行政部门，因为在目前的实际操作中，各个机构都在开发和维护自己的系统和服务，通过将服务的开发、维护和使用集合在一起，实现成本在各机构之间分摊，不可企及的创新可能变得唾手可得，而腾出来的资金可以用来提高服务水平……"

本书旨在分析已为许多私营部门组织成功采纳的共享服务的概念，能否得到美国公共部门的真正接受，能否在公共部门中发挥降低成本和改进质量的作用。同时，重点比较了内部的共享服务中心与外包给第三方承包商的之间效力。

1.2 文献综述

文献综述分为两部分。首先，介绍一些关于私营部门共享服务的主要文献和研究。这是至关重要的，因为许多（尽管不是全部）与建立共享服务中心有关的收益和成本并不是某个部门所特有的。其次，介绍一些相对匮乏的关于公共部门共享服务的文献。

1.2.1 私营部门共享服务

本书将与共享服务有关的文献综述分为书籍和文献两部分，并且按照时间顺序对两者进行回顾。

相关书籍

本书列举了与共享服务这一主题相关的七本重要书籍。这几本书有助于确定共享服务的特点，分析共享服务相对于执行支持活动的其他组织形式的主要优点和缺点。

《共享服务》（Shared Services）是第一本有关共享服务的著作。该书由普华永道和朗讯科技的从业者撰写，他们在书中分享了自己推行大规模共享服务方案的经验。这本书分为四个部分，标题分别为"动员""评估""设计"和"实施"，建议相关公司按照这四个阶段着手共享服务方案的撰写。该书对朗讯科技的共享服务方案做了深入介绍，并对英国广播公司和英国石油、美孚公司做了简短的案例研究。

《共享服务：挖掘公司的金矿》（Shared Services：Mining for Corporate Gold）也是一本由相关从业者编写的实务性很强的著作。该书的主要贡献是根据服务类型、自愿参与和定价模型（分别标记为"基本""市场""高级市场"和"独立业务"）来确定共享服务模式。

《共享服务：一种可选择的组织形式》（Shared Services as alternative Organisations，form）是关于共享服务的第一篇学位论文。其中，卡格曼（Kagelmann）分析了33个跨国组织的财务职能，并根据18个标准，对比分析了在业务组织内部、共享服务中心和通过外部第三方提供支持服务职能三者之间的差异。

《共享服务基础》（Essentials of Shared Services）区分了执行后台职能的四个相同选项。虽然没有卡格曼（Kagelmann）那样系统化，但伯格伦（Bergeron）分析了共享服务相对于其他服务的一些主要优点和缺点，并在书中提供了一些案例研究，因为作者隶属于哈佛医学院（Harvard Medical School），因此这些实例主要来自医疗卫生行业，并涉及了共享服务的技术方面和项目管理方面的知识。

《中心组织》（Center Organisation）是以Schmalenbach-Gesellschaft早前从事的中央行政区域工作为基础撰写的。该书有助于增进对共享服务概念的理解，将配置、动机、位置和机构确定为与中心组织设计相关的主要维度。该书将中心组织区分为共享服务中心和企业中心，确定了区分标准。此外，该书还涉及对13家大型企业中心组织的案例研究，尤其是德国企业。

《财务与会计共享服务》（Shared Services in Finance and Accounting）的作者是哈克特（Hackett）的高级董事，书中提供了多种财务与会计共享流程基准，例如实施共享服务的动因、共享服务中心的位置、共享服务的优势和障碍、人力资源、定价、服务水平协议（SLAs）和组织架构等。该书还介绍了一个五阶段共享服务的实施方法。

《企业共享服务》（Corporate Shared Services）是一本学者和从业者的论文集，其中的从业者主要来自西门子全球共享服务中心（Siemens Business

Services)。该书从策略、控制、服务和变革管理角度分析了共享服务。其中一篇文章列举和量化了设立共享服务中心所需的主要投入和可节约的成本。还有一篇文章,尽管不是非常详细,却首次尝试了将交易成本理论应用于共享服务中心建设。

相关文献

最早一批关注共享服务的文章发表在面向专业从业者的杂志上。这些文章大致可分为两类。第一类文章宣传了共享服务相对于其他执行后台职能的替代方案的明显优势。第二类是对实施共享服务的公司所做的案例研究。卡格曼(Kagelmann)称共享服务是一种"实务现象",总的来说,直到20世纪末期,共享服务才成为学术研究的对象。

21世纪初,开始出现了更多关于共享服务的文章。表1展示了一些相关学术文章的内容摘要。

表1　　　　　　　　共享服务主要文章概述

作者(年份)	研究问题	主要结论
克鲁格(Krüger)和丹纳(Danner)(2004)	分析了共享服务中心对实施国际会计准则(IAS)的适用性	国际会计准则实施指南为重新审查财务支持职能的结构和设立共享服务中心的可能性提供了理论依据。对比共享服务中心与传统业务中心的特征
阿尔布里奇(Ulbrich,2005)	确定业务流程再造(BPR)和共享服务之间的相似性	业务流程再造是一个更广泛的概念,可以应用于核心流程和支持流程。共享服务可以从业务流程再造中吸取六个经验教训
戴维斯(Davis,2005)	解释跨国企业对区域和全球共享服务中心的不同运用	描述北美、欧洲、亚洲和拉丁美洲地区共享服务中心的发展历程,确定北美共享服务中心为该领域的先驱。全球共享服务中心主要为司库职能而设,预计不会取代区域共享服务中心
库克(Cooke,2006)	分析实施人力资源共享服务中心对不同雇员群体的影响	强调对雇员(例如,失去面对面接触的机会,缺乏明确的所有权)、部门经理(例如,工作强化,造就影子员工),以及人力资源管理人员(修改技能要求,与客户关系疏远)的负面影响

续表

作者（年份）	研究问题	主要结论
阿克辛（Aksin）和马西尼（Masini）（2008）	发现不同的共享服务中心集群/策略组	识别四种通用的共享服务中心配置，分别标记为具有商业头脑的优化器、成本观察者、目标明确的采纳者和不成熟的服务供应商。根据经营规模、市场心态和孵化模式进行分类。目标明确的采纳者表现出最高的整体绩效
苏（Su）等（2009）	评估共享服务中心的实物期权价值	为共享服务中心创建实物期权的分类。可参考的类型包括：阶段，推迟，改变规模，放弃，转换和增长

1.2.2 公共部门共享服务

回顾文献，可以发现关于公共部门共享服务的文献相对匮乏。关于这一课题的研究具有很大难度，因为目前还没有专门针对这一课题的书籍或文章。表2列出了有关公共部门共享服务的重要文献，这些文献主要基于案例研究。

表2　公共共享服务相关主要文章概述

作者（年份）	研究问题	主要结论
格兰特（Grant）等（2006）	分析了公共部门共享服务中心的治理结构	提出四层治理结构：国家、执行、管理和策略层面。治理模式需要确保委员会或董事会涵盖八个关键要素或者任务
杨森（Janssen）和乔哈（Joha）（2006）	探讨设立共享服务中心的动机，并评估其效益	在公共部门设立共享服务中心并非仅仅出于经济动机，对战略、组织、政治和技术方面的考虑也发挥着重要作用
惠特菲尔德（Whitfield，2007）	审查和评估英国公共部门的各类共享服务	基于公共部门组织间关系对公共部门共享服务进行分类，然而，对于已实现项目节约的成本和提供服务的总成本却很难区分
国家审计办公室（2007）	评估英国中央政府共享服务的实施进展情况	提出九项建议，以改善共享服务管理。对两个案例进行深入分析研究，即国家卫生系统共享业务服务和英国监狱的共享服务

续表

作者（年份）	研究问题	主要结论
内阁办公室（2008）	为英国公共部门的客户和供应商提供指导	提供有关商业方案、服务提供、供应商业务计划、交付模式、治理、前期投资、利益共享、客户接受和软件许可转让的建议
伯恩斯（Burns）和耶顿（Yeaton）（2008）	确定公共部门共享服务实施成功的重要因素	确定五个关键的成功因素：强大的项目管理技能、高层的支持、有效的沟通、强大的变革管理和分阶段实施
马歇尔（Marshall，2009）	评估美国联邦机构共享服务的现状和未来潜力	列出当前联邦共享服务组织及其业务范围，就如何协调和加快联邦共享服务提出建议
多利（Dollery）和格兰特（Grant）（2009）	审查澳大利亚各州和地区的公共部门共享服务方案的有效性	将州和地区划分为野兔（早期采纳者）和陆龟（缓慢追随者）。作者发现效率的提高和服务的改进是反复无常的，通常远远低于计划。实施前后成本和质量的可靠数据经常缺失
奥费里（Oftelie，2010）	介绍了公共部门共享服务中心的生命周期	区分规划、启动、成长和转换四个阶段或"领域"，每个阶段辅以案例研究，并介绍了每个阶段相关的管理问题

有关公共部门共享服务中心的文献综述回顾告诉我们，虽然一些非常有趣的课题得到了研究，但是关于美国公共部门使用共享服务的动因方面，仍缺少系统全面的理论分析。此外，除了基于案例研究的实证研究（从美国许多联邦、州和地方机构收集数据），目前还没有相关的其他研究。

本书旨在填补相关文献的空白，从理论和实证两方面对美国公共部门共享服务中心进行分析，分析与共享服务中心类似的其他两种替代性方案的优缺点，而这两种方案要么在各个单独的机构内执行后台支持活动，要么将其外包给私营服务供应商来提供。

本书的主要贡献如下：

- 有助于充实公共部门共享服务的理论基础。
- 将建立共享服务中心的成本划分为生产、交易和政治成本。

- 对共享服务和在各个单独的机构内执行后台支持活动进行比较分析。
- 对共享服务与外包给私营服务供应商的优缺点进行比较分析。
- 对72个美国公共部门共享服务组织进行实证分析。
- 检验从文献中衍生的关于新生和成熟的共享服务组织的27个假设。

1.3 研究方法

本节介绍了本书的理论视角和实证研究与分析。

1.3.1 理论视角

本书以交易成本经济学和契约理论为主要研究对象,借鉴了新制度经济学(NIE)的各种理论框架。菲吕博滕(Furubotn)和里克特(Richter)曾表示:"……新制度经济学的分析工具适用于国家及其政府制度",本论文根据两位学者的思路,采纳了这一最初由科斯(Coase)在1937年陈述的观点,即制度对于经济有重要意义。与康芒斯(Commons)观点一致的是,服务业务正是合适的调查对象。阿罗(Arrow)认为,交易成本是"运行经济体系的成本"。的确,根据瓦利斯(Wallis)和诺思(North)估计,交易成本占美国国内生产总值的一半以上,而这些成本在1870年至1970年间增长了一倍多。因此,在研究共享服务中心的成本效益过程中,本文不仅分析了新古典经济学强调的生产成本,还分析了一系列的交易成本。

除相关经济学的文献外,本文还引用了政治学、公共管理和组织理论的学术文章,以及倾向于面向从业者的关于共享服务的文献。

尽管上文罗列的概念丰富多样,但这些不同来源的概念目的是一致的,即分析共享服务是否可以应用于公共部门?如果可以,则可以确定和分析公共部门共享服务中心与私营部门应用的差异性。

威廉姆森(Williamson)强调,"经济组织的比较从来不单独考察组织形式,而总是与其他组织形式相比较"。因此,本书首先列出在各个公共部门提供后台服务的优点和缺点，以及共享服务中心提供后台服务的优点和缺点。除此之外，本书还将对在共享服务中心执行后台服务和将其外包给第三方供应商两种情况进行比较分析。

1.3.2　生成假设

通过研究现有文献以及与公共部门从业者进行直接沟通互动，得出了一组假设。首先，假定成熟的共享服务中心（已存在五年以上的共享服务中心）对比新建的共享服务中心（在过去五年内设立的共享服务中心）可以更充分地表现出共享服务中心的优势。其次，假定对于成熟的共享服务中心而言，成本节约和质量改进的程度要更高，因为此时建设共享服务中心的初始成本已经得到补偿，潜在的质量问题已经得到修正。最后，假设五年的时间足够一个共享服务中心向内部客户推出各种服务，并达到了规模经济所必需的临界规模。当然，对于将截止日期设定为五年是否合适，以及此时共享服务中心是否可以达到成熟阶段，还是存在争议的。但许多共享服务从业者认为五年这个时间假设是合适的。伊利诺伊州首席信息官格雷格·沃斯（Greg Wass）说："我认为共享服务最终实现后台职能可能需要五年时间。"

使用成熟度作为区分共享服务类型的标准，遵循了一些文献的提法。正如文献综述中所述，奎因（Quinn）等首先提出共享服务中心不仅只有一种类型，而是一个完整的共享服务中心模式框架，我们将其标记为"基本模式""市场模式""高级市场模式"和"独立业务模式"。同样，基准测试哈科特（Hackett）公司提出了共享服务成熟期的四个阶段，即"整合""标准化""优化"和"虚拟化"。最终，奥费里（Oftelie）提出了另一个由四部分组成的成熟度模型，分别标记为"远景""启动""成长"和"转变"。上述三个四分法的成熟度模型并没有规定一个特定的成熟度阈值，未能实现对共享服务中心进行简单分类。相反，他们提出了许多标准来表明特定的共享服务中心属于哪一类。其结果是，有许多共享服务中心表现出了不同阶段的特性，难以区分所属类别。选取基于五年时间框架的"初创期"和"成熟期"的二分法，是为了给定量分析提供一个清晰而明确的边界。

本书共总结出了27个假设。第3章至第6章将介绍前17个假设。它们涉及共享服务中心的优点和缺点，以及协调和激励问题，如位置、定价、客户参与、服务水平协议、透明度和激励等。其余10个假设将在第7章和第8章中介绍。它们涉及的是公共部门组织选择或不选择将其后台职能外包给第三方私营公司的原因。所有具体假设内容参见表48。

1.3.3 实证研究设计

由于缺乏关于公共部门共享服务的可靠数据，本书选择在美国的部分公共部门中开展实证研究，这些部门要么已经将共享服务应用于其后台发挥职能，要么目前正在推行共享服务。本书进行了一项调查，收集了有关做法和经验的资料。

样本选择

并非所有美国公共部门都使用共享服务来履行其后台职能。为了确定使用或至少考虑使用共享服务的样本群体，本书对参与公共部门共享服务会议的公共部门进行了调查。这就确保了只有了解这个课题的组织才会成为调查对象，参与共享服务的相关会议，则可以说明这些被调查者注意到了该课题，并拥有一定的兴趣想要了解相关内容。

为此，大多数被列为研究调查对象样本的公共部门参加了2007—2010年在哈佛大学举行的三次会议："公共部门共享服务的未来（2007年5月29—31日）""公共部门共享服务峰会：加速向高绩效转化（2009年6月17—19日）""2010年公共部门共享服务峰会：在当今世界中前进（2010年7月14—16日）"。此外，出席在华盛顿特区举行的第2届（2009年5月11—13日）和第3届（2010年4月26—28日）公共部门共享服务年度峰会的公共部门组织也接受了本研究的调查。

笔者通过电子邮件这一形式与参会的所有代表都取得了联系。此外，笔者还从美国州际首席信息官国家协会（NASCIO）取得了美国全部50个州政府的首席信息官的个人联系方式，并邀请他们参与了调查研究。最后，由调查的参与者推荐的采用共享服务这一形式的少数几家公共部门组织也包括在此次调查中。

问卷设计

笔者采用封闭式问题设计了标准化的调查问卷，需要被调查对象从预先设定的一组选项中做出选择。问题的内容主要涉及共享服务中心的组织背景、组织结构和运行管理，共享服务中心的成本和优劣势，以及共享服务中心与外包的比较。

调查问卷提供了类别（无先后顺序）选项、顺序选项和数值选项。类别（无先后顺序）选项，也称为名义选项，要求调查对象回答他们是否属于某个类别，例如，他们是否使用服务水平协议（参见问题B.10）。顺序选项要求调查对象从一个连续体中选择一个答案，例如从"非常难"到"非常容易"（参见问题D.7）。数值选项主要考查数值，例如共享服务中心主要成本所占的百分比（参见问题C.3）。

除封闭式问题外，问卷的每一部分末尾都包含一个开放式问题，需要被调查者介绍其特定背景，并添加他们认为与课题有关的内容。

被调查对象将通过电子邮件（主要途径）、传真或邮寄方式收到问卷，并在没有调查人在场的情况下自行填写。这种自我管理的方法有其缺点，例如，难题得不到解释、不容易在调查中发现回答不充分的答案。但这种方式允许调查对象，主要是行政人员（见下文）在其最方便的时候填写问卷，并可以花时间收集回答问题所需的信息。

在确定调查问卷的内容和管理模式，并草拟出具体的选项后，笔者确定了问题的顺序。问题主要包括以下四个部分：共享服务中心的组织背景，组织结构和运行管理，共享服务中心的成本和优劣势，共享服务中心与外包。在对问题进行排序时，笔者首先安排了一些简单的问题。为了便于回答，整个第一部分和第二部分的开头由相对简单的快速问答题组成，以便调查对象适应其角色,并降低他们在一开始便停止参与调查的可能性。随着调查对象填写问卷的深入,会遇到一些难度更大的问题,这是必然的。所有问题尽可能按照顺序排列,自然地引出下一个问题。

预测试

笔者于6月1日至10日对6个具有代表性的公共部门组织进行了预测试。这些组织在规模和共享服务的经验方面可以代表所有被调查的组织。笔者鼓励测试对象对问卷的可理解性进行了评估,并在可能的情况下提出改进建议。在电话访问和电子邮件反馈的基础上,笔者还对问卷做了一些修改,对一些问题进行了简化,并为原问卷中被认为难以理解的选项添加了示例和解释。预测试也有助于核实完成问卷所需要的时间,从而向未来的被调查对象准确告知填写问卷所需的估计时间。

实地研究

6月16日至8月4日,笔者一共联络了135个公共部门,主要是通过私人电子邮件进行联络的。笔者邀请被调查对象在线完成问卷,或者打印一份附件,然后通过电子邮件、传真或邮件返回。在调查进行的几周时间里,未完成调查的被调查对象最多会收到三次提醒。总响应率达到53%,即72个公共部门参与了调查。其中,89%的被调查对象完成了整个调查问卷。

1.3.4 描述性样本统计

本节描述了72个参与本研究的美国公共部门的主要特征。参加组织的名单详见表3。

表3	问卷调查对象
美国行政资源中心(国债部)	爱达荷州
密歇根州安娜堡市	伊利诺伊州*
马萨诸塞州波士顿市	印第安纳州
科罗拉多州斯普林斯市	堪萨斯州

续表

德克萨斯州科珀斯克里斯蒂市	密歇根州
新泽西州东奥兰治市	密苏里州*
新泽西州霍博肯市	蒙大拿州
德克萨斯州凯尔市	新泽西州
马萨诸塞州*	纽约州
美国联邦存款保险公司	北卡罗来纳州
联邦选举委员会	俄亥俄州
美国总务管理局	俄克拉何马州
美国国家税务局	俄勒冈州
马萨诸塞州交通局	南卡罗来纳州
密歇根州自然资源和环境局	田纳西州
米德兰县教育服务机构	犹他州
国家航空航天局	维吉尼亚州
国家金融中心	华盛顿州
纽约市*	西弗吉尼亚州
项目支持中心（美国内政部）	威斯康辛州*
社会保障局	马萨诸塞州霍利斯顿镇*
阿拉巴马州	马萨诸塞州北安多佛市
亚利桑那州	美国陆军
特拉华州	美国交通部
乔治亚州	美国环境保护局
夏威夷州	美国国家公园管理局
	美国邮政局
	华盛顿特区

＊预测试调查对象

图2显示了被调查组织的部门组成。美国50个州中有一半以上的州参与了调查，大多数被调查对象是州组织。只有四分之一是联邦机构，23.6%是地方实体。

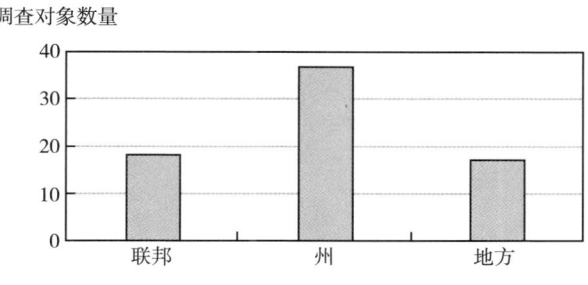

图 2 受调查组织的部门组成

被调查的组织属于不同的规模类别。恰好其中有一半的公共部门雇员超过 2 万人。大约 30% 的组织雇员人数为 5 000 人甚至更少。被调查对象按部门和规模划分的详细资料如下表 4 所示：

表 4　　　　　　　受调查组织的部门分类和雇员人数

部门分类	雇员人数						
	<1 000	1 000–5 000	5 001–10 000	10 001–20 000	20 001–50 000	>50 000	总计
联邦	1	4	3	3	1	6	18
州	2	3	1	5	12	14	37
地方	7	5	1	1	1	2	17
总计	10（14%）	12（16.5%）	5（7%）	9（12.5%）	14（19.5%）	22（30.5%）	72（100%）

近三分之二的被调查对象有三年以上的共享服务经验，超过三分之一的被调查对象有五年以上的共享服务经验。

共有 46 个新设和 26 个成熟的公共部门共享服务中心接受了调查。表 5 显示了有关被调查对象成熟度的更详细的信息。

图 3 显示了调查对象的概况，一半以上的被调查者担任监督职位，例如首席信息官、首席财务官等。大约四分之一的调查者是共享服务中心的经理，而大约 10% 是共享服务中心的客户。

表5　被调查共享服务中心的分类和成熟度

部门分类	运营年限						总计
	计划中	<1	1-2	3-5	6-10	>10	
联邦	1	1	2	6	2	6	18
州	4	3	5	12	7	6	37
地方	4	3	3	2	5	0	17
总计	9（12.5%）	7（9.7%）	10（14%）	20（27.8%）	14（19.4%）	12（16.6%）	72（100%）

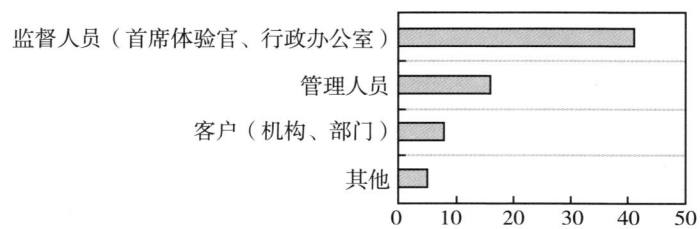

图3　被调查对象概况

1.3.5　实证研究的限制

首先，在72个公共部门组织样本中进行的实证研究结果不能视为代表美国所有公共部门组织。主要原因是，目前尚不清楚使用共享服务的美国公共部门组织的总体规模有多大。"共享服务中心"一词并不总是用于指代为多个公共部门客户执行后台职能的组织子部门。马歇尔（Marshall）确定了27个联邦内部公共共享服务组织，但指出这只是一个"不完整"的名单。要确定州和地方一级共享服务中心的数目更具挑战性。一些公共部门为财务、信息技术和人力资源设立单一功能的共享服务中心，而另一些组织则建立了多功能共享服务中心。一些联邦、州和地方组织还没有建立共享服务中心，将后台职能留给了它们的机构。还有一些组织将部分支持职能外包给了私营服务供应商，在内部只执行部分后台职能。

其次，对于信息的收集具有一定的主观性。为了从这个相当专业的群体中获得反馈，我邀请了各组织中参加共享服务会议的代表填写问卷，否则很难找到他们。尽管约60%的调查对象对共享服务中心负有监督职能，但近四分之一的调查对象却由共享服务中心的管理人员组成。他们在评估自己的表现时，可能对自己的成就过于乐观。此外，如第5章所述，有关共享服务中心前期成本和后台职能质量的数据经常无法获得，这就导致对实施共享服务而节省的成本和实现的质量改进的评估变得很有挑战性。鉴于对这一课题的缜密研究相对较少，因此本研究迈出了从专业受众处获取相关数据的第一步。

1.4　章节概述

如上文所述，过去共享服务中心主要是在私营部门的公司内部设立的。为了研究共享服务中心能否在公共部门内部同样成功设立，需要我们首先分析一下公共部门的特征。因此，第二章分析了州在社会中的作用，以及在向公共和私营组织分配经济活动中的作用。该章描述了公共部门所面临的主要环境因素，并强调了公共部门和公司之间的一些关键激励差异。此外，该章还讨论了"新公共管理"（NPM）改革运动，这为公共部门共享服务方案的设计奠定了重要基础。

第三章运用价值链管理将公共部门的组织活动分解为主要活动和支持活动，并考察了企业安排支持活动的传统方式。本章告诉我们，许多公司从单一组织架构向多部门组织结构的转变导致了支持服务功能的重复建设，这一现象最终导致共享服务中心的引入。本章还介绍了共享服务在公共部门内兴起的原因，并对三个成功建立共享服务中心的公共部门进行了案例研究。

第四章分析了通过共享服务中心提供后台支持服务与在单个机构内提供后台支持服务的各自优缺点。这一章还将建立共享服务中心的成本区分为生产成本、交易成本和政治成本，并给出了参加调查的72个公共部门组织对这些成本的重要性评估结果。

第五章至第九章为实证调查研究的主要部分。第5章详细描述了共享服务的配置，分析了共享服务架构。首先，第五章分析了共享服务中心的区位策略，对实际设立共享服务中心的数量、选择棕地法还是绿地法，以及位置选择标准都进行了讨论。接着分析了组织结构，组织结构分为纵向组织结构和横向组织结构，讨论了诸如合同义务、共享服务中心绩效评估基础、定价策略、治理模型和范围扩展方法等内容。最后，对共享服务中心的激励体系进行了分析，讨论了目标实现对共享服务中心管理的经济后果。

第六章讨论了被列为调查对象的公共部门中引入共享服务的成本与质量效应。对计划和实现的效应进行比较，并针对不同子群体分别对实现效应进行分析，例如按部门、规模、调查对象概况、位置、流程类型等。然后，给出了以实际发生成本与质量效应为因变量的回归模型结果。

第七章和第八章将重点从部门内部（机构和共享服务中心都属于公共部门）转移到部门间的比较，分析了雇用私营公司提供后台支持服务的利弊。第七章研究了美国公共部门机构可以合法外包给第三方支持服务的范围，区分了政府固有活动、不具备竞争力的商业活动和具备竞争力的商业活动。此外，还提出了被调查组织外包后台支持服务的程度，并分析讨论了最终获取的实证证据。

第八章分析了外部服务供应商相对于公共部门共享服务中心的比较优势和劣势。与第四章类似，外包后台服务的成本区分为生产、交易和政治成本。分析了五个维度对交易成本的影响（资产特性、不确定性、频率、可度量性和相互依赖性）。提出了以外包后台服务的百分比为因变量、以交易维度为自变量的回归模型。

第九章测试了第三章至第八章中生成的27个假设。这些假设假定，成熟的共享服务中心（至少在5年前建立）比新设的共享服务中心更能充分地表现出共享服务中心的优势。

最后，第十章总结了研究的主要成果，并对未来公共部门共享服务中心的研究提出了建议。

# 公共部门

为了了解共享服务在公共部门内的作用和存在依据,我们有必要首先研究国家在社会整体中的作用,以及公共部门在行政管理方面的一些主要理论和最新进展。

2.1 国家学说

诺思(North)提出了一种新古典主义的国家理论,即统治者与其选民签订的契约说。统治者制定并实施一部正式或非正式宪法,以规定其财产权。诺思(North)认为:"由于提供保护财产这种服务具有规模经济效益,因此,相比社会上每个人都对自身财产严加保护的情形,设立一个组织专门提供这些服务所带来的社会总收入会更高。"同时,统治者作为最高权威,有权从其选民那里强制募集捐款。

在经济和政治交易成本的制约下,统治者以区别对待垄断者的方式,使其经济收益最大化,即统治者在向选民提供商品和服务时,针对不同群体制定不同的价格,如征收累进所得税等方式。但为了征税,统治者需要雇用征税员作为代理人,这就产生了委托代理问题,从而降低了统治者的垄断经济收益。统治者的经济收益数额取决于政治竞争,即选民有能力任命一个提供类似服务的其他统治者("投票权")或移民到另一个国家("退出")。

诺思(North)的理论同样适用于古代王国和现代民主国家,只不过存在

一些限定性条件。在民主宪政国家，公民作为委托人，通过选举来授权若干同胞作为代表管理国家主权。与私人委托代理关系不同，代理人行使公共权力，并最终对其委托人行使权力。公民所面临的问题是，缔约前后委托人与代理人之间存在着信息不对称。此外，还存在信息不完整的问题，即委托人不能完全受规则约束，而是需要有一定的自由裁量权来开展活动。因此，公民必须根据其代表的事先承诺来分配选票，以使选出的代表在事后对他们负责。

唐斯（Downs）将政客之间的选举竞争比作商人之间的利润竞争，两者都是各自目标职能的理性最大化者。根据公共选择理论，政治家被视为企业家，选民被视为消费者。诺思（North）认为，政治市场比经济市场更容易出现效率低下的问题，因为"选民几乎没有了解情况的积极性，原因是其选票被统计的可能性微乎其微，缺乏类似的执行机制，而且竞选活动也存在不足之处。"其结果是：委托人和代理人之间的关系存在固有缺陷，会影响到商品和服务的提供。

2.2　历史概述

当政府认为有必要向公民提供某种商品或服务时，它既可以通过政府内部提供，也可以付费给第三方提供。这引发了关于使用哪个部门来适当满足公民需求的讨论。正如施莱弗（Shleifer）所观察到的：

相对于私营公司，政府雇员应该提供什么样的商品和服务？政府工作人员应该在国有工厂生产钢铁和汽车吗？教师和医生应该由政府雇用，还是应该为私立学校和委托人工作？垃圾该由公务员还是私营垃圾运输厂的雇员运输？

这些都是长期存在的问题，其答案在很大程度上取决于当时流行的意识形态。

例如，在古罗马时期，税收被外包给私人，军队则使用自己的防御承包商。在18世纪和19世纪工业革命时期，许多国家把一些公共服务活动移交给了私营部门来提供服务。例如，监狱的运作、道路和路灯的维护、政府收入的征收以及垃圾的处理都外包给了英国的私营公司，铁路的建设和经营以及水的储存和配送都外包给了法国，邮件由美国和澳大利亚的私营运营商投递。

重商主义者和亚当·斯密讨论了公共部门和私营部门应当在市场经济中发挥的作用。经济活动的有效分配成为20世纪30年代资本主义与共产主义辩论的中心论题。在市场经济中，决策权被分配给分散的个体，而个体又会受到自身利益驱动和市场价格的协调。另一方面，社会主义经济把决策权赋予中央统治者，中央统治者根据个体代理人传递的信息做出决策。奥斯卡·兰格（Oskar Lange）和阿巴·勒纳（Abba Lerner）声称，集权经济有可能复制分权制中的激励机制。路德维希·冯·米塞斯（Ludwig von Mises）和弗里德里希·冯·哈耶克（Friedrich von Hayek）则强烈反对这一观点，强调中央统治者的沟通成本高，信息处理能力有限。

第二次世界大战后，即使在所谓的市场经济中，国家也发挥着提供产品和服务的重要作用。一般认为，许多国家将对国家利益具有"战略"意义的部门划归国有。例如，矿山、银行、保险公司、钢铁厂、医院和学校经常是由政府雇员来管理的。

20世纪80年代初，米尔顿·弗里德曼（Milton Friedman）等经济学家的建议得到采纳，美国和英国最先发起了国有企业的私有化。世界各地许多国家的电信、能源、交通和金融服务组织都被私有化。在始于2008年的全球金融危机期间，各国政府开始接手原来由私营金融服务企业和制造商的大量股权，目的是避免这些企业破产。因此，近代以来，私人控制和公共控制周而复始，此消彼长。

2.3 公私区别

鉴于公共部门和私营部门之间经济活动分配的反复变化，我们有必要先分析一下公共和私有区别的根源。

"公共"一词源于拉丁语中的"人"一词,指的是一个社区或国家的人。相比之下,"私有"一词源于拉丁语中的"剥夺"一词,指的是各种被剥夺公职的情况。

达尔(Dahl)和林德布卢姆(Lindblom)的著作是最早也是最有影响力的关于公、私区别的著作之一。他们认为,每个社会都需要在两种不同的社会控制模式中做出选择。首先,活动可以通过多头政治来管理,这是一种政治上的等级制度,具有多元化的权力结构。或者,可以通过分散和自治的组织部门来管理,这些组织部门由价格机制协调。他们将这两种组织原型分别标记为机构和企业。本研究将继续沿用这些提法,将公共部门称为"机构",将私营部门称为"企业"和"公司"。不过,本研究偶尔也会继续使用"公共部门"和"私营部门"等术语。

区分公共组织和私营组织的方法通常倚重于以下标准:公共产品、所有权、经费来源和公共利益。对此,接下来几节将有详细论述。

2.3.1 公共产品

长期以来,经济学家一直认为,公共部门存在的主要理由是提供公共产品,如国防和执法。并且公共产品具有非竞争性和非排他性,即一个人使用公共产品并不会令其他人可使用的公共产品减少,任何人都可以使用公共产品。而非竞争性和非排他性可能导致市场失灵,因为公民暴露其真实需求和偏好的积极性并不足,潜在供应商满足这些需求和偏好的积极性同样也不足,那么,政府就会作为公民的代理人介入进来,通过安排公共部门生产或者以具有吸引力的价格外包给私营供应商的方式,确保公共产品供应得以合理满足。

然而,批评人士依法指出,许多公共部门组织并不是生产公共产品,而是像公司一样生产私人产品,例如医疗保健或教育。

2.3.2 所有权

公共部门和私营部门之间最主要的区别在于所有权。产权理论以罗马法为基础,区分了使用资产的权利(usus)、享受资产收益的权利(usus fructus)

以及资产形式、实体和位置的让渡（abusus）。完全所有权包括所有这些权利，通过将一些权利转让给他人，可以分割完全所有权。例如，收割一块土地或出售其收成的权利可以转让给他人一段时间。

资源的所有权非常重要，所有权会对代理人的积极性及其行为造成影响。例如，在存在不确定性和信息不对称的情况下，监督土地承租人的成本会升高，原因是承租人的积极性低于土地所有者。下面这段话引自波斯纳（Posner），说明了产权的重要性：

让我们假设社会上的所有产权均予以废除。有个农民种植玉米，但他的邻居却将玉米收割卖掉了。如果这样的事情屡次发生，这个农民就会放弃耕种土地……法律对个人产权的保护具有促进"有效"利用资源的重要经济功能。如果某个农民的生产能力低下，将土地转让给生产能力更高的农民，可确保该农民获得的收入略高于其亲自耕种时的收入。因此，生产能力低的农民就会自然地把土地卖给那些生产能力高的农民。

所谓市场经济的一个重要宗旨是，政府充当私有产权的执行者。布坎南（Buchanan）和杜洛克（Tullock）指出，私人谈判效率低下，也证明了政府提供产品和服务的必要性。对于公共部门而言，所有权不能在个人之间转让。例如，无论能力如何，污水处理可能全部由某个机构负责。这种对产权交易的限制降低了效率，抑制了产权向资质更佳的个体转移。

批评人士指出，所有权并不能完全体现私营和公共组织之间的区别。他们认为，公有制会加重政府管制这一基本假设可能是有缺陷的，私营组织可能会受到更严厉的政府调控。例如，与政府达成合同的私营军事装备分包商可能受到严格的监控，而一些公共部门机构的运作实际上可能相对自主。

2.3.3 经费来源

瓦姆斯利（Wamsley）和扎尔德（Zald）区分了公共组织、私营组织和混合型组织。公共组织由政府拥有并出资，私营组织由私人拥有并出资。混合型组织要么是公有私助，要么是私有公助。公用事业部门属于第一类混合型组织，政府承包商属于第二类。近年来，世界各地都开始趋向于通过使用者付费、收费或市场销售来资助公共部门，而不是由政治领导人制定预算。

摩尔（Moore）指出了经费来源对组织的重要性，强调了"对于为组织提供资源的人，要重视其欲望和偏好"的自然趋势，使得机构更积极地响应资助者的需求。因此，私营公司有照顾客户需要的传统，而公共部门组织则一向重视决定其预算的政治家的需要。

2.3.4 公共利益

一些研究人员将组织对公共利益的影响作为一个区分标准。布鲁（Blau）和斯科特（Scott）区分了公益组织和商业组织，前者的受益人是广大公众，而后者的受益人首先是其所有者。这个方法的问题在于"公共利益"一词很难界定和判断。此外，大多数组织至少在一定程度上间接地影响着公众利益。

这四项标准提供了一个有用的平台，虽然还不够完善，但可用来区分公共组织和私营组织提供的服务。

2.4 政治与行政

本节将分析公共部门内的两个主要决策者——政治家和公共行政人员的作用及其相互关系。政治家当选后在指定任期内充当全体选民的代表。公共行政人员（官僚）则负责每天执行相应的政策。

2.4.1 政治—行政二分法

指导政治家和公共行政人员关系的传统原则深受日后当选美国总统的伍德罗·威尔逊（Woodrow Wilson）的影响，他曾在普林斯顿大学担任教授时写道："行政管理应当置于政治领域之外，行政管理问题不是政治问题。"

根据这一原则，政治家决定政策、制定法律，并决定是否通过设立公共机构来提供政府服务。他们为公共机构颁布法令法规，确定其使命和目标，向行政人员提供工作指导。同时政治家还监督机构的运作情况，防止帮倒忙的官僚们自我吹捧，或者在其拥有的正式授权范围外开展活动，打着公众的幌子实施自己的想法。而政治家们在任期即将结束前则需要接受选民们的评判。

与此同时，人们认为公共行政人员应该有效且高效地执行分配给他们的工作，而不能提出质疑。他们的任务是"执行公共事务"。他们的职责是按照要求执行政策，而不是质疑这项政策是否合理。行政人员不是公共企业家或领导，而是官僚和职能专家，他们的责任是向下看，去实现其业务职责，而不是向上看，质疑其所接到的命令。

这种理论上的分离有着十分重要的意义。第一，它保证了只有当选的官员（也可能落选下台）才能表达国家的意愿。第二，防止政治家将党派考虑纳入行政程序。第三，确保将日常运作分配给落选官员管理，落选官员更关心业务是否妥善开展，而不是潜在选民是否支持。自由的政治干预使得行政人员可以像私营部门的行政人员一样，对自己的工作负责，并可以根据效率对他们做出评价。古尔尼克（Gulnick）指出："在行政学中，无论是公共还是私营，最基本的'好处'是效率。"

政治与行政间的实际界限并不那么明确，这一点在早期就得到了确认，甚至连一些强烈主张明确区分政策制定和政策管理的倡导者也认同这一观点。伍德罗·威尔逊（Woodrow Wilson）承认："管理人员在考虑完成工作的方式时，应该有自己的想法。"弗兰克·古德诺（Frank Goodnow）是公认的美国公共行政的创始人及美国政治科学协会的第一任主席，他认为："实际的政治需要导致抛开行政职能单独考虑政治职能几乎是不可能的。"然而，人们仍然普遍认为落选官员参与决策是不民主的、有问题的，持工具主义观点的主要支持者们主张落选官员应对当选官员"俯首帖耳"，这才是落选官员应当扮演的角色。

第二次世界大战后，政治——行政二分法受到进一步冲击，越来越多的人认为这种做法是幼稚的。很明显，官僚们广泛参与决策，不仅参与了政策的实施，还参与了政策的制定。人们认为，最复杂的工作会不可避免地涉及行政自由裁量权。管理人员会不可避免地做出具有政治含义的选择。政治和行政日益变得密不可分。在《公共行政评论》十周年纪念版上，高斯（Gaus）总结道："公共行政理论在我们这个时代也意味着政治理论。"

然而，这种转变是有代价的。相对于效率，实现"民主行政"变得越来越重要。认为公共行政不同于企业管理的观点逐渐占据主导地位，而将公共行政比作企业管理的观点日益受到指责。相对于企业管理，公共行政与公法的关系变得更为密切。公共行政的最佳做法不再是仅仅注重改善政府绩效，而是强调约束、正当程序、民主表述和私人权利。

2.4.2 政治控制

创建公共机构并将管理权力委托给官僚的政治委托人按理说应该拥有控制权。因为只有这样才能防止"机构漂移"，即避免机构采取与其法定授权不一致的政策。

委托人面临的问题是，机构管理人员比政治家更了解他们的工作，因此更具有信息优势，而且监管的成本很高。韦伯（Weber）指出，在面对训练有素的官员时，"政治'大师'总是觉得自己像是一个面对专家的半吊子。"

机构可以采取委托人无法察觉的行动（隐藏的行动），或者他们可能掌握关于其实际成本或资质的非公开信息（隐藏的知识），而这些信息是其政治监管者无法获得的。

政治家可以通过事前和事后的控制机制来控制官僚。有关判决程序和上诉程序的法律规定属于前者，如举证责任、证据标准、利益集团补贴和《1946年行政程序法》规定的听证会。后者的例子包括奖励和惩罚，如预算、认可和加强监管。

为了精简成本高昂的监管活动，政治家们可以借助"火警警报"来查明各机构是否在其职权范围内行事。当机构不遵守法定目标时，利益集团会发出警报，并通知政治家。此外，公民还可以将其与机构之间的问题告知政治代表，这种行为有时称为"分贝计"。

2.5 政府机构

鉴于政府机构作为后台服务潜在生产者或消费者的重要作用，本节将详细分析公共机构相对于私营公司的特点和特性。

2.5.1 官僚组织

尼斯卡宁（Niskanen）注意到，"至少从19世纪开始，政府就开始将司、局、处、署作为提供政府服务的主要组织形式。"

政府——机构关系传统上是一种双边垄断关系。政府仅从机构购买各种服务，机构仅向政府销售服务。

政府机构通常是官僚组织，有自身的一套规则和激励机制。本节将总结官僚组织的主要特点和优缺点。

定义和特征

官僚主义这个词源于法语单词bureau，可以翻译为办公桌，也可以扩展为办公室，意思是在办公桌上或办公室里执行的规则。这个词通常用作所有公共机构或任何大型正式组织的集合名词。

官僚主义既可以解释为一种工具，也可以解释为一种制度。在前一种意义上，"官僚主义可以视为执行当选领导命令的理性工具。"在这种观点下，可以以效力和效率为根据来评价官僚组织，以实现由外部决定的目标。从后一种意义上讲，官僚机构是有其存在的合理性的。它的合法性来自对法治的服从、对正当程序的遵守和对专业标准的应用。从这个角度来看，就某一程序的实际结果或效率而言，人们会认为不如下列适当步骤来得重要。

在公众的想象中，制度官僚主义经常让人联想到办公室缺乏人情味的负面形象，里面挤满了趋炎附势、效率低下的员工，他们受到各种各样正式规则的约束。拉斯基（Laski）在《社会科学百科全书》中对官僚主义的经典描述就印证了这一观点："官僚主义这个词通常用于描述一个政府体系，该体系的控制权完全掌握在官员手中，以至于他们的权力危及了普通公民的自由。"这个有时甚至带些贬义的词多年来所获得的坏名声，与韦伯（Weber）最初描述的优点形成了鲜明对比："完全发达的官僚机构与其他组织相比，就像拿机器与非机械的生产方式相比一样。"

韦伯（Weber）认为，官僚组织是一个正式的理性组织，包含以下关键属性：基于员工优点和后续的终身雇用、培训员工聘用方式，对劳动力的职责分工，以故意不带个人感情色彩的方式对程序和工作职责所做的正式而详细的描述，以及在统一指挥原则下明确监督和服从的制度。

米尔顿（Merton）写道，目前还没有"官僚主义理论"能够充分描述这类组织。彼得斯（Peters）和皮埃尔（Pierre）在其《公共行政手册》中坚持认为，这种情形在半个世纪后依然会存在。在缺乏官僚主义理论的情况下，学界提出了一系列关于官僚主义行为的命题。其中最著名的有唐斯（Downs）提出的所谓"定律"。

唐斯（Downs）认为，一个组织存在的时间越长，就会变得越保守，前提是组织没有经历过快速增长或人员流动的时期。官僚主义所涉及的例行程序根深蒂固，很难改变。要想改变例行程序，一项提案需要得到几个决策层的支持，才能获得批准，并且可能遭到其中任何一层否决。

逐渐保守定律：作为逐渐趋于保守定律的一个推论，这条定律的内容是，官员们倾向于保存已经取得的成果，而非尝试新的方法。在特定官僚机构中度过职业生涯的决策者会认同其所在组织中的做事方式，并可能保持现状，抵制变革。

控制递减定律：官僚机构最高层的官员无法实现所有想要的结果。当其命令和政策向下逐层传递时，会被扭曲。随着所在组织规模的扩大，这个问题也会随之加剧。

反控制定律：这一命题是前一定律的推论，即上级对下级的控制力度越大，下级的逃避力度也就越大。一旦获得了一定的权力，官僚们就会牢牢抓住权力，而不是把权力交给当选官员。

控制复制定律：唐斯（Downs）指出："任何试图控制一个大型组织的尝

试，往往都会产生另一个大型组织。"例如，美国总统和国会都设立了自己的预算办公室。

官僚组织的优势

官僚组织继续存在于几乎所有现代社会中，充当执行政府任务的一种手段，大概是因为官僚组织比其他组织形式更具有竞争优势。根据Weber的观点，官僚主义的主要优势包括"精确、快速、熟悉文件、连续性、拥有自由裁量权、统一性、严格的从属关系、减少摩擦、材料和个人成本。"

韦伯（Weber）所强调的优势，至少在一定程度上，要通过在理想的官僚机构中客观地雇用员工、向其支付薪酬并评估其表现，以及分工所带来的成本效率才能实现。下面将对此加以详细阐述。

减少客观和不确定性

美国独立战争后，大多数选举和任命的职位主要由地主和商业精英担任。杰克逊总统为了加强问责而引入了一套公务员轮岗制度。当新一届政府胜选时，常见做法是将各级官员替换成其政治上忠诚的支持者。例如，对于前总统任命的1 639名官员，林肯总统替换了其中的1 457人。这种所谓的"政党分肥制"（spoils system）一直延续到1883年，该年《彭德尔顿法案》（Pendleton Act）创立了绩效考核制度。虽然最初的绩效考核制度只适用于一部分联邦公务员，但该制度为非政治官僚主义奠定了基础，后来又扩大到所有公务员。

随着这种新制度的发展，政府聘用官僚出任全职、终身的职位，这也是他们唯一的或主要收入的来源。聘用官僚是基于其优点，即正规的资质和知识，并不是由于其家庭关系或政治上的忠诚。这与官僚主义和徇私主义之前的封建和世袭制形成了鲜明对比，韦伯（Weber）在写作时发现徇私主义仍然普遍存在。他们开启"职业生涯"后，有足够的办法满足个人开支，并不断接受培训，掌握他们胜任工作所必需的技能。薪酬取决于职位本身，而非公务员的个人特质或他的工作绩效。晋升依据则是资历和成就。上级和下级之间的关系是以一种客观的方式调节的，下级并不效忠于某个特定的人，而是效忠于职位本身。

这一考核制度最大限度地减少了任意性和基于个人偏好的决策。因为它不以财富、种族和其他个人因素对人进行区分，所以能够促进民主平等；而且也可以使官僚机构的绩效变得可预测和计算，减少了摩擦和不确定性；同时，该制度在更广泛的时间范围内减少了不确定性，创造了连续性。因为决策并非根据负责某一特定事务的官僚的特质而定，所以当前决策的可预测性就会增强。而由于存在大量的书面文件，所以过去的成果可以轻易地重建和重新评估。所有这些文件都系统地存储在文档中，检索起来十分方便，任何熟悉特定规则的人都可以非常准确地预测未来的结果。

在这种制度下，很容易发现偏离规范和标准的情况，从而降低了腐败的风险。此外，拉长的时间范围降低了腐败所得对人的吸引力，因为腐败会令政府官员丧失其终生收入。

因分工而降低成本

韦伯（Weber）所预测的原材料和个人成本的降低在很大程度上源于官僚主义所固有的分工。

这种官僚主义将任务明确划分为多个管辖范围，明确了每个公务员的义务和职责。官僚们负责专门的职能，执行的是一组有限、重复的任务，他们会成为执行这些任务的专家，执行起来快速而准确。并且在该制度下，材料成本会降低，因为专业雇员只需拥有有限数量的工具便可执行所分配的任务。

韦伯（Weber）理想中的官僚主义与泰勒（Taylor）研究工厂工人的科学方法类似。最佳做法已经被编入规则，任何个人因素，如同情、感情或偏见，都被排除在工作行为之外。规则体现了一个组织随着时间推移所积累的知识，并允许官僚通过遵循行动纲领来节省认知能量，而这种行动纲领是在做出决策前已经建立的。

在不能预先制定规则的情况下，官僚主义就会发挥作用。严格的监督和从属制度明确规定了谁有权决定例外情况。

官僚组织的弊端

官僚主义的诸多缺点也是由它的优点所带来的。本节将讨论官僚主义的僵化和不灵活性,以及它们与民主价值观非常明显的冲突。

僵化、不灵活、成本和缺乏创新

官僚主义纷繁复杂的规章制度在稳定的环境中可能是一种资产,但当环境迅速变化、"最佳做法"不再有效时,这些规章制度可能就不合适了。详细的规则和对规则的严格遵循可能会减少错误,但代价是丧失了对环境变化的长期适应性,而对文件编辑需求的增加也会带来更高的成本。

熊彼特(Schumpeter)为官僚主义对创造性思维的压抑感到遗憾,甚至连韦伯(Weber)也承认官僚主义抑制了人文精神。《韦氏新国际词典》也反映了公众对官僚主义的反感,甚至将官僚主义定义为"一种已经变得狭隘、僵化和形式主义的,依赖惯例、缺乏主动性和智谋的制度。"

于是,人们抱怨官僚们缺乏同情心的情况比比皆是,人们不满官僚们把公民当作"个案"而非一个个的人来对待,而公共机构往往被认为没有对公民的需求作出响应。此外,官僚主义的特性与民主的一些主要原则相互冲突,阻碍了官僚制政府与民主政治制度的一体化。

表6　　　　　民主与官僚主义的内在冲突*

民主要求	官僚主义要求
相对多数	全体一致
平等	等级
自由	命令
轮岗	持续任职
公开	保密
平等参与政治	基于权限的差异化参与
选举	委任

*资料来源:Nachmias和Rosenbloom,1980年,第31页。

官僚低效假设

在官僚低效模型中还能看到另外一种评论，尤其体现在这种评论的创始人威廉·尼斯卡宁（William Niskanen）所提出的一系列假设中。这些假设包括：

超支假设：公共机构的预算会超过提供某项服务的必要数额。究其原因，官僚的工资、地位和自由裁量权通常与机构预算的规模呈正相关。机构的垄断权力越大，即从其他供应来源获得相同服务的可能性越小，超额预算就会越多。

生产低效假设：公共机构完成相同产出的效率不及私营公司。机构效率将成为官僚机构规模的负函数。这是因为对于政治家和机构负责人来说，官僚机构规模越大，监管成本越高。而机构效率也与提供服务的竞争正相关，因为这增加了日后资金被扣留这一威胁的可信度。

供给过剩假设：如果监管成本较小，公共机构将超额供给公共产品。而超额预算是花在供给过剩还是生产低效上，取决于官僚们的个人动机和激励结构。

资本过剩假设：公共机构将比生产相同产出的私营公司使用更多的资本密集型生产技术。官僚们更喜欢现在的支出而不是未来的支出，因为他们的回报只与他们在某个职位上的任期有关。因此，在其他条件均相同的情况下，官僚们会选择资本成本更高、运行成本更低的技术。

官僚结构假设：官僚机构的结构会影响其绩效。提供竞争性服务的不同机构相互合并，会导致合并后的机构的议价能力提高，最终导致垄断。而确定哪些机构表现不佳所需要的成本也随之提高，机构积极反应、推动创新和提高效率的积极性相应降低。此外，让多个机构提供某种服务会扩大所采用方法和技术的应用范围，并且有助于对冲应用风险，比如一项即将过时的技术的风险。

巴顿（Barton）指出，官僚主义的结构性劣势与政治性劣势相互依存、相互强化。由于缺乏评价机构绩效的可比指标，导致官僚机构制定了更为严格的规则。规则的僵化造成奖励机制薄弱，而奖励机制薄弱又降低了人们追求卓越的积极性，导致机构效率低下、缺乏创新和反应迟钝。

2.5.2 公共部门的特点

政府机构是组织形式之一，在若干重要方面区别于私营公司。正如佩里（Perry）和雷尼（Rainey）所指出的那样"……忽视利润导向的公司与公共部门之间的差异，可能导致组织理论过度抽象。"上文曾提到一些差异，下文将集中讨论这些差异，并对公共部门与私营组织之间的主要区别加以总结。

缺乏单一的绩效衡量指标和可比性

与私营公司的利润最大化目标（或相关衡量指标如股价）形成鲜明对比的是，公共部门没有一个单一的、普遍接受的目标或衡量成功的标准。

例如，美国国务院的目标是："促进美国的持久安全与繁荣"，这并不是一个唯一的、易于量化的衡量指标。这就导致了将评价重点放在个别的、可能相互冲突的目标上，如效率、公平性或环境问题。

在私营部门，可以将个别风险从总风险中分离出来，比较某一行业内个别公司的相对业绩。然而，如上所述，许多政府机构以垄断者身份开展活动。甚至，经常出现双边垄断的情况，即政府只向机构购买服务，而机构只向政府出售服务。许多机构提供的服务几乎没有近似的替代品。由于机构的产出经常换算为预算而非单价，因此评估一个机构的业绩和区分组织之间绩效高低的难度也随之上升。

多个委托人和所有者风格多样化

机构通常向若干个具有不同目标的委托人报告，例如多个部委或国会监督委员会。此外，它们还受到各利益集团和媒体的密切监督。这种机制是有好处的，有助于制衡任意滥用权力的情况。然而，对不同的、有潜在冲突的目标做出反应可能会降低机构的效率。相对于政策带来的结果，有些委托人可能更关心投入和机构所采用的程序，例如在一个特定地区所创造的职位和收入。

表现不佳的机构缺乏治理

公共部门的绩效难以评价反倒有助于这个机构的生存。在私营部门，自然选择机制可以淘汰低效公司。他们的产品在产品市场上表现出色，但未能在资本市场吸引到资金。这一点是私营部门与公共部门供给侧的根本区别：在公共部门中，只要得到政治支持，低效机构还可以继续存在。因此，政治效能取代了对经济效益的考量，这将可能导致成本高昂的影响力活动的发生。

约束重点和风险规避

由于目标不明确，部门绩效往往用一种更易于测量的衡量指标——约束来评价。约束可以定义为对达到某一目标的可接受行为的限制。约束在公共部门发挥关键作用，有时会导致替换末端装置，即"目标置换"，对规章制度的遵守要优先于制定规章制度所要达成的目标。

公共行政历来强调要将恶政最小化，而不曾强调要将良政最大化。怀特（White）引用了1926年一位政府官员的话："我们一犯错，就会有人批评。但我们办事得力时，从没有人注意。"

投入不灵活

公共机构受公务员制度所限，阻碍了工作的灵活性。《1946年行政程序法》以在行政运行中营造公平为宗旨，为联邦雇员制定了详细的规章制度，以减少其行政自由裁量权。除了较为严格的人事制度外，政府机构也受到无数采购规则的约束，以避免假公济私和不正当地偏袒某些供应商等行为。

激励不足

正如迪克西（Dixit）所指出的，"人们通常认为政府机构和国有企业绩效不佳，是因为管理人员和员工缺乏强有力的激励措施，而相应的激励措施却被认为在私营公司普遍存在。"激励措施之所以普遍不足，是因为雇员的个人贡献通常很难评价，并且可评价目标和不可评价目标同时存在。

与私营部门相比，公共部门雇员最高工资收入与最低工资收入之间的级差要小得多，外在报酬与员工绩效的关系较弱，雇员只得到边际产出的很小部分。除非升职到薪水更高的职位，否则公共部门雇员通常无法提高个人收入，这也增加了职业发展对于公共部门雇员的重要性。

阿西莫格鲁（Acemoglu）等指出，注意到公共部门内部的工资压榨程度相当高，也是有好处的，可以避免无意义的示威，并改善可观测到的绩效、共谋和腐败问题。

试图限制日后具有影响力的活动

每隔一段时间不同的政府就会被选上台或选下台，"政治产权"即行使公共权力的能力在民主政治中的更迭相对频繁。这也促使政治家们采取措施，避免政敌日后上台行使公共权力而使各机构受到影响，政治家们并不确定自己的政治权力能够维持多久，而其政敌上台后可能会试图逆转他们的政策。因此，通过事先制定详细的正式规则和要求，政客们限制了日后的官僚政治自主的权力，但由于机构对未来突发事件的反应能力有限，所以机构效率可能会降低。

2.6 新公共管理

本节将介绍新公共管理这一改革创新运动，新公共管理旨在帮助公共部门组织更高效和有效地利用稀缺资源。本节将阐述并批判性地评价新公共管理概念的起源和特点。由于涉及公共共享服务的产生，因此，本节将重点阐述新公共管理在美国的传播。

2.6.1 起源与特征

新公共管理一词泛指20世纪70年代末开始于新西兰、澳大利亚和英国的一场运动。上述国家的资深政治家们发起改革，运用微观经济工具解决政府以前在政治科学领域的问题，即公共选择理论。新公共管理一词并不是指政策分析，而是指一套大量借鉴私营部门的、合乎规范的管理工具。相比传统公共行政方式的支持者所主张的观点（参见图4），新公共管理的应用使得公共机构与私营公司的差别变得更小。管理的含义要比行政主动得多，行政人员遵照指示行事，而管理人员则应当承担责任并取得成果。

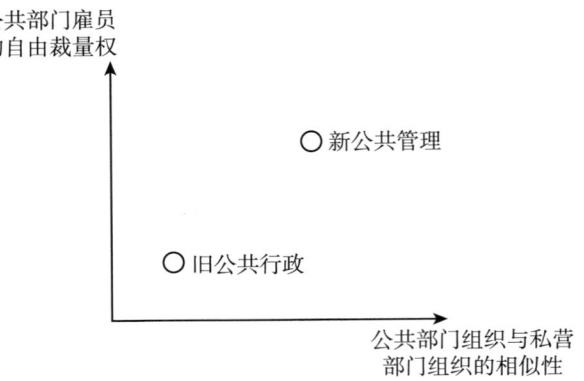

图4　旧公共行政和新公共管理概览

在出现财政危机、增长率放缓和人们认为政府机构普遍效率低下、反应迟钝的情形下，政府的改革集中在了以下几个方面：

授权

改革家们承认，公共管理人员经常被规章制度所压制。因此，在澳大利亚，人们认为要"让管理人员来管理"。官僚们被赋予了更大的灵活性，并获得授权以使其组织适应不断变化的环境。一场自下而上的"持续改进"运动将决策权沿层级向下深入推进，并且取代了传统的自上而下的强调约束的官僚作风。

客户导向

改革的关键是要注重为公民提供更好的服务。将公民称为"客户"就打了一个形象的比方，强调要满足公民的需要，而不是官僚机构或政治委托人的需要。于是，公共部门开始评价客户对所提供服务的便利性、时效性、品质、响应性、友好性和成本的满意度，并跟踪这些指标随时间的变化情况。许多机构通过任命专案经理推行"一站式购物"，或实现在线访问，改善了服务的便利性。英国颁布了《公民宪章法》，向擅长客户服务的公共部门颁发了宪章奖。这些机构是根据10项与服务相关的标准筛选出来的，优胜者可在其信笺信封和办公室展示宪章奖三年，一旦三年期满被撤销宪章奖通常会给机构带来很多尴尬，不必要的媒体报道以及对机构的质疑。

激励

在新西兰和英国，政府奉行的是"让管理人员来管理"的策略。人们承认，政府部门的管理人员实际上缺乏提高组织绩效的薪酬激励措施。所以，两国政府调整了传统的受约束的外部激励结构，并专门在组织层级的顶层引入了货币薪酬激励措施。例如，英国所谓的"下一步"机构是为了安置调动的公务员而设立的，机构负责人会签订包含奖金条款的短期合同，如果达不到规定的目标就会被撤销。

绩效管理

凯尔曼（Kelman）称改革是公共管理的"绩效导向"，并注意到公共机构对绩效评价的应用有了显著增加。此外，绩效评价结构的重心发生了变化，从传统的投入导向，特别是预算和雇员，转向了产出和结果导向。产出测量指标测量的是机构的实际工作成果；结果测量指标测量的是在权衡社会目标之后所取得的更广泛的成果。新西兰和英国政府主要关注产出，澳大利亚则依赖产出和结果的结合。

缔约

作为向新公共管理转变的一部分，政府机构再也不是某些服务的唯一提供者了。奥斯本（Osborne）和格布勒（Gaebler）有句名言，政府应该充当"舵手而非划手"，这意味着制定政策和指引是为了提供服务，而不是为了让非政府机构行为人去执行。机构不得不与私营公司一同竞标政府合同的情况越来越多，许多公共部门组织都私有化了，英国尤其如此。

表7显示了公共行政与新公共管理范式之间的主要区别。

表7　　　　　　　　旧公共行政与新公共管理的比较*

	旧公共行政	新公共管理
初级理论和认识论基础	政治理论、不成熟的社会科学领域的社会和政治评论	经济理论、基于实证主义社会科学的更加复杂的对话
普遍的合理性和相关的人类行为模式	概要合理性、"行政人"	技术经济合理性、"经济人"或自利决策者
公共利益的概念	公共利益有政治上的界定和法律上的表达	公共利益代表个人利益的聚合
反应性	客户和选民	客户
政府的作用	划手（设计并实施侧重于单一政治界定目标的政策）	舵手（充当释放市场力量的催化剂）
实现政策目标的机制	通过现有政府机构执行项目	通过私营和非营利机构建立机制和激励结构，以实现政策目标
问责方式	等级制——行政人员对以民主方式选出的政治领导人负责	市场驱动——自身利益的累积将带来广大公民群体（客户）所期望的结果
行政自由裁量权	行政官员的自由裁量权有限	有很大的余地去实现创业目标
假设的组织结构	以机构内部自上而下的权力和对客户的控制或监管为特点的官僚组织	主要控制权仍掌握在机构内部的分权制公共组织
假设的公务员和行政人员的激励基础	薪酬和福利、公务员保护	企业家精神、缩减政府规模的意识形态愿望

* 资料来源：Denhardt 和 Denhardt，2003年，第28页及下页。

2.6.2　美国新公共管理运动

与英联邦国家不同，美国联邦政府几乎没有实行过私有化，因为美国国有企业数量相对要少得多。直到20世纪90年代初，英联邦式的政府改革在美国主要局限于州和地方层面。在美国，新公共管理在"重塑政府"运动的背景下得到普及。"重塑政府"运动是基于奥斯本（Osborne）和格布勒（Gaebler）出版的同名畅销书提出的，主张政府应以任务为驱动而非规则驱动。

1993年3月，新当选的克林顿政府宣布设立国家绩效评估委员会（NPR），由数百名联邦政府雇员以及学术界和私营部门顾问执行具体工作。1993年9月，美国副总统戈尔在一份题为《从官僚作风到结果——构建一个效率更高、成本更低的政府》的报告中发布了国家绩效评估委员会的提案。这份报告包括384项建议，实施这些建议预计将节省1 080亿美元，并将裁掉252 000名联邦雇员。随后国会将这一数字提高到272 900人。

同样在1993年，国会通过了《政府绩效和结果法》（GPRA）。该法案授权所有联邦机构制定战略计划，并在2000年3月前设计考核指标，1994年已有21个试点机构启动相关工作。该举措对倡导新公共管理的各国产生了重大影响："《政府绩效和结果法》使联邦政府一举跨越15年的英联邦式改革实验，以产出测量指标向结果评价迈出迅速、积极的一步。"

1994年，国会通过了《联邦采购简化法》，该法案删除了公共部门组织所面临的一些严格的采购规则。该法案允许机构使用信用卡采购，并简化了金额低于2 500美元的采购流程。在此之前，大多数采购规则都没有区分采购规模，以此来避免各种腐败。政府机构长期致力于消除腐败，但也降低了自身的生产力。阿尼基亚里科（Anechiarico）和雅格布斯（Jacobs）阐述了纽约市警察局和纽约市房屋管理局现有的反腐败机制几十年来是如何影响绩效的。

1994年，克林顿总统发布行政命令，指示所有与公众打交道的联邦机构制定并公布顾客服务标准。这样做的目的是使客户明白他们可以从联邦机构那里获得怎样的服务，当联邦机构服务不到位时，媒体和利益群体可以向机构施压。政府设立了一系列奖项，对顾客服务出色的机构进行表彰。为了嘉奖客户服务卓越的机构，副总统戈尔颁发"锤头奖"，国内收入署制定了"正式认可"，美国教育部设立了"荣誉榜"。

1998年，国家绩效评估委员会（NPR）的名称变更为"重建政府国家伙伴委员会"（NPRG，多了一个不发音的G）。这一年还提出了"美国最好"的新口号，强调信息技术对提高生产力的重要性，突出了利用前沿技术创建信息时代公共部门的意向。

与英联邦国家不同，美国公务员的权利在很大程度上未受到改革波及。但整个联邦的文职人员减少了15.4%，即1993—1998年人数为300 000多人。重建政府国家伙伴委员会估计，改革实际上总共节省了1 120亿美元，其中约一半来自人员裁减。

布什政府扩展了《政府绩效和结果法》，创建了项目评价定级工具（PART）。该工具可用于评估公共部门项目的目标、设计、规划、管理和结果，并增加问责，将项目分别评定为"有效""一般有效""不太有效""无效"或"结果未证明"。截至2006年，在最多的一千个联邦项目中约有80%已经评级。

2.6.3 有关新公共管理的批判性评价

最新出版的两本公共部门手册即《公共行政手册》和《牛津公共管理手册》在很大程度上批判了新公共管理。林恩（Lynn）将新公共管理称为"一个可能会褪色的短暂主题"，并认为"改革之间的根本差异会掩盖表面的相似之处"。新公共管理缺乏条理清晰的理论，只是将许多改革成功的故事和案例杂揉在一起，结果变成了一个"购物篮"，令人们界定新公共管理都变得困难。胡德（Hood）和彼得斯（Peters）指出："任意两位作者列出的新公共管理特征都不相同。"一些学者认为，新公共管理仍处于理论探索阶段。

批评者认为，将私营部门的成功方法应用于公共目的，这样做是不恰当的。波利特（Pollitt）声称，"将私营部门的管理学说移植到国家福利服务中，意味着将一种意识形态的'外来物'注入一个此前思维惯例完全不同的部门"。使用"客户"这个词而非"公民"激起了一种特殊的敌意，这种措辞被认为损害了公民的民主角色，因为公民不仅是服务的接受者，还是选民，他们会选择同等身份和地位的人行治理之责，他们也是纳税人，最终为政府买单。作为客户,他们可能会无限制地要求服务;但作为纳税人,他们会要求将浪费降至最低限度并且提高效率。

此外,私营部门中供应商——客户关系的一个重要特征是选择存在缺失的现象。机构往往无法做到将某些公民排除在服务范围之外。同样地,公民通常也无法选择由哪个警察或消防部门提供服务。此外,政府机构不仅要提供服务,还要为了公众利益担负监管义务,如征税和执行法律,这些通常是服务的直接接受者所不需要的。

认为公共管理人员应该像企业家那样行事的观点受到质疑。质疑者认为公共行政应该受到更多的约束。他们担心,传统的官僚主义价值观如一致性、公正性和诚实性会受到改革威胁。批评者指出,新公共管理导致行政事务的政治性增强。由于政治家可以随意签订合同增加自己的影响力,使得机构负责人对政治家的依赖性增强,这一点可以为政治家所用。其他一些学者则提出相反观点,他们认为新公共管理过度地降低了政治性,因为新公共管理专注于提高行政生产力,淡化了政治的重要性。政治的影响和国会的监管在很大程度上被认为阻碍了效率的提高。合法性主要源于客户响应性和满意度都被提升这一事实。

对于新公共管理是否实现了最初的目标,创建一个"效率更高、成本更低"的政府,存在很大争议。凯特尔(Kettl)指出:"改革者的豪言壮语有时超出了他们的办事能力。"

对于"效率更高"这一论断,绩效管理架构中从投入到结果测量指标的转变,实际上阻碍了对过去和现在的比较。对结果测量指标的依赖也受到批评,因为很多因素超出了单个机构的控制范围。例如,特定地区的犯罪率不仅受警察作为的影响,还受到吸毒和失业率等社会因素的影响。让机构负责人对他们仅拥有有限控制权的结果负责,也被认为是有问题的。

此外,实践证明,评价项目的实际绩效是非常困难的。由管理和预算办公室(OMB)实施的项目评价定级工具具有很大的主观性。第一个问题是,机构可以"通过更好地向管理和预算办公室的官员'告知其成就'而非提高绩效，来提高他们项目评价定级工具的得分，"例如，联邦紧急事务管理署在新奥尔良州卡特里娜飓风过后的项目评价定级工具得分极低，而在此之前却曾获得相对较高的评价。

项目评价定级工具的第二个问题是，该工具通常被认为是一种仅涉及员工、不涉及部门管理者的合规活动，因此，在机构中未得到切实执行。第三个问题是，项目评价定级工具得分与预算分配的联系被认为是有问题的。项目可能恰恰因为缺乏资金而绩效不佳，而绩效高的机构可能有充足的预算。通过日后克扣资源来惩罚绩效低的机构，非但可能无济于事，反而会加剧问题。

重塑政府所削减的成本这一目标也难以得到验证。重建政府国家伙伴委员会所说的1 120亿美元在很大程度上是未经审计的（且不可审计的）。此外，裁减的联邦政府职位有很大一部分是国防部的文职人员职位。然而，这一数字是在冷战结束后、重建政府国家伙伴委员会设立前公布的。其他职位仅涉及职责的移交——从联邦政府移交给州政府或地方政府，或外包给私营承包商，移交后继续保留相应机构。

随着奥巴马政府在严重衰退中站稳脚跟，公共部门的角色可能会再次发生转变，原因是经营不善的公司可能会受到政府的重点治理，尽管这只是暂时的。然而，由于激励经费与特定的标准和结果挂钩，控制公共成本的压力依然存在。越来越多的公共部门组织正在接纳一个新的概念，即共享服务，共享服务可以使私营部门公司在降低成本的同时提高质量。

3 共享服务

本章共由四部分组成。第一部分运用价值链原理将组织活动分解为主要活动和支持活动。第二部分阐释共享服务的概念。第三部分主要分析私营部门的共享服务现象。第四部分讨论了公共部门共享服务的基本原理，并介绍美国公共部门组织成功采用共享服务中心的三个案例。

3.1 活动分解

波特（Porter）认为公司是价值创造活动的集合。这些活动可以用价值链来表示（参见图5）。公司的竞争优势是通过执行不同于其他公司的活动，或比其他公司更好地执行相同的活动获得的。

公司基础设施				
人力资源管理				
技术开发				
采购				
进货物流	运营	出货物流	市场营销和销售	售后服务

图5　价值链

基于Porter，1985年，第37页。

波特（Porter）区分了九个一般活动类别，并把它们分为主要活动和支持活动两大类，在图5中分别以垂直方向和水平方向列出。在这九个类别中，每一个类别都由多个不同的流程和活动组成。

但在现实经济活动中,并不能把每一项经济活动都清晰地分到图5的框架当中,因为组织是相互依赖的而非独立的活动集合。而且波特(Porter)本人也认为,能否正确分类更多取决于当时的环境以及个人判断。

甚至,对于主要活动和支持活动的划分,似乎也并非毫无问题。"主要"这个标签暗含了一种从特定公司目标衍生而来的特殊重要性。"支持"活动则通常被认为没那么重要或是次要的。柯西奥尔(Kosiol)强调,从长远来看,不执行支持活动会妨碍执行主要活动,从短期来看则没有影响。此外,其他作者也提出了他们所认为的价值链,但都没有像波特(Porter)的价值链分析的那样获得普遍接纳与认可。

3.1.1 主要活动

价值链中的五个主要活动列示在图5的底部,包括进货物流、运营、出货物流、市场营销和销售以及售后服务,具体如下:

- 进货物流:进货物流包含所有与物料投入要素的验收、储存和分配相关的活动,例如,包括公司内部的物料运输、库存控制和潜在的向供应商退货等。
- 运营:运营包括将投入转化为产出所需的所有活动,包括产品的制造、装配、包装和质量控制以及相关资产的维护。
- 出货物流:出库物流涵盖与最终产品的存储和分销有关的所有活动,此外还包括订单处理、调度和分派。
- 市场营销和销售:营销和销售包括市场调查、定价、销售人员管理、广告和促销等活动。
- 售后服务:客户服务包括为了增加或保持产品与服务对于客户的价值而进行的所有活动,包括备件的安装、维护、修理、交付和对客户人员的培训。

3.1.2 支持活动

支持活动一般包括四个类别：采购、技术开发、人力资源管理和基础设施，主要目的是保障主要活动。但支持活动也可以支持其他次要活动，例如，信息技术部门雇用员工时对于人力资源的利用。

- 采购：采购包括取得必要投入要素的所有活动，例如取得资产和原材料、辅料。但采购并不包括投入要素本身。采购活动发生在公司各个部门，而不仅仅是采购部门。采购活动的例子包括搜寻和认证新的供应商、采购资源和监督供应商绩效。
- 技术开发：技术开发包括促进创新和技术改进的所有活动。技术开发通常会涉及整个公司，并不仅限于研发或工程部门。除了最终产品，技术还包括工艺改进、自动化或电信系统的新应用。
- 人力资源管理：人力资源管理包括与雇员有关的所有活动，涉及人员的规划、招聘、部署，以及培训、职业发展和薪资谈判。同其他支持活动一样，人力资源管理也涉及整个公司。
- 公司基础设施：公司基础设施包括涉及公司整体的所有活动，具体包括一般管理、财务与会计、信息技术、公共关系、法律顾问和其他行政服务等。

价值链是一种任务分析工具，即将组织任务划分为各个流程和活动。待任务合成后再将各种活动分配给各个组织部门。

接下来，本研究将分析如何在公共部门组织内分配支持活动。下一节将介绍共享服务并探讨如何通过共享服务方式执行支持活动。

3.2 定义

米勒（Miller）和福斯特（Foust）认为，服务与商品的不同之处在于，服务通常被定义为是无形的。肖斯塔克（Shostack）也认同服务主要是无形的，但他指出所有产品——商品或服务，都包含有形和无形的要素。各个服务所体现出的无形性也各不相同。

各种服务分类（通常称为接触理论）强调了客户接触对于服务的重要性。贝尔（Bell）强调了提供服务过程中客户参与度的重要性，而标准化服务和定制化服务分别处在两个极端。切斯（Chase）根据客户联系度将服务由高到低地分为纯服务、混合服务和准制造服务。最后，布林德（Blinder）还区分了个人服务和非个人服务，前者要求服务时身体接触和地理上的邻近。

阿普特（Apte）和梅森（Mason）综合上述若干分类，将服务分为三种不同行为：信息行为、物理行为和人际行为。信息行为涉及处理符号，并与所提供服务的信息强度有关，信息强度是指处理信息花费的时间占活动总时间的比率。物理行为涉及处理物理对象，并与服务活动的实际存在需要相关，可以通过比较花费在物理行为上的时间和活动总时间来衡量。最后，人际行为涉及内部或外部客户，并且与客户的联系度有关，这一点与切斯（Chase）的定义相类似。

我们尚不清楚是谁发明了"共享服务"（执行后台职能的一种方式）这个术语。有资料表明，吉姆·布莱恩特（Jim Bryant）在20世纪80年代末为百特医疗保健（Baxter Healthcare）执行项目时首次使用了这个词。其他人则表示，科尔尼公司（A.T. Kearney）的鲍勃·甘恩（Bob Gunn）是第一个在开展最佳实践研究时使用这一术语的人。

表8列出了一些最常引用的共享服务定义。

表8	共享服务的定义
舒尔曼（Schulman）等（1999年，第9页）	将组织内部分散在各处的开展类似活动的资源集中起来，以更低的成本和更高的服务水平为多个内部合作伙伴提供服务
奎因（Quinn）等（2000年，第11页）	……指业务部门、经营公司和组织决定共享一套共同的服务，而非各自拥有一系列完全一样的职能系统
卡格曼（Kagelmann）（2001年，第49页）	通过集体使用资源为组织内更多的组织部门提供内部服务的一种组织方法

续表

伯格伦（Bergeron）（2003年，第3页）	……是一种协作策略，其中，现有业务职能的子集被集中到一个新的、半独立的业务部门中，该业务部门的管理结构旨在提高效率、创造价值、节约成本，并提升了对母公司内部客户的服务质量，如同公开市场中竞争的企业一样
埃森哲（Accenture）（2005年，第3页）	……将若干部门或机构的行政或支持职能（如人力资源、信息技术和采购）整合为一个单一、独立的组织实体，其唯一的任务是尽可能高效和有效地提供服务
阿克辛（Aksin）和马西尼（Masini）（2008年，第239页）	……是一种标准化、精简和整合组织中常见业务职能和流程的策略，目的是在提高效率和效力的同时，降低成本和提升企业整体盈利能力

虽然不同学者对共享服务的定义有所不同，但对于共享服务的理解一致的地方在于：

- 用于提供支持活动
- 对象是内部客户
- 客户至少来自两个机构
- 服务成本更低
- 服务质量更高

由于共享服务以内部客户为导向，有时也被称为内部服务。内部服务可以定义为"由专门的组织部门或在这些部门工作的人员向组织内其他部门或雇员提供的服务"。"公共部门共享服务"一词将用于描述一种安排，即公共部门的后台职能供应商为公共部门客户提供服务。

共享服务是针对多个内部客户来说的，这一术语中的"共享"部分才是真正值得关注的地方。共享服务中心是执行共享服务的组织实体。因此，特定机构特有的或需要深度适应地方情况的服务不应交由共享服务中心管理。更准确地说，共享服务中心可以定义如下：

共享服务中心是（跨）组织实体中的一个独立自主的半自治部门，任务是在议定条件的基础上，将活动整合在一起，并向该（跨）组织实体中的业务部门提供特定的预先定义的服务。

3.3 私营部门共享服务

毫无疑问，共享服务这一概念起源于20世纪80年代的美国私营部门。此外，财务与会计显然是首先"试水"的领域。共享服务之所以受众广泛，原因在于美国大型企业集团普遍采取分子公司等多元化的形式，这种组织形式自然会导致各个业务部门重复运用支持性服务。

3.3.1 职能型和多部门型组织形式

本节将描述职能型组织形式和多部门型组织形式的特点，并分析采用两种组织形式对后台服务的影响。

职能型

职能组织是根据职能对第二层级进行分类的一种组织形式，也被称为单一型或U型组织。职能组织是在19世纪中叶的工业革命中产生的。当时，工业化令公司规模普遍扩大，需要建立一个分级组织结构。由于多样化程度较低，并且运输系统运力有限导致只能关注到范围较小的地域市场，因此专门的第二层级就成了最普遍的组织形式，如图6所示。按照价值链理论逻辑，第二层级可以区分为主要职能领域和次要职能领域，也可称为直接职能领域和间接职能领域。

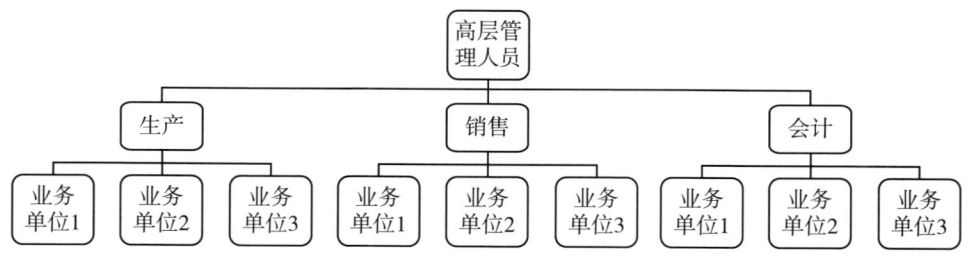

图6 职能型

将组织任务划分为相似的活动，有助于分工专业化和职能专业化。例如，采购部门的雇员反复与市场交流，可以获得高深的相关专业知识。如果将相似的采购活动聚合起来，可以形成规模经济和协同效应。由于雇员只需要了解采购活动，无须接受其他活动的培训，此举还可以降低人工成本。雇员熟悉相关的词汇和缩写后，还可以将知识传授给采购部门的同事，这有利于人员的更替，而且增加了部门内的工作灵活性，在工作量变化的情况下尤其受用。

但随着组织的发展，职能组织的相关不足也日益明显。钱德勒（Chandler）的研究阐述了单一型组织形式在地缘扩张或产品多样化情况下面临的一些问题：

只有当高级行政人员的行政负担增加到其无法有效履行自身职责时，集中的、职能部门化的业务公司的固有弱点……才受到重视。当企业运作以及协调、评估和政策制定问题变得过于错综复杂，少数高层管理人员无法应对长期创业活动和短期经营行政活动时，就会出现这种情况。

此外，威廉松（Williamson）指出了单一型的四个主要难题：不可比性、不可分性、非经营性目标规范，以及策略决策和经营决策相混淆。

不可比性是指难以为职能部门指定与组织目标总体一致的目标，以及难以评价各职能部门各自的贡献。不可分性指随着组织规模和复杂性的增加，各部门之间需要加强协调。非经营性目标规范描述了职能范围的发展趋势，即只看到整个组织有限的方面，潜在地以牺牲整体利润最大化为代价，最大限度地实现子目标。最后，策略决策和经营决策的混淆与钱德勒（Chandler）上述著作中提到的有限理性问题有关。

综上所述，如果环境稳定且并不复杂，所提供服务的同质性较高，而且不同职能范围之间的相互依赖性相对较低，则职能组织开展二级活动具有比较优势。

多部门型

多部门组织是基于目标原则安排第二层级的主要组织形式。多部门组织通常根据产品、技术、区域或客户构建。多部门形式也称为M型组织、部门组织或业务部门组织,如图7所示。业务部门本身可以采用职能组织的组织形式,或是业务流程组织,而后者在实践中运用较少。

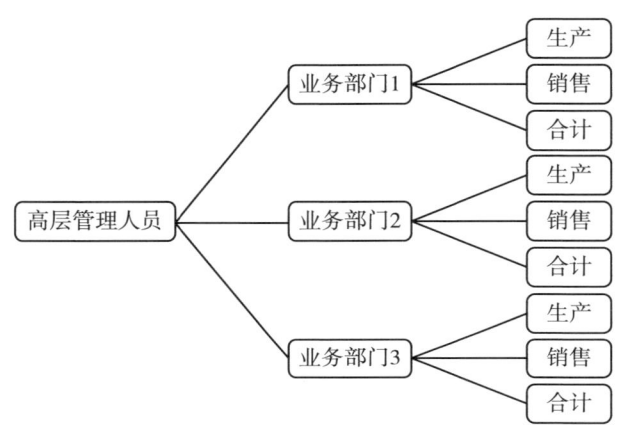

图7 多部门型

钱德勒(Chandler)在有关杜邦公司、通用汽车公司、新泽西州标准石油公司和西尔斯罗巴克公司的开创性案例研究中,描述了第一次世界大战后M型组织形式的兴起。这些公司都各自独立发展了这一新的组织结构,它们并不是有意识地相互模仿,而是因为都处在相似的外部环境中。钱德勒(Chandler)认为,在所有情况下,这一新的组织形式都源于增长策略,他因此得出了"结构遵循策略"这一著名论断。威廉松(Williamson)认为,M型组织是"20世纪最重要的组织创新",他指出,美国公司最早采用M型组织结构最早,在海外扩张方面相较其他外国公司具有竞争优势。其他国家的公司也逐渐效仿美国,令M型组织形式成为20世纪大公司的流行的组织形式。

乔斯特(Jost)总结了M型组织形式的五个主要潜在优势:

- 更好地利用当地特定知识
- 减少业务部门之间的协调需求

- 提高组织结构的灵活性和适应性
- 更易于为独立部门的业务单元经理制定适当的激励措施
- 使高层管理人员从经营决策中解脱出来，专注于策略制定

虽然M型组织通过制定激励机制使得高层管理人员的利益与组织的整体利益保持一致，充分利用了高层管理人员的有限理性，减少了业务部门管理的机会主义倾向，但这些优势的取得都是有代价的。例如，规模经济优势可能没有得到充分利用，并且人工成本可能会因为在业务部门内设立管理职位而变得更高。

威廉松（Williamson）将经营部门描绘为"基本上是自给自足的独立部门"。由于各个业务部门的经理要对所在部门的业绩负责，于是他们经常要求把所在部门作为一家"准公司"来进行运营，履行所有部门职能，也包括后台的相关职能。这就导致了重复冗员以及无法充分利用业务部门间的协同效应等问题。

3.3.2 历史早期模式

企业家和学者们早就发现，所有业务单元执行的后台职能往往是低效甚至是无效的。在到底采用集中还是分散的后台支持活动问题上，企业家和学者们展开了激烈的讨论，先后出现了"中央行政区域""中央职能部门""职能机构"或"公司员工"等术语。下面将按时间顺序列举一些相关文献。

中央行政区域(Nordsieck，1934)

诺迪克（Nordsieck）认为，一个组织的职能通常可以分为两种类型。一种为直接职能，也称为实际职能，它与产品制造过程有关；另一种为间接管理职能，它与组织自身状态有关。诺迪克曾于1934年出版《组织理论基础》一书，对后一种职能进行深入研究。

诺迪克划分出五类间接管理职能，包括组织、会计、融资、人力资源管理和物质资源管理。他认为，组织是主要职能，并对其进行了广义的概念界定，将各种组织设计任务纳入其中，如组织职能、部门及其分支机构的设立，

以及组织规章制度的规划和执行。而其他间接管理职能或多或少仅起辅助作用。

诺迪克建议，将所有行政管理职能从负责直接职能的经营部门中分离出来，并将它们集中在一个所谓的中央行政区域中，该区域位于组织架构的第二层级，受高层管理人员直接领导，也为高层管理人员、经营部门和自身执行行政任务。

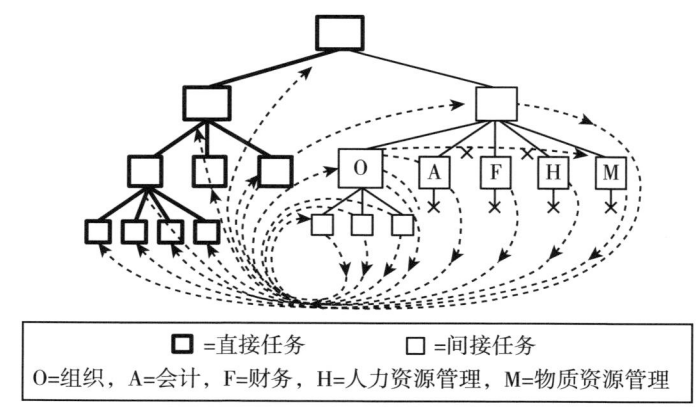

图8　直接任务与间接任务

资料来源：Nordsieck，1934年，第89页。

诺迪克提出四条行政管理原则。一是行政管理职能独立性原则。经营部门对行政管理事务没有直接的管辖权，由中央行政区域统一指挥。为防止中央行政区域无故过度扩张，诺迪克的第二条原则为行政管理最小化原则。诺迪克认为，优秀的管理者会尽量减少"人治"，例如为了避免日后冲突、提高积极性、调整激励措施而颁布相关制度。第三条是行政管理中立性和客观性原则。即使行政人员是独立行事的，他们也必须协助经营部门完成各自的职责。诺迪克认为，行政管理职能的集中化，即由中央行政区域做决策，提升了决策的公正性。第四条原则是持续发挥行政管理作用原则。为确保行政管理职能满足经营部门的需要，应将行政管理职能进一步细分为组织、会计、财务、人力资源管理和物质资源管理，以此保证各项行政管理职能由合格的人员执行。

诺迪克意识到，设立中央行政区域可能会引起经营部门的抵制，原因是经营部门可能想要继续保留管理权和控制权，并可能做好了捍卫自身组织、财务、人力和物质资源的准备。不过，他认为，可以打造一个经营部门和行政管理人员为达成共同的组织目标而努力的新型组织。

中央部门 (Schramm, 1936年)

与诺迪克类似，施拉姆（Schramm）区分了组织需要执行的两类独立职能，称为核心职能和补充职能。

施拉姆认为，核心职能有三个，即采购、生产和销售；补充职能有两个，即行政和领导。他认为，执行核心职能是逻辑上所必须的，但执行行政职能仅仅是组织管理上的需要。

与诺迪克不同，施拉姆认为，尽管采购与人力资源和物质资源管理有关，但应该作为核心职能。

施拉姆强调了核心职能对达成组织目标的重要性，并认为行政和领导的类型和规模主要取决于核心职能的需求。

行政管理的主要任务是积极主动地降低与组织内部人力资源和物质资源有关的风险，这些风险可能影响执行核心职能的绩效。他认为，对雇员的筛选、甄选、培训和薪酬是人力资源管理中特别重要的方面，并将所有类型的库存、机器和房屋建筑物视为物质资源管理的一部分。

施拉姆与诺迪克的一个重要区别在于，施拉姆认为领导是一项单独的补充职能，并将领导职能细分为处置和组织，然后再进一步细分为监督、发起、规划和指示。这一做法是将行政服务的控制职能和服务职能分开的最初尝试之一，这也是共享服务理念的一个重要特征。

施拉姆指出，出色地执行核心职能这一倾向很容易导致经营部门内决策者的工作负担过重，补充职能也几乎没有发挥作用的空间。为此，他提出了"中央部门"一词，并建议去除经营部门中同样或类似的职能，并将这些职能置于单一机构的管理之下。由于类似的流程经常重复,组织将变得专业化且由此获益。此外,对于许多规模较小的经营部门,统一的中央部门能够更好地适应需求波动。他认为财务和人力资源部门是主要的中央部门。

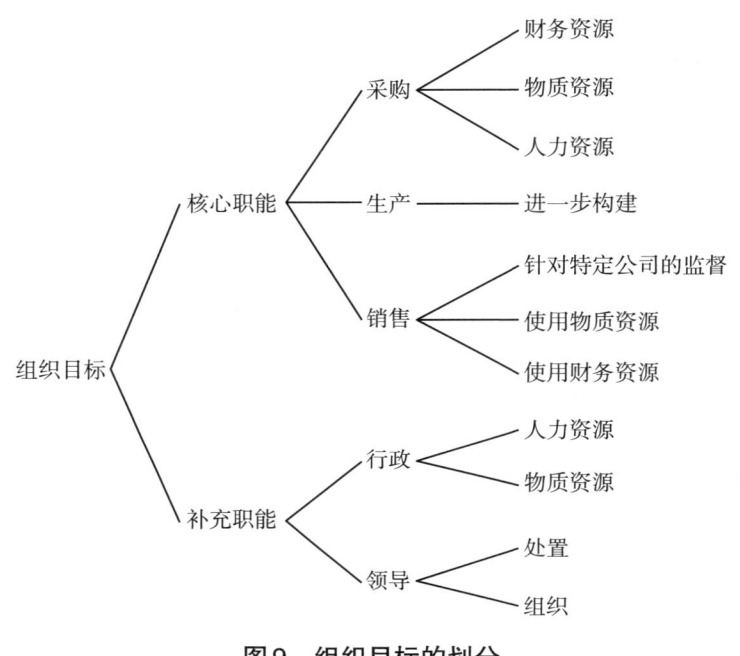

图9　组织目标的划分

基于Schramm,1936年,第26页。

控制的集中化(分散化)(Simon等,1954年)

西蒙(Simon)等调查了拥有多个经营部门的大公司中的控制部门的集中化(分散化)程度。发现被调查公司的控制部门的职能范围十分广泛,包括普通核算会计、成本计划与分析、销售会计、专项研究和内部审计职能。西蒙(Simon)等认为,集中化(分散化)程度取决于以下五个因素。第一个因素与公司账户设置结构以及是否为各个经营部门提供单独报告相关。第二个因素与控制人员在经营部门中所处的职级有关。第三个因素是各经营部门的会计/控制人员与经营部门管理层的权力关系的正式程度,即会计/控制人员是否向部门管理层而非总部汇报。第四个因素与团队忠诚度以及控制人员自身对经营部门团队或控制部门团队的归属感程度有关。最后，研究人员调查了中央控制部门与各经营部门中的控制人员之间是否存在直接沟通，或者是否通过经营部门的管理层进行沟通。分散化组织需要为各个经营部门编制单独的报告，具体由经营部门中的控制人员执行。经营部门的控制人员向经营部门的管理层汇报，并自视为经营部门团队的一员。中央控制部门与经营部门高级行政管理人员直接进行沟通。

西蒙（Simon）等发现，向经营部门管理层提供交易类型的服务，如记账和周期性的会计报告，和向高层管理人员提供经营部门的客观数据之间，存在着明显的冲突。这一重要证据证明了在同一部门内提供控制和服务职能是存在困难的。

他们还指出，控制部门的集中化（分散化）程度在很大程度上取决于各经营部门的集中化（分散化）程度。例如，当经营部门的管理层缺乏决策权时，经营部门即使拥有大量控制人员也没有什么意义。

西蒙（Simon）等还发现，控制部门参与经营部门事务的范围取决于工作所需的技术和经营知识范围。需要的地方性知识越多，控制部门就越分散化。业务部门的专有技术类型对于共享服务的配置也起着重要的作用。

总之，除了应用集中化和分散化等术语外，西蒙（Simon）等还阐释了决定行政活动能否达到最佳配置的许多重要的可变因素，以及提高业务部门控制活动接受程度所需的背景因素。

公司员工 *(Stieglitz and Janger，1965年)*

斯蒂格利茨（Stieglitz）和詹格（Janger）领导的National Conference Board对包含多个部门的公司组织形式进行了实证研究。虽然他们主要关注的是高层管理人员，但也分析了公司员工，因为高层管理人员广泛依赖于公司员工。他们进而发现，公司员工扮演着三种角色：建议、服务和控制。

- 建议角色：公司员工针对某些问题提出解决建议，以此支持高层管理人员和部门经理。公司员工通常通过不断地分析特定的职能领域，或者仅通过观察组织的某个部门形成的最佳实践，并告知其他人，以此获得专门知识。通常用来描述这一角色的术语包括"专家""顾问"或"内部顾问"。但建议角色没有职权，就不得就某项活动发出指示。因此，他们的建议是否得到执行仍然有待业务部门经理的酌情决定。

- 服务角色：公司员工为经营部门执行一定的活动，使经营部门从补充职能中解脱出来，专注于核心业务。尽管雇用专家或使用最先进的设备对各个业务部门而言是非常昂贵的，但规模的扩大证明对公司员工进行投资是值得的。

- 控制角色：公司员工为管理人员执行发布标准、预算、政策、指导方针或计划，以及监督、审查、审计或评估经营部门等职权。因此，公司员工可以确保业务部门在一定限度内行使授权。在这种情况下，公司员工至少在某些活动中拥有职权。

Stieglitz 和 Janger 发现，拥有多个部门的公司常常让公司员工充当建议和控制角色。服务角色主要由经营部门自行充当，因为经营部门显然最清楚自身需要哪些支持服务，以及愿意为哪些服务付费。此外，许多公司认为，负责所在部门绩效的业务部门经理应控制所有影响其盈利能力的因素，包括如何组织其后台职能。

公司员工 (Eisenstat, 1990年)

与斯蒂格利茨（Stieglitz）和詹格（Janger）相似，艾圣斯特（Eisenstat）分析了公司员工扮演的不同角色。他指出，公司员工"从事着大量令人眼花缭乱的活动"，并将员工在这些活动中所扮演的部分分为三个主要的角色：监管角色、信息角色和职能角色。

- 监管角色：公司员工充当监管角色时，力求影响业务部门的活动，以使业务部门执行一致的公司策略，照顾其他业务部门的利益，以及满足外部环境的需求。

- 信息角色：由于公司员工与各种组织群体持续互动，公司员工起着促进沟通和信息交换的作用。

- 职能服务角色：充当职能服务角色时，公司员工为业务部门执行各种服务职能，以避免经营实体内部重复工作，造成浪费。

Eisenstat还强调，公司员工针对不同对象扮演着以上三种角色。公司员工在不同群体间（高层管理人员与经营部门之间、职能部门与经营部门之间、经营部门自身之间以及组织及其外部环境之间）充当着中介（参见表9和表10）。

表9　　　　　　　　　　　公司员工角色＊

角色 \ 关系	高层管理人员 ↕ 经营单位	经营单位 ↕ 经营单位	职能部门 ↕ 经营单位	外部 ↕ 内部
监管角色	公司守卫者	调停人	输入控制	审计师
信息角色	翻译	学习推动者	销售者	审视者/发言人
职能服务角色	实施者	系统创建	行政服务	专业服务

＊资料来源：Eisenstat（1990年，第10页）。

表10　　　　　　　Eisenstat总结的员工角色

角色	目标
公司守卫者	确保经营单位遵守高层管理人员的指示
翻译	向经营单位解释高层管理人员的决策，并将经营单位的关切传达给高层管理人员
实施者	代表高层管理人员实施业务单位的计划和制度
调停人	确保经营单位的政策是一致的
学习推动者	在整个组织中发现并传播新事物
系统创建	设计有助于业务单位整合和协调的基础结构
输入控制	确保从业务单位获得的信息准确无误、形式适当
销售者	促进公司员工的服务
行政服务	为整个组织执行特定的后台活动
审计师	确保业务单位符合外部要求
审视者/发言人	对外代表公司
专业服务	为整个组织提供专门知识和指导

Eisenstat强调，公司员工面临着三大挑战。首先，公司员工的工作涉及调解不同群体间的冲突。由于公司员工通常不具有正式授权，每当需要牺牲特定利益时，他们很容易成为替罪羊。其次，由于总部和业务部门之间通常存在地理上的差异，公司员工常常被视为不了解实际情况和没有充分参与的局外人。最后，公司员工对组织取得成功所做的贡献难以量化，因此很容易引起争议。

为了应对这些挑战，Eistenstat建议只赋予公司员工有限的角色。例如，他建议为某些职能服务角色（尤其是行政服务）建立服务业务模型。通过这种方式，公司员工就能够集中精力提高成本效益和服务质量，更好地服务于业务部门，而不受其他任务所干扰。

中央部门 (Frese and von Werder, 1993年)

1993年，在弗雷塞（Frese）和冯·维尔德（von Werder）的指导下，Arbeitskreis Organisation of Schmalenbach Gesellschaft分析了德国大公司中央部门的结构。同Eistenstat一样，Frese和von Werder也注意到"中央部门"一词在实践中广泛用于各种任务。

弗雷塞（Frese）和冯·维尔德（von Werder）区分了两类后台职能：一类是以高层管理人员为对象，另一类以业务部门为对象。前者包括某些咨询活动（如关于资本配置决策）、外向型活动（如法律规定的）以及协调和整合各个业务部门的活动。

他们在分析时主要关注以业务部门为对象的后台职能。他们认为，中央部门和各个业务部门之间的后台职能可以划分为六种，每一种后台职能以不同的模式表示。下文将按照对中央部门的影响力由大到小的顺序介绍这六种模式（如图10所示）。需要注意的是，多个模式可同时应用于一个特定的职能领域。例如，中央部门可以为一些人力资源任务提供指导，为业务部门留出充分的空间自由裁量其他事务。

- 核心部门模式：在核心部门模式中，后台职能完全由中央部门执行，作为核心部门与业务部门同处第二层级。中央部门对于执行的时间和方式拥有充分的自由裁量权。在严格的模式中，中央部门与业务部门之间甚至没有正式的沟通。在较为温和的模式中，中央部门和各经营部门之间至少存在着信息和专有技术的交流。总部与各个业务部门开展的自上而下的绩效评价就属于该模式。

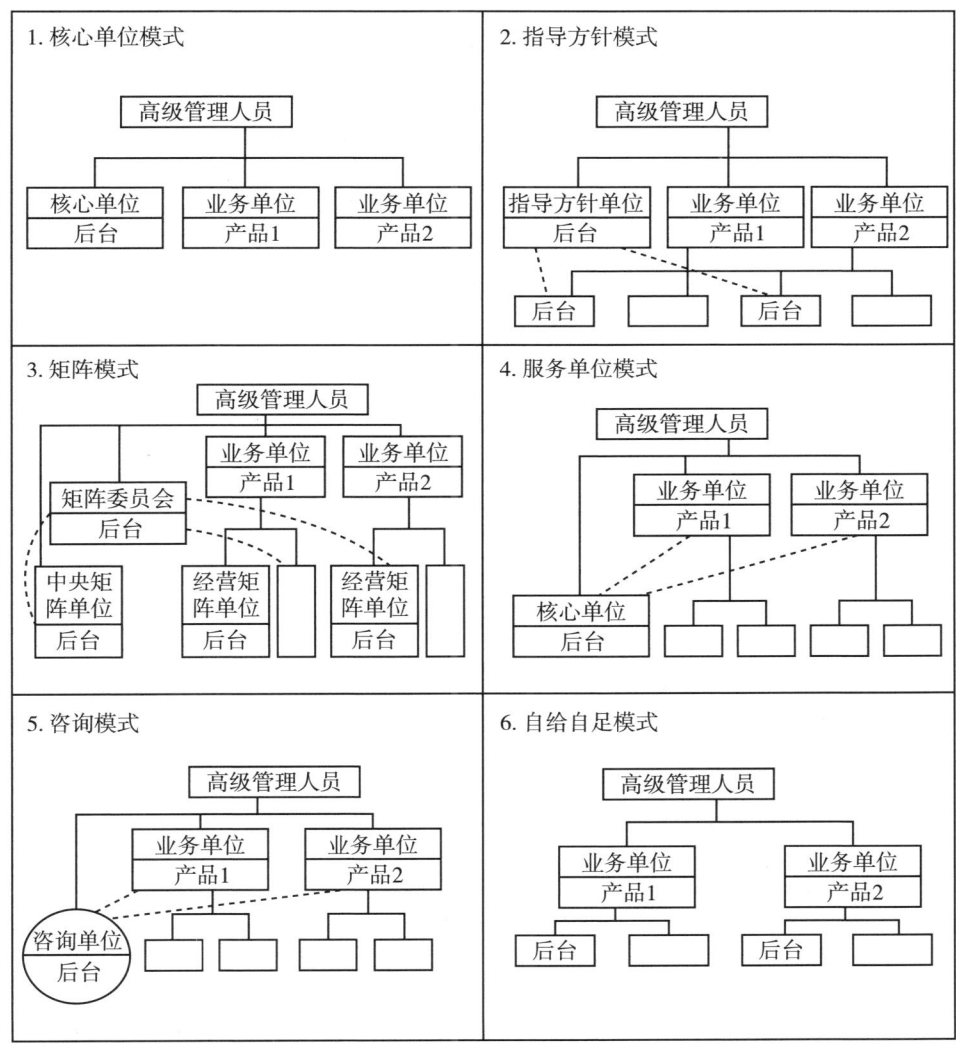

图10　中央部门模式

资料来源：Frese 和 von Werder（1993年，第39页及以后各页）。

- 指导方针模式：在指导方针模式中，各个业务部门独立执行某些后台职能。但中央部门有权发布指令和指导方针，业务部门的后台必须予以执行，且所拥有的自由裁量权通常非常有限。因此，中央部门可以确保组织内部采用共同的标准。例如，该模式能够保证组织内的各个业务部门使用共同的电子邮件系统、标准化的会计科目表或相同的报告系统。
- 矩阵模式：在矩阵模式中，后台职能由中央矩阵部门和业务部门共同执行，并成立矩阵委员会，由中央矩阵部门和业务部门的代表就特定的一系列行动或特定的后台程序共同做决策。矩阵委员会的决策对中央矩阵部门和经营实体都具有约束力。该模式可确保同时顾及业务部门的本地信息和整个组织的利益。矩阵模式的不足在于矩阵委员会可能会陷入僵局。矩阵模式主要用于不太需要业务部门重要信息的任务。
- 服务部门模式：服务部门模式将不同的职责分配给各个业务部门和服务部门。前者有权酌情决定将哪些后台职能分配给中央。一旦这些职能从业务部门移交过来，后者有权酌情决定如何实施这些职能。但工作成果需满足双方已经达成的服务水平协议的规范。服务部门模式通常用于重复的交易，如涉及应付账款、应收账款或工资的交易。
- 咨询模式：在咨询模式中，后台职能由业务部门执行。但直接向高级管理人员报告的咨询部门会就某些问题征求个别机构的意见。咨询部门通常由各类专家（如法律或技术专家）组成，其建议对业务部门没有约束力，业务部门最终决定如何执行后台职能。当只有特定的业务部门受影响时，通常采用咨询模式。
- 自给自足模式：自给自足模式的特点在于最终会完全淘汰所有类型的中央部门。业务部门可以完全自主地执行后台职能。这一模式适用于组织中其他部门并不存在的、业务部门特定的后台职能。

3.3.3 共享服务的兴起

随着前述各种模式的不断演化，共享服务中心于20世纪80年代初首次建立，最初主要执行财务和会计职能。

美国公司不仅是采用M型组织形式的先驱，而且率先接纳共享服务概念。通用电气是20世纪80年代首家为其各个业务部门建立财务共享服务中心的公司。在执行分散化策略、授予业务部门管理自身所有活动的自主权之后，通用电气意识到，公司内部实际上存在着45个应付账款、44个总账、37个固定资产和34个工资系统，而采用共享服务最终会令该公司的系统数量减少80%。

大多数美国大企业均效仿通用电气。近年来，共享服务已扩展到更多的内部支持服务领域，特别是信息技术、人力资源和采购领域。2007年，80%的财富500强公司采用了共享服务。

促成共享服务中心广泛应用的因素多种多样，其中比较突出的因素是技术方面。技术进步降低了分解支持活动的难度，从而有机会利用全球劳动力成本差价，进而将控制活动从过去在一个区位开展的服务活动中分离开来。

降低了分解的难度

波特（Porter）和米勒（Millar）指出，在公司价值链背景下，每一项活动均由物理部分和信息处理部分组成，并暗示信息技术将帮助公司重新设定价值创造活动。在过去几十年里，信息和通信技术取得了巨大进步，大大降低了将业务活动分解成各个部分的难度。这些变化为公司开展支持活动提供了更多方式和地点的选择。

分解的难易度由三个维度决定：可编码性、标准化性和模块化性。

可编码性是指通过一组书面指令充分描述活动的程度。与那些依赖显性知识的活动相比，要求高度隐性知识的活动的编码可能性较低。

标准化性是指使用一系列可重复且一致的步骤开展活动的程度。标准化流程使用共同的框架和词汇，使各个组织能够更容易地交流和比较绩效。

模块化性是指将活动分解为独立执行的部分，并在后续阶段加以整合的程度。模块化可以帮助地理上分散的群体专注于流程中的某些步骤。

信息技术支持着上述三个维度，帮助组织收集和记录后台活动信息，使组织能够在电子知识库中随时保存和检索这些信息，并促进所存储的信息在内部和外部之间的传输和监控。

随着信息和通信技术的进步，地域上的邻近往往不再是必要条件。因此，过去必须在特定业务部门内开展的支持活动，可以很容易地在其他地方开展，并以电子方式进行传输。

劳动力套利

由于一个共享服务中心一半以上的成本往往与劳动力有关，许多公司利用要素成本差异转移了后台职能。最初，许多美国公司将共享服务中心从曼哈顿等高成本的城市地区，迁至南达科他州等成本较低的农村地区。后来，美国公司意识到某些服务活动确实可以在遥远的地方进行，便逐渐将这些活动移到美国境外，这一过程后来被称为"离岸外包"。格罗斯曼（Grossman）和罗西·汉斯伯格（Rossi-Hansberg）将离岸外包定义为在组织总部所在国以外的国家执行任务。由于此前世界各地的电信部门放松管制，国际数据和语音传输费用高昂，而现在开始降至与国内通信费用相同的水平，极大地促进了离岸外包的兴起。

通用电气和惠普是最早将后台职能移到国外的美国公司之一。两家公司都在印度等多个低成本地区开设了共享服务中心，此举受到许多公司的效仿。在低成本国家，服务中心的职位往往很受重视并享有声誉，因此能够吸引到许多拥有大学学位且积极性很高的申请人前来应聘，与美国这类岗位地位和薪酬低下的情况形成了鲜明对比。

世界贸易组织的《服务贸易总协定》（GATS）将服务贸易区分为四类。在模式1中，供应商和买方都保持在各自所在地不动；在模式2中，服务接收方移动到服务供应商所在地；在模式3中，服务供应商在买方国家设立一个非常小的实体,以促进销售;最后,在模式4中,卖方迁移到买方所在地。可靠的国际业务服务贸易统计数据很难找到,多位作者为此感到遗憾。

对美国而言,商业、专业和技术服务类别的进口,包括会计和簿记、信息和数据处理以及计算机编程等后台职能在内,在1997—2004年增加了约三分之二。根据OECD(经济合作与发展组织)STAN数据库,1993—2003年美国"其他业务服务"包括会计、企业管理和咨询服务在内的进口额实际增长了102%。

关注服务角色

随着分解的难度不断降低,服务活动与由相同职能机构执行的其他活动逐渐分离,例如斯蒂格利茨(Stieglitz)和詹格(Janger)在有关公司员工的研究中指出的控制和咨询活动就是由此分离出来的。

这一趋势降低了公司员工执行多个潜在冲突任务的可能性。例如,在员工充当服务角色时,他们应帮助业务部门;而充当控制角色时,他们应指出绩效不佳的业务部门,或查出不符合公司制度的做法。

如上所述,西蒙(Simon)等强调,在同一部门内同时提供控制和服务活动是很困难的。奎因(Quinn)等严厉批评了将两种活动类型结合起来的做法。他们以"员工角色的分裂人格:身兼两职"为标题,描述了在提供优质客户服务的同时执行公司标准和规则的难处。虽然他们承认一个组织有执行两种职能的内在需要,但他们告诫不要把两种职能整合在同一组织部门中,因为他们认为这两种职能的作用是截然相反的。

在创建一个单独的业务部门全权负责执行服务活动时,可以设定明确的期望。人们期望共享服务中心提供符合议定的《服务水平协议》规范的服务。相比由同一财务部门兼顾开展服务活动和作出资本配置决策的情况,业务部门(即共享服务中心的内部客户)更容易指出迟开发票、错误发票和报告等问题。

分离服务角色的另一个好处是,薪资处理等日常经营活动不能再把职能中更具战略性的方面如人力资源开发排除在外。

3.3.4 证据

如上所述，设立共享服务中心最初是为了履行某些财务和会计职能。根据德勤全球共享服务调查的结果，财务和会计仍然是共享服务中心最常履行的职能，其次是采购、人力资源和信息技术。一半以上的调查对象在共享服务中心中执行与财务无关的职能。绝大多数受调查的组织仍在总部所在国提供共享服务。但由于财务和会计的大量运用，财会仍是最常外包的职能。

共享服务中心执行的十个最常见的流程全部来自财务和会计领域。与其他调查的结果一样，应付账款是共享服务中心最常执行的流程。调查还显示，共享服务中心正逐渐接管更多的分析工作，表现为合约协商、现金管理和外部报告等流程的进一步整合。超过20%的受调查组织不仅外包，而且至少外包了一个流程的活动。

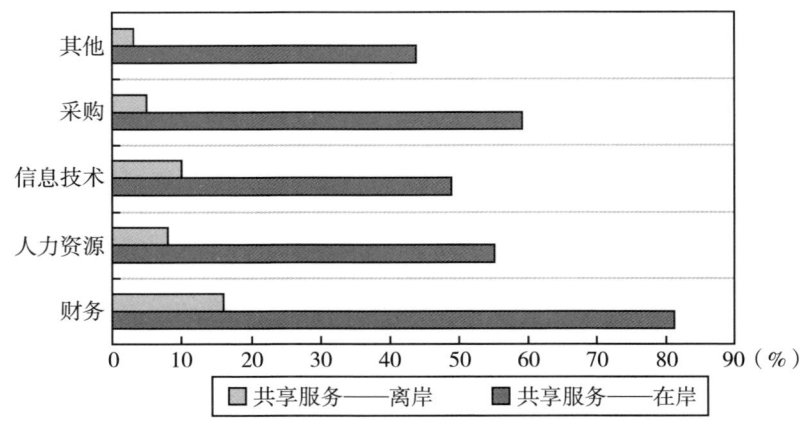

图11　私营部门组织的共享服务范围

资料来源：德勤，2007年。

私营公司设立共享服务中心所取得的成果通常是非常积极的。普华永道的一项基准研究认为，通过将应付账款、应收账款和普通会计转移到共享服务中心，私营部门公司实现的积蓄分别为40%、50%和75%。威尔逊（Wilson）的报告称，在财务组织中设立共享服务中心使平均成本在12年里降低了

52%。除了降低成本，提高透明度、加强客户导向和易于合乎外部规则（如《萨班斯—奥克斯利法案》）经常被认为是共享服务的主要优势。

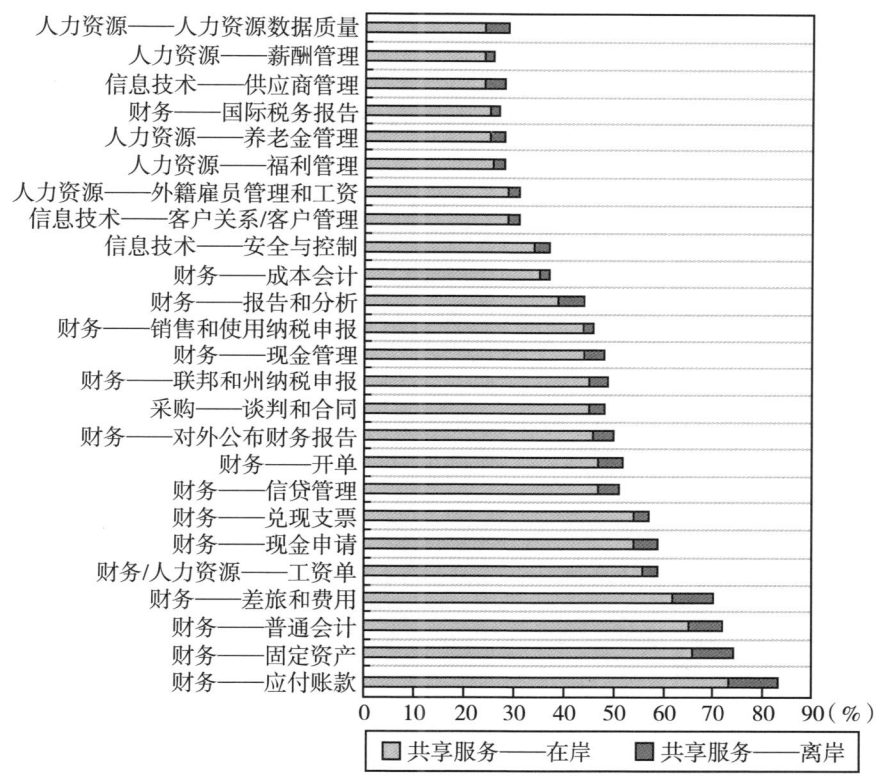

图12　私营共享服务中心所执行的最常见的流程

资料来源：德勤，2007年。

3.4　公共部门的共享服务

3.4.1　依据

如第2.6.2节所述，国家绩效评估委员会发布报告《从繁文缛节转向结果——创建一个绩效更高、成本更低的政府》，敦促公共部门机构以更少的资源实现更高的绩效。

随着这一报告的发布以及共享服务概念的可行性在私营部门得到证实，公共部门的领导再也无法忽视这样一个事实，即建立共享服务中心可能会显著节省成本和改善服务。

杨森（Janssen）和乔哈（Joha）指出，由于各机构倾向于开发自身的信息技术系统和执行自身的支持服务，公共部门组织尤其具有发展共享服务的潜力。

越来越多的公共部门组织开始认识到，提供服务并不一定意味着交付服务。提供服务指公共部门组织有责任确保其各组成部分获得某种服务。另一方面，交付服务指服务的实际执行。鲁吉尼（Ruggini）指出，"司法管辖区可以规定某项服务，但该服务可能由另一个实体完成。"

最初，许多规模较小的机构或部门选择作为内部客户使用规模较大的机构提供的服务来降低后台成本。英国公共部门的一个例子证明了这一点。2007年3月，英国内阁办公厅鼓励规模较小的政府部门转向共享服务交付模式，成为英国就业及养老金部（Department for Work and Pensions）或英国税务海关总署（HM Revenue and Customs Department）的内部客户，以"提高效率，加快政府人力资源和财务职能的转型。"

由于上述转变，公共机构管理从日常行政流程的监督中解放出来，从而可以重新把注意力放在对公民有更直接影响的举措上。

但正如本研究将要分析的，为了将预算拨款从后台职能投向面向公民的一线活动，公共部门转向共享服务所面临的障碍可能会日益增多。

以下各节将提供公共部门目前使用共享服务的证据。首先，介绍相关研究成果，证明公共部门共享服务的主要应用，以及公共部门共享服务中心的主要成本。然后，通过三个案例分析，提供更多具体实例。

3.4.2 证据

在私营部门公司开始使用共享服务约20年后，公共部门也开始挖掘共享服务的潜力。2004年，英国开展的"格森评估"（Gershon Review）发现了共享服务在公共部门改革方面的巨大潜力。2005年，埃森哲开展了一项研究，访问了13个国家的高级政府官员，85%的受访者认为，以信息技术作为支持的共享服务正在或将在实现战略目标方面发挥作用。根据经济学人智库2006年的一项调查结果，70%受调查的公共机构已使用或打算在未来三年内使用共享服务来提高效率。

本研究调查了72家美国公共部门组织。图13列示了这些组织中的职能运用共享服务的范围领域。该图表明，与私营部门不同，信息技术而非财务和会计是公共部门最常应用共享服务概念的职能。

图13所示的72个受调查的公共部门组织的职能范围，与2005年埃森哲研究中的公共部门共享服务职能范围非常相似。信息技术、财务与会计、人力资源分别占75.36%（77.66%）、60.87%（61.70%）、56.52%（59.57%）。

另一项研究详细考查了哪些特定的后台流程是在公共部门共享服务中心中执行的。如图14所示，薪资处理是最常见的流程，其次是两个信息技术流程——数据中心运营和电信。

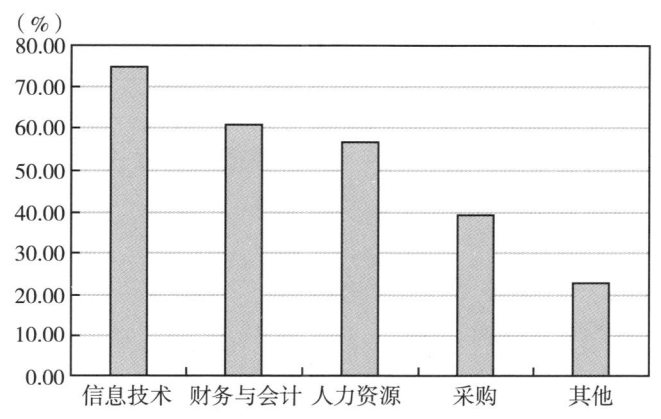

图13　受调查组织的共享服务范围

如第3.3节所述，财务和会计流程往往是私营部门最先采用共享服务的领域。奎因（Quinn）等将财务职能称为共享服务倡议的"特定诞生地"。这一假设是否适用于公共部门，可通过对比新设立的共享服务中心（运营时间少于五年）和成熟的共享服务中心（运营时间超过五年）所执行的总流程中财务和会计流程所占的比率来测试。为了证明这一假设，新设立的共享服务中心必须比成熟的共享服务中心执行更多的财务和会计流程。因此产生如下假设：

假设1：共享服务中心越成熟，财务会计流程占比越低。

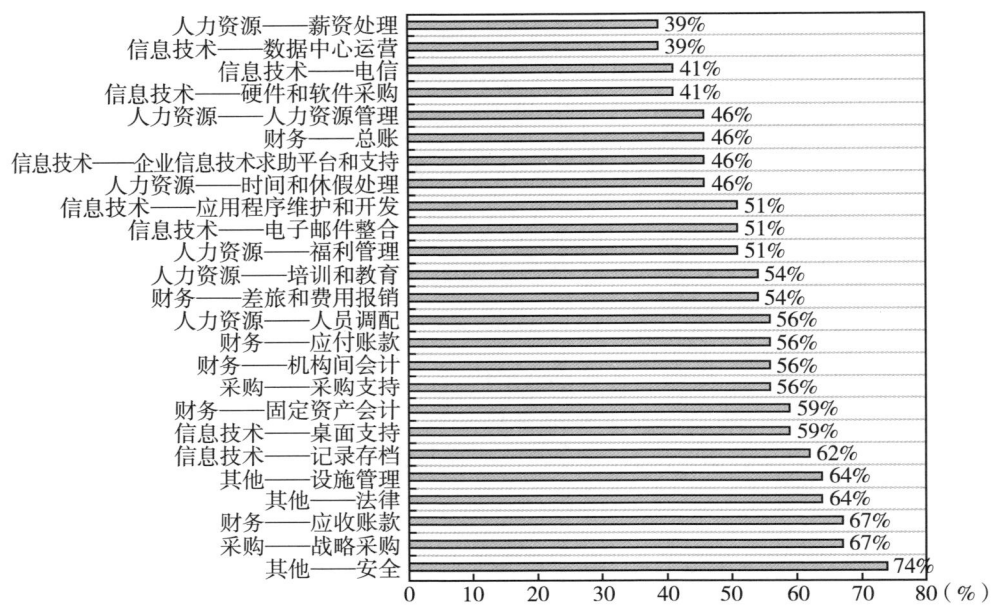

图14 公共部门共享服务中心执行的最常见的流程

资料来源：Oftelie，2010年。

执行图11所述职能范围的公共部门共享服务中心会导致各种成本。其中，一半以上的成本与劳动力相关（参见图15）。这不仅包括工资，还包括其他费用，如招聘和培训成本。约18%的成本是设备成本，另有约26%是系统和信息技术相关的成本。

可以预见的是，劳动力成本与总成本之比将取决于共享服务中心的成熟度。新设立的共享服务中心劳动力成本有可能更高。许多共享服务中心使用所谓的"提升和转变"法来转换流程。因此，过去由各机构执行的流程未经调整就移交给了共享服务中心，需要投入大量人力进行干预。随后，共享服务中心会进行流程再造，消除步骤和瓶颈，减少例外情况。此外，学习效应会逐渐显现。共享服务中心的雇员不断重复同样的活动，随着时间的推移，可以提高自身的生产力水平。自动化也会实现，无须人工干预就可以执行无法消除的工序。因此，成熟的共享服务中心可以使用信息技术代替人工。综上所述，产生如下假设2。

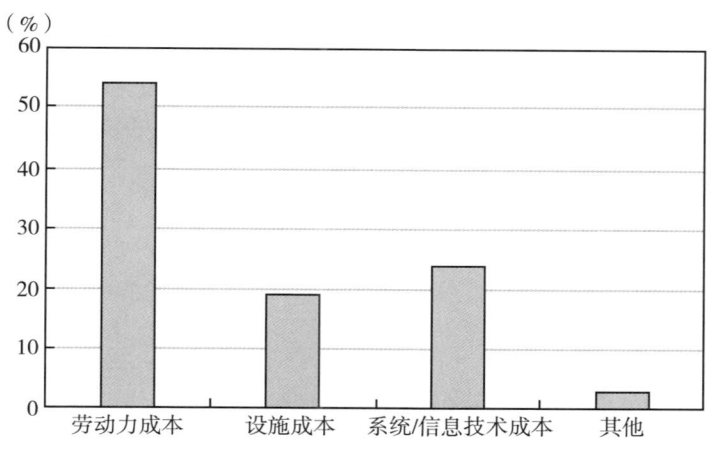

图15 共享服务中心成本数据组

假设2：共享服务中心越成熟，劳动力成本占比越低。

3.4.3 微型案例研究

各种实例表明，共享服务中心可以在美国公共部门成功实施。接下来将介绍关于伊利诺伊州、俄亥俄州和国家航空航天局使用公共部门共享服务的三个微型案例。

选择这些案例是为了说明公共组织在建立共享服务中心时所选择的各种方法。例如，这些案例对比了伊利诺伊州采用的多重中心模式与俄亥俄州和美国国家航空航天局采用的单一中心解决方案。在为共享服务中心选择的职能范围方面，这些案例互不相同，从单一职能共享服务中心（俄亥俄州：财务）到多重职能共享服务中心（美国国家航空航天局：财务、信息技术、人力资源和采购）。

这些案例还表明，使用尖端技术不是共享服务的先决条件。俄亥俄州和美国国家航空航天局在转向共享服务之前，都运行着相对较新的企业资源规划系统，而伊利诺伊州则存在大量不兼容且部分技术过时的财务和人力资源系统。此外，这些案例还将俄亥俄州和伊利诺伊州公共部门全资拥有的两个中心，与美国国家航空航天局采用的公私合作方式相提并论。

最后，之所以选择这三个案例，另一个原因是这三个案例在共享服务领域都受到高度重视。例如，美国国家航空航天局的共享服务中心已获得共享服务外包网络（Shared Services Outsourcing Network）颁发的"2009年最佳新兴共享服务组织优秀奖"。

伊利诺伊州的共享服务

背景

2005年左右，伊利诺伊州有700多个财政、人力资源和工资系统。这些系统中有许多是不兼容的，而且由于这些系统已经运行了20多年，在技术上早已过时。财政和人力资源数据需要多次输入到多个系统中。由于需要手动调节多个表单，创建标准报告费力、耗时且容易出错。此外，更新过时系统的维护成本也越来越高。

为了克服这些困难，启动了"共享服务计划"。该计划的主要目标是提高信息的质量和一致性，以及提高交付服务的效率。设立共享服务中心可以使各个机构获得更高质量的行政服务，并专注于一线活动。后台雇员可以专注履行后台职能，使用尖端技术，并因此受益。

2006年3月31日，伊利诺伊州州长经伊利诺伊州议会授权，签署了2006-06号行政令，将之前设立的两个共享服务中心正式确立为州政府机构。

范围

最初，伊利诺伊州共享服务的范围仅涵盖24家曾经独立提供人力资源和财政服务的机构。表11列示了共享服务中心提供的流程种类。

表11　伊利诺伊州共享服务中心人力资源和财政流程范围（节选）

福利	招聘	采购到付款
退休	采购	确定需求
递延酬劳	"ePAR to Post"请求	请购单
雇员援助	实际招募与竞争上岗	出价
团体保险	面试和选择	协商并确定
	职前尽职调查	紧急采购
	录用通知书	采购订单
		管理供应商
考勤		合同监控
索要累计缺勤信息	工资	评估全州范围的供应商
索要非累计缺勤信息	临时任务工资	投诉处理
加班授权	军人薪金	管理应付账款
收集雇员出勤/缺勤信息	欠薪追讨	管理应付项目
调整雇员出勤/缺勤信息	工资总额调整	小额备用金
	薪金调整	员工差旅/费用
	奖金	
假期	离职偿金/一次总付	
准予休假	非自愿扣款	固定资产
延长休假	自愿扣款	创建和维护资产主档
销假	薪金冲销	资产转让/处置
家庭与医疗假期法案	扣款调整	执行实地盘存
预支病假	发送工资单	账期终止/折旧
病假库	追加工资支付周期	
独立医疗检查	工资记账	财务报表
行政假	付款凭单更换	报告/分析财务报表
分类	应收账款	总账会计
设立和维护职衔	现金收据	维护会计科目表
设立职位	非应收账款的现金收据	处理会计业务
维护职位	计算/发放退款和补助	结账
废除职位	生成账单	分配
豁免请求	逾期收款	
重组和裁员		

随后，伊利诺伊州决定为五个主要业务领域（行政管理机构、公共安全机构、卫生保健机构、社会服务机构、环境和经济发展机构），各自设立一个独立的共享服务中心，而不是建立一个无所不包的共享服务中心。截至2010年，设立了两家共享服务中心。

方法

这五个共享服务中心都将设立在一个现有机构，将他作为主办机构，即所谓的"棕地"法。共享服务中心是主办机构内部的一个独立部门，拥有独立的预算，由一个专门的中心主任进行管理，并置于传统的机构报告层级之外。

之所以采用多重中心法，是基于这样一个假设：州政府作为一个整体过于复杂，无法迁移到单一的共享服务中心中，而且政策使命不同的各个机构在财务和人力资源需求方面也会各不相同。在此方面，伊利诺伊州牺牲了规模效应，为不同的机构集团创建了五个一站式共享服务中心，这种做法可能令各中心难以保持一致性。相对于只建立一个共享服务中心的模式，另一种模式是把专门的流程分配给五个共享服务中心，为所有24个州一级机构执行这些流程。

最初，州长行政命令只是宽泛地把为特定州一级机构提供财政和人力资源服务的职责分配给共享服务中心。客户——服务供应商关系的细节记载于单独的政府间协议中。

这些协议在实施时，会根据机构和雇员情况进行调整。伊利诺伊州人事和劳动关系局密切参与了共享服务中心雇员新职务描述的界定工作，强调共享服务中心雇员在工作中有机会接触尖端技术，接受更多的培训，以及更加专注于特定的流程。2008年，考勤解决方案开始在全州推行，并且成立了成本分配工作组，负责就服务定价提出建议。

在转向共享服务中心之前，业务流程映射项目对原有财务和人力资源流程进行了记录。流程将日趋标准化，以消除数量庞大的机构差异，促进伊利诺伊州全州信息系统（ISIS）的实施。伊利诺伊州全州信息系统的软件选择工作计划在2010年进行。

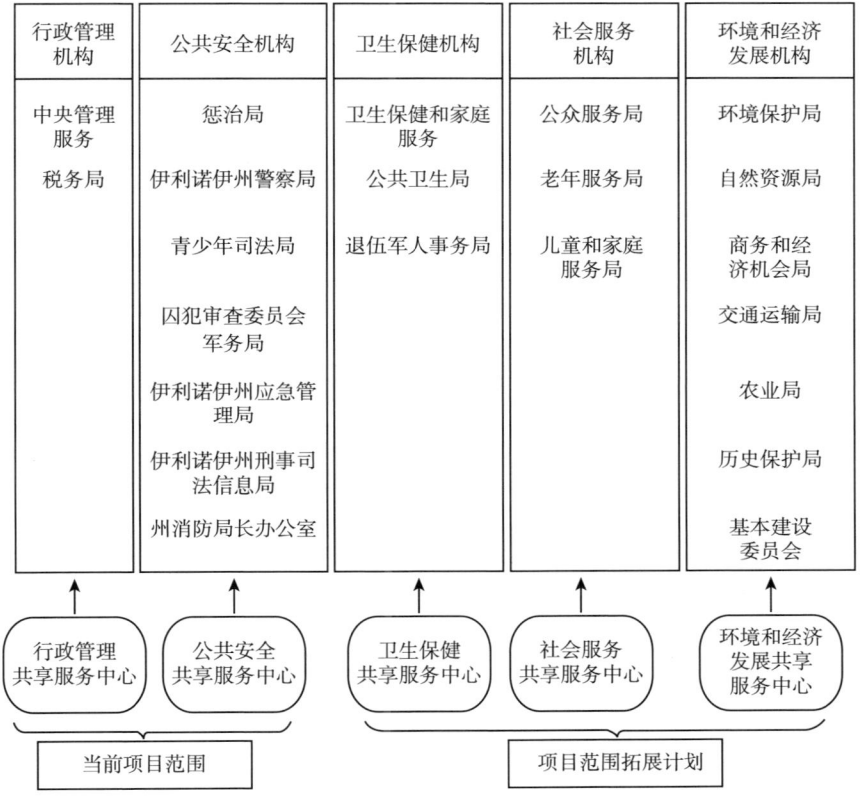

图16 伊利诺伊州共享服务中心项目范围

俄亥俄州的共享服务

背景

俄亥俄州的共享服务项目开始于2008年5月，当时严重的预算短缺导致该州各部门大规模地削减了预算。州长的2008-01S号行政令要求所有机构核查如何提高经营效率，并将发票和薪资处理确定为重点核查领域。

与此同时，一项已完成的对标研究评估了俄亥俄州财务职能的效率和效果。2.1亿美元的总财务成本相当于州预算的1.85%，效率是哈克特价值网格（Hackett Value Grid）的最高的25%那部分。预算中有四分之三用于交易处理活动。与同类组织相比，俄亥俄州政府财务人员的人数要多得多，但由于技术杠杆作用极小，生产效率和交易处理时间仍相对较低。图17列示了俄亥俄州相比其他组织的财务资源分配情况，其中包括美国州政府审计、会计与司库人员协会（NASACT）提供的数据，这些数据分析了州政府的财务管理情

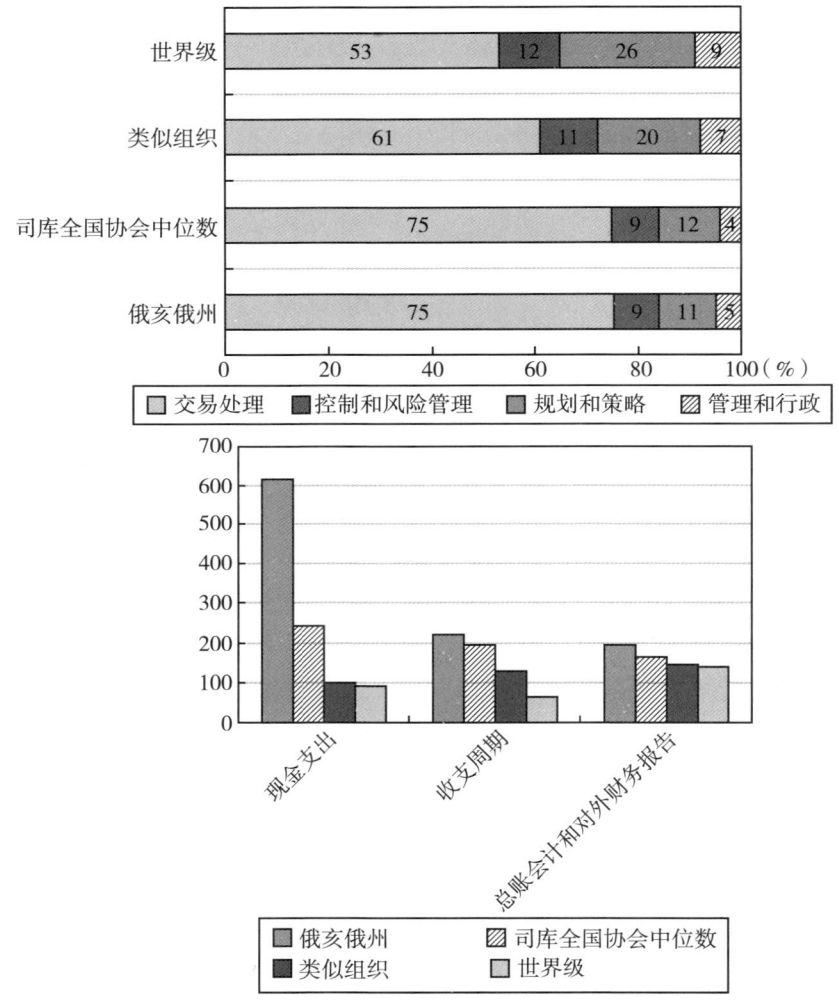

图17　俄亥俄州共享服务中心财务资源配置和交易处理对标图

况。图17还说明，相对于其他组织，俄亥俄州从事三个共同财务流程的总人数更多。引入共享服务中心为提高效率、降低员工人数和节省成本提供了可能。

范围

俄亥俄州对各种财务和人力资源流程进行了范围分析（参见表12），并于2008年2月公布了一个商业案例。根据初步估计，负责执行范围内流程的全职雇员人数从1 066人减少到了503人。根据初始发起人的意见，范围简化为仅包含财务交易流程。这样可以将全职雇员人数从768人减少到287人。最后，进行了第二次修改，并选定了初始项目范围。结果，五个财务流程（应付账款、差旅报销、供应商1099表格、供应商发票状态、供应商付款查询）获选迁入共享服务中心。在这种情况下，俄亥俄州共享服务中心的181名全职雇员将取代目前各个机构聘用的319名全职雇员。在初始流程成功执行后，该州将考虑进一步扩大流程范围。

表12　　俄亥俄州共享服务最初范围分析

采购到付款	记录到报告	订单到现金	雇用到退休	技术服务	其他
供应商数据管理	固定资产	境内销售	战略性劳动力	基础设施管理	产品设计制造
需求和流程	机构间会计	境外销售	派遣服务	最终用户支持	制造
供应商安排	总账	订单管理	总报酬规划	基础设施发展	库存管理
收据处理	成本会计	兑现支票	总报酬	应用维护	仓储
应付账款	对外公布财务报告	客户账单	考勤和出勤	应用开发	分销
差旅和费用	合规管理	现金申请	薪资管理	信息技术业务规划	设施管理
采购执行	规划和绩效	现金管理	数据管理和报告	企业架构	房地产
供应商管理	商业分析	资本和风险管理	劳动力开发服务	新兴技术	保修管理
采购与策略	财务职能管理		组织有效性	质量保证	市场营销

续表

采购到付款	记录到报告	订单到现金	雇用到退休	技术服务	其他
合规管理			人力资源职能管理	风险管理	法律
采购管理				信息技术职能管理	内部沟通

方法

俄亥俄州共享服务中心是州预算管理办公室的一个新部门。州办公室对共享服务实行自愿模式。州办公室不强迫各公共机构加入共享服务中心，而是邀请各机构加入。这与大多数私营部门模式形成鲜明对比，在私营部门模式中，总部经常命令业务部门加入共享服务中心，至少在共享服务中心开始全面运作并准备好与已经建立的第三方供应商竞争前是这样一种情况。截至2009年7月，俄亥俄州的15个机构，也称为"志愿机构"，已选择参加共享服务中心的规划和建设。商业案例是以27个机构将最终加入共享服务中心这一假设为基础的。

与伊利诺伊州相比，俄亥俄州选择了绿地法，在俄亥俄州哥伦布市选了一处新址作为共享服务中心所在地。从新址施工到共享服务中心全面运营预计需要27至33个月的时间。该州采取了"保守"的实施速度，而非最初商业案例中计划的"适度"速度。此外，与伊利诺伊州的另一个区别在于，俄亥俄州已经拥有一个新的统一的企业资源规划系统，而伊利诺伊州则运行着多个老式系统。

共享服务中心与内部客户之间达成了服务水平协议，对双方责任进行了详细界定。"服务第一"是俄亥俄州共享服务中心的口号，以此强调以客户为中心的理念。

为了使共享服务中心在工作分配、工作时间和其他细节方面具有更大的灵活性，俄亥俄州与俄亥俄州公务员协会协作创建了一个新的职位分类——俄亥俄州共享服务工作人员，取代了限制条件相对较多的俄亥俄州劳动法。

在新的职位分类中,薪酬将取决于技能水平而非资历。该职位包含四个技能模块,薪水从32 490美元(技能块1)到41 250美元(技能块4)不等。雇员可通过取得证明其掌握新的技能模块的认证来实现职业发展。

相比传统的基于资历的体制,这种方法可以使雇员更快地提高薪资。来自参与机构的现有州雇员是共享服务中心职位的优先考虑人选。如果他们能够在聘用到共享服务中心后的180天内取得适当数量的技能模块认证,他们就可以维持当前的薪资水平。

美国国家航空航天局的共享服务

背景

美国国家航空航天局早在20世纪90年代就已经开始将一些行政活动集中起来。2002年,作为范围更广泛的"One NASA"倡议的一部分,美国国家航空航天局开展了有关是否推行共享服务组织的可行性研究,而共享服务组织在当时被称为"整合业务服务组织"。根据这项研究,美国国家航空航天局批准了这项计划并付诸行动。同年,美国国家航空航天局推出了一个综合的企业资源规划系统,为进一步整合创建了平台。美国国家航空航天局还建立了共享服务中心实施团队,并确定了共享服务活动的范围。随后,该机构成立了一个过渡团队,团队成员包括美国国家航空航天局全部十个现场中心的代表。

美国国家航空航天局决定就共享服务中心服务提供商的选择举行A-76公私部门竞争,根据管理和预算办公室A-76号通告,允许私营和公共部门提交提案。继美国国家航空航天局与密西西比州、路易斯安那州和计算机科学公司建立联邦、州和私营部门伙伴关系后,计算机科学公司获得了合同,并开始在密西西比州建立共享服务中心。由于遭遇卡特里娜飓风导致整个共享服务中心项目团队撤离,共享服务中心的运营时间不得不延后半年,推迟到2006年3月才开始。

范围

美国国家航空航天局共享服务中心为国家航空航天局全部十个现场中心提供支持服务，涉及四个职能领域：财务管理、信息技术、人力资源和采购，主要执行大批量交易。表13显示了一些主要的"业务范围"（美国国家航空航天局共享服务中心内部用词）。

表13　　美国国家航空航天局共享服务中心职能领域范围

财务管理	信息技术	人力资源	采购
应付账款	许可	一般就业咨询	合同管理
应收账款	桌面支持	招聘组织工作	拨款处理
财务报表		雇员记录	培训采购
工资表		雇员福利	电子采购
		职位分类诉求	
		奖励处理	
		人力资源研究	
		培训请求	
		培训数据录入	
		培训调查和评估	
		人力资源系统维护	
		药物检测管理	

方法

美国国家航空航天局选址指引规定，共享服务中心必须设立在距其现有任一现场中心50英里的范围内。最初，由于邻近肯尼迪航天中心且劳动力成本相对较低，佛罗里达州的奥兰多市成为国家航空航天局共享服务中心所在地。但美国国家航空航天局后来更改了这一决定，允许所有现有现场中心及所在地市政当局参与共享服务中心选址竞标。九个现场中心有六个提交了标书，这六个中心全部有资格在将来执行共享服务。作为A-76公私部门竞争的获胜者，计算机科学公司须从中选择一个地点，他们最终选择了密西西比州的斯坦尼斯航天中心。

建立共享服务中心所需的前期投资为3 000万美元，估计还本期为3.16年。共享服务中心超出了最初的成本规避估计，但相比十个现场中心过去执行相同流程所导致的累计成本，目前预计共享服务中心每年可节省1 200万至1 600万美元。

美国国家航空航天局共享服务中心迄今为止最大的成本类别是劳动力成本，事实上也同样如此（参见图15）。在5 500万美元的运营预算中，有4 600万美元用于发放工资。作为公私合作的成果，共享服务中心的雇员既有国家航空航天局的公务员，也有计算机科学公司的员工。在全部480名雇员中，前者占26%，后者占74%。

从现场作业过渡到共享服务中心，这一过程从2006年3月一直持续到2008年10月。在2006年、2007年和2008年三个财政年度，分别有27项、15项和5项活动转移到了共享服务中心。2009年，又增加了三项活动，共享服务中心的职能范围扩大到50项后台活动。

美国国家航空航天局共享服务中心及其内部客户缔结了服务水平协议。自2006年启动以来，共享服务中心连续三年达到或超过92%的服务等级指标。每个现场中心作为联络点都聘用了共享服务中心的联络人员。

现场中心作为内部客户也派代表列席共享服务中心董事会。董事会成员由现场中心的四名高级官员和共享服务中心服务所涉四个职能领域的高级代表所组成。

为了评价和验证共享服务中心的效果，美国国家航空航天局在转向共享服务中心前，评估了所有活动的服务等级指标，收集了精确的基础数据。这些数据不仅包括工作量和成本，还包括时效、质量和客户对流程的满意度。国家航空航天局共享服务中心还引入了平衡计分卡以衡量绩效。这种做法结合了财务和非财务标准，并从财务、流程、客户、学习和成长等不同角度评估绩效。

提供支持服务的比较经济组织：共享服务还是政府机构

在新古典理论中，公司内部结构并没有发挥重要作用。在新古典理论的核心模型"完全竞争"中，公司是生产活动发生的地方。公司仅仅发挥生产职能，将原材料和劳动力等投入物转化为商品和（后台）服务等产出物。生产职能是一种技术关系，制度安排或内部组织形式都与产出无关。

虽然新古典理论下的公司与现实中的公司几乎毫无相似，但它的优点有很多。第一，新古典理论实现了简洁的数学形式化；第二，对外因变动如工资增长或关税提高的反应，可以轻易展示出来；第三，还便于经济学家推断一个行业的产出、价格和集中度。不过，这些缜密但基本的假设正日益受到抨击。

与此同时，人们对组织普遍性的接纳程度不断提高。西蒙（Simon）认为，"具有组织间市场关系特点的组织经济"这一说法更适用于通常所说的"市场经济"。

学者们开始承认，将内部活动分解并分配给不同部门的组织形式很重要。

本章将对比分析两种不相关的内部结构方案：在机构内开展支持活动与在共享服务中心开展支持活动。本章将以交易作为分析部门。作为"旧制度经济学"的主要倡导者，康芒斯（Commons）率先提出将交易作为经济调查的部门，区分"配给""管理"和"商谈"交易。交易成本经济学的创始人是科斯（Coase），威廉松（Williamson）则对该理论做了详尽阐述。Williamson是

4. 提供支持服务的比较经济组织：共享服务还是政府机构

这样描述一个交易的："当商品或服务通过技术上可分离的界面转移时，交易就发生了。活动的一个阶段终止，另一阶段开始。"

这一定义暗示了一种交付形式，类似于亚当·斯密（Adam Smith）提出的大头针在工厂工人之间顺次传递的过程："一个人拉长金属丝，另一个人负责拉直，第三个人负责切断，第四个人负责把金属丝弄尖，第五个负责把顶端打磨锋利，以便安装钉头。制作钉头需要两到三个不同的操作，把钉头安上是一回事，将大头针漂白是另一回事，甚至把大头针别进纸中本身就是一门手艺。"

大头针工厂的例子涉及基本活动，我们出于讨论的目的可以加以改变，使之适应支持活动。在支持活动中，通常交换的是成批的信息，而非实物产品。

Williamson在《市场与等级制度》中写道："为了便于说明，我假设'最初有市场'。"同样，在本章中为了便于说明，假定各个公共机构从一开始就提供支持服务，由此将路径依赖引入分析中。

推出共享服务中心有其优势和劣势，具体将在接下来几节中探讨。

4.1 共享服务的比较优势和劣势

建立共享服务中心的潜在优势和劣势，可以主要区分成与生产成本有关的优劣势，以及与交易成本有关的优劣势。前者由必要的生产投入乘以其价格构成，并取决于所使用的技术。后者指规划、谈判和进行必要交流的成本，以及情况改变时修改计划、重新协商条款和解决争议的成本。此外，还需要考虑公共部门组织的政治成本。有效的组织形式可以将生产、交易和政治成本之和降低到最低限度。

4.1.1 生产成本

共享服务中心预计可以以比单个机构更低的生产成本执行后台职能，这是由于共享服务中心具有规模经济和范围经济优势以及区位优势。

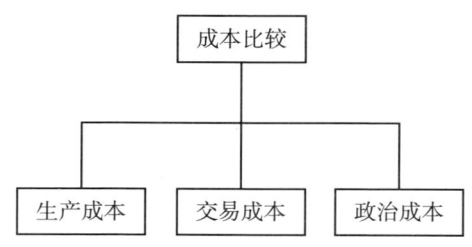

图18　公共部门的比较成本评价

规模经济和范围经济

规模经济是指长期平均总成本随特定后台流程数量的增加而减少。最小有效规模是指长期平均总成本最少的最小生产规模。

如果联合生产两个后台流程（y_1和y_2）的成本低于单独生产每个后台流程的成本，则存在范围经济。

$$C(y_1, y_2) < c(y_1, 0) + c(0, y_2)$$

范围经济也称为联合生产经济或分配经济。当平均总成本降低时，例如，当应收账款被转入到以前只处理应付账款的共享服务中心时，便会存在范围经济。当投入物可以共同利用而不造成拥塞时，也会产生范围经济。当一个不完全可分的投入物如实物资产用于某一后台流程时，就会出现生产能力过剩，这时就存在范围经济。此外，为某一后台流程获得的专有技术可以应用于另一流程，且不会损害该技术对原流程的价值。

接下来将阐述相对于单个机构，由共享服务中心执行后台职能时规模收益增加的主要原因。

不可分割性和固定成本的分摊

在单一地点执行支持活动可以将固定成本分摊到更多的部门中，但根据定义，固定成本对数量并不敏感。固定成本是由于投入物的不可分割性而产生的。例如，不论为20名还是200名雇员制作工资条，都需要采购薪酬管理软件。此外，管理薪酬的雇员必须接受软件操作培训，而不论工资表上的雇员有多少人。多处理一个工资条的边际成本通常非常低。

专业化提高劳动生产率

亚当·斯密（Adam Smith）把专业化作为经济组织的一项基本原则，这对共享服务有重要影响。

亚当·斯密描述了一家大头针厂的10名专业工人是如何做到每天生产48 000个大头针的，而一名不专业的工人自己完成所有工序每天最多生产20个大头针。他还解释了将一项任务分解为多个子任务可以显著提高生产率的原因：每个工人的"熟练度"或专业技能提高了，从一种工作形式转向另一种工作形式的时间损失降低，同时运用了适当的工具来提高每个工人的能力和效率。

在19到20世纪，专业化成为组织设计的主导范式。只要有可能，工作就会被分成小的、简单的、可重复的任务。泰勒（Taylor）将斯密的分工原则应用于工厂车间，每个工人的职责是以规定的最佳方式完成一项任务。韦伯（Weber）采纳了斯密的原则，并应用于局、司、处、署等公共部门机构。卡茨（Katz）和卡恩（Kahn）指出，"……创造专门的角色是所有组织问题的通用解决方案……"。

斯密假设，一个人履行职责的效率会随着专业化程度的提高而提高。这一假设当然也适用于后台服务。共享服务中心专门从事支持活动，相对于兼顾各种不同的行政任务，雇员应发展高度专业化的、为多个不同机构所需要的技能。

政府机构内部往往需要高素质的复合型人才去处理多个任务，而共享服务中心专业化程度的提高，为雇用执行细分任务的雇员创造了条件。这些员工的技能水平低一些，因此成本也低一些。例如，一个机构不得不雇用能同时处理应收账款和应付账款的人，而处理大量工作的共享服务中心可以以较低的工资，分别雇用应付账款专家和应收账款专家。

专业化也有可能降低整个组织的培训成本。在实施企业资源规划或升级软件的情况下，共享服务中心中只有（极少数）专家需要接受培训，而机构中（大量）复合型人才需要培训，相比之下，节省了培训成本。

此外，在专业化的情况下，还可以将任务分配给最有才干的人，使组织能够更充分地利用某位雇员与众不同的才干和能力。将各机构雇用过的员工集中起来，有助于为特定流程选择表现最好的雇员，并充分利用他们在各个机构积累的经验。

专业化可能令执行某项后台职能所需的雇员人数少于所有机构所雇用的全职雇员总数。

专业化对所提供服务的质量也有积极影响。例如，相比各机构中的复合型人才，共享服务中心的雇员所专注的任务范围要小一些，这也降低了出错的可能性。

专业化提高资本生产率

专业化也会提高资本生产率，各机构中未充分利用的资源在共享服务中心可以得到更充分的利用。共享服务中心可以充分利用技术投资，如采购最先进的扫描仪，来满足规模更大的内部客户群体的需要。因此，建立共享服务中心经常会促使劳动密集型流程的自动化。

例如由于各个机构不再需要配备所有最新的硬件和软件，因此可以节约成本。有些电脑和模块可能只有共享服务中心需要，并非各个机构都需要。因此，维护和支持成本通常也会降低。

高峰工作负荷管理

施拉姆（Schramm）早在1936年就指出，中央部门可以更好地控制需求波动。与单个机构相比，共享服务中心能够更好地适应高峰工作负荷。由于不同的机构可能有不同的高峰期等，一个机构增加的需求可能由另一个机构减少的需求所抵消。因此，共享服务中心可以减少雇员人数，降低劳动力成本。

提供不同类型的服务还有助于共享服务中心平衡工作负荷。内部客户如果对特定后台流程的需求增加，增加的需求可能会被其他服务减少的需求所抵消。

采购优势

集中后台职能可以使共享服务中心在采购方面获得规模经济效益。例如，共享服务中心可以加大对电脑和软件的采购力度，获得单个机构无法拿到的折扣。

此外，相比单个机构，主要投资某一特定职能的共享服务中心，可能会为了减价而更加积极地采购硬件和软件，而单个机构的采购成本仅占其预算的很小一部分。

流程及技术改进

各个机构执行支持活动的方式常常略有不同。将支持活动转到共享服务中心，有助于采用最佳方法，即在最高水准上实现政策和流程的标准化。

为了保持后台职能的竞争力，组织必须不断改进现有的流程。在共享服务中心，执行后台职能更易于跟上技术发展的步伐和应用尖端技术。应用一项新技术常常对组织规模有最低可行性要求，单个机构可能无法企及。投资最新技术有助于提升质量，缩短处理时间和减少系统故障。

此外，在流程和技术发展方面也可能存在范围经济效益。溢出效应有可能发生，对特定后台流程的改进也适用于其他流程。

区位

共享服务中心通常是劳动密集型的组织，即大量生产成本分配给了劳动力。如第三章所述，在受调查的72个公共部门组织中，共享服务中心的运行成本超过半数都与劳动力有关。仅仅从高成本地区迁移到低成本地区，公共部门机构就可以显著降低其平均总生产成本。

在私营部门，共享服务中心实现成本节约有很一大部分原因是在海外设立共享服务中心。例如，通用电气（General Electric）和美国运通（American Express）都将共享服务中心迁到了印度。对于公共机构而言，将共享服务中心设在美国境外在政治上通常是不可行的。因此，对于私营公司共享服务业务案例中的这一重要方面，公共部门组织通常不会借鉴。然而，公共部门仍然可以从高成本的城镇地区迁移到同一管辖范围内的低成本农村地区，以此降低人工成本。

虽然劳动力成本通常占总成本的很大一部分，但还有其他成本，尤其是设施和信息技术/系统成本。尽管后者不会因地点不同而发生太大变化，至少在美国国内是这样，但前者则相反。购买或租赁空间的成本可能相差很大，即便在同一个州内，这也为公共部门组织提供了房地产套利的可能。当政府考虑采纳共享服务理念，但又不想跨越国界时，理论上可以选择边界内最便宜的区位。相对于在机构总部执行后台职能，这样做有很大优势。本着方便市民的初衷，机构总部通常设在人口相对稠密的地区，因而成本高昂。

4.1.2 交易成本

阿罗（Arrow）将交易成本定义为"运行经济系统的成本"，并将之视为物理系统中摩擦的经济等价物。交易成本包括协调成本和激励成本。区分协调成本和激励成本是为了分别解决协调问题和动机问题。协调问题涉及将活动分配给适当的代理人，而动机问题涉及建立适当的激励机制，以确保代理人照章行事。分工必然产生协调问题和动机问题，委托人需要将专业代理人的行动协调一致，并激励代理人按规定履行活动。

交易维度

科斯（Coase）的文章《公司的本质》，被广泛认为是现代企业经济学理论的基石。在该文发表的35年后，科斯评论说，交易成本"被引用得很多，但应用得很少"。当奥利弗·威廉松（Oliver Williamson）开始将交易成本应用于实践时，情况发生了改变。奥利弗·威廉松确定了与交易成本相区别的，以及可以用来考查组织交易其他模式的三个关键维度：资产专用性、不确定性和频率。米尔格罗姆（Milgrom）和罗伯茨（Roberts）以及乔斯特（Jost）提出了一种包含五种类别的分类方法，本节将对此加以介绍，第8章也将针对后台服务进行更充分的阐述。

资产专用性考量的是特定投资无法收回或转移到其他交易中去的程度。区位特性、实物资产专用性、专用资产专用性、人力资本专用性和声誉专用性通常是有区别的。专用资产会产生套牢风险。由于专用性资产在其他用途方面的价值降低，共享服务中心及其内部客户、单个机构都积极通过事后议价来获得适当的回报。如果修改合同条款对自身不利，依赖度较低的交易方可能会威胁终止合同。为了保护自身免受此种行为所影响，依赖度较高的一方将事先要求提供合同安全保障。但如果情况改变导致激励成本和协调成本增加，那么合同各方可能会就这些保障措施开展谈判、监督、强制执行以及修订。

不确定性是由某项交易信息的不完全性决定的。不确定性可以分为复杂性和动态性。前者与变量的数量和多样性有关，后者与变量随时间变化的程度有关。高度不确定性增加了信息收集和合同谈判的难度，协调成本相应增加。此外，由于不确定性增加令各方更容易规避自己的责任，因此激励成本增加。

交易发生的频率对交易成本也有重要影响。对于偶尔发生的交易，交易各方会采用并非针对其特定需要的标准合同。由于交易各方可能伺机利用合同漏洞而损害对方利益，因此，激励成本事后会增加。对于经常性交易，情况则完全不同。各方将根据需要拟定合同，降低每个交易的协调成本和激励成本。

可度量性也有助于确定组织边界。如果无法准确评价共享服务中心或单个机构的贡献，就需要花费额外的成本去起草相应的合同，协调成本随之增加。评价实际绩效的难度越高，某个交易方越有可能出于自身利益滥用这种不确定性，从而增加激励成本。交易伙伴要么不得不投入更多资源来提高可度量性，要么接受由于无法准确评价和奖励绩效所导致的较低的绩效水平。

影响交易成本大小的最后一个维度是相互依赖性。两个交易的自主性越低、联系越紧密，在起草合同时就越需要考虑交易之间的相互关系，这通常会增加两类交易成本。

上文介绍的协调和激励成本将在下一节针对共享服务中心详细阐述。

协调成本

虽然专业化被视为共享服务中心的一个优势,但专业化也是有代价的。加里卡诺(Garicano)指出:"各组织的存在在很大程度上是为了在专业化的情况下解决协调问题。"

设立共享服务中心会导致共享服务中心与单个机构之间出现协调成本,如果后台职能仍由各个机构执行,就不会出现协调成本。协调成本包括如下组成部分:

(1)机构停业成本。

当决定就某个后台流程设立共享服务中心时,公共机构就不再提供后台服务。这就会导致成本,其中最引人注目的是公共部门解雇相关雇员所产生的遣散费。此外,必须为废弃的房地产和设备找到其他用途。

(2)共享服务组织的建立成本。

建立一个或多个共享服务中心需要投资。全球金融危机使许多(即使不是大多数)公共部门组织本已紧张的财政状况更加艰难。在此情况下,公共部门组织不得不将稀缺资源分配到大多数纳税公民看不到的用途,和用于产生大多数纳税公民看不到的中期效益中。

设立共享服务中心主要涉及四类成本:机构的劳动力、设施、系统/信息技术和流程变更(同样参见图15)。

- 劳动力成本:设立共享服务中必须估计所需要的劳动力条件,必须确定新职位的职位描述、分类和薪酬水平并刊登广告。应聘者必须通过审核,并参加面试。政府需确定调入共享服务中心的公共部门机构的雇员人数,并拟定一份详细的劳动力转移计划。计划的第一个组成部分通常是职位影响分析,明确各机构内部哪些职位会受到影响和取消。此外,除了目前在这些机构中从事后勤服务的人员之外,还必须确定新雇员的招聘计划。合同条款也需要磋商。在公共部门中,这往往需要通过集体磋商来达成。最后，新雇员和前机构雇员均需接受培训。

- 设施成本：需要选择共享服务中心的地点。通常，要决定是否同时考虑绿地法和棕地法，并将许多可能的地点汇集在一起。对进入入围名单的地点，需要仔细审查并选出最佳地点。除了土地和建筑成本外，还需要考虑选址顾问或房地产经纪人的成本以及迁移费用。这一选址决策将影响劳动力转移计划，共享服务中心地点偏远可能会打击各机构现有雇员调入共享服务中心的积极性。

- 系统/信息技术成本：新设立的共享服务中心需要配备相应的硬件、软件和办公设备，包括采购或转移电脑、服务器、路由器、电缆和电话等硬件，企业资源规划系统（共享服务中心经常依据企业资源规划系统，避免与多个遗留系统打交道）等软件，以及办公家具和用品等一般办公设备。在公共部门，上述采购常常需要遵守详细的采购规则。

- 流程变更成本：共享服务中心建立成本的一个重要方面是将各机构现有的后台流程迁移至共享服务中心产生的成本。管理劳动力转移通常需要借助专门项目团队，相关费用计入现有劳动力成本。此外，外部管理或信息技术顾问的费用也需要编入预算。在转移期间，共享服务中心的新雇员在"跟班"工作时，会密切关注机构的后台雇员。因此，无论是共享服务中心还是公共机构，劳动力成本都可能发生。

需要注意的是，建设成本并不仅仅发生在共享服务中心。比如，机构可能需要购买扫描仪；机构可能仍会保留一些后台雇员，作为联络人和共享服务中心的中间人。此外，设立共享服务中心可能会影响到后台部门以外的雇员，例如在各机构内同时开展主要和次要活动的雇员。

（3）与各机构的信息与沟通成本。

各机构作为共享服务中心的内部客户，共享服务中心为其执行流程，这会产生信息传输成本。共享服务中心需要提供服务，协商服务价格，达成服务水平协议，监督对已订明条款的遵守情况，处理意外事件以及履行其他客户服务职能。

共享服务中心并非孤立地执行流程，而是在许多方面与各机构相互依赖。共享服务中心的运作有赖于各机构提供的信息，例如共享服务中心执行薪资管理职能时需要用到新聘雇员名单，或执行应付账款职能时需要供应商信息。

设立共享服务中心的优势将取决于共享服务中心与各个机构之间协调与沟通的工作量。如果需要极高水平的协调与沟通，那么一开始，创建共享服务中心便失去了意义。贝克尔（Becker）和墨菲（Murphy）指出："专业化程度会不断提高，直到扩大分工所提高的生产力正好与协调更多专业化水平更高的工人所增加的成本相抵。"

共享服务中心有两个信息成本尤其值得关注：当后台流程从各机构转移到共享服务中心时，有可能损失隐性知识；以及共享服务中心对各个机构所在地特定信息具有一般劣势。

隐性知识因转移而损失：当决定为特定后台流程设立共享服务中心时，公共机构将不再提供后台服务。因此，需要将专有技术从各机构转移到共享服务中心。正如加里卡诺（Garicano）指出："然而，专有技术往往是隐性的，'体现'在个人身上。"

在各机构开展后台服务的雇员并非全部（如有）均可继续受聘于共享服务中心。裁员时，知识转移变得尤其困难。因此，有关先前实践的机构记忆通常会丢失。

由于无法整理隐性专有技术，各组织开始推行（代价高昂的）"跟班期"。在此期间，即将前往共享服务中心执行流程的雇员，会在流程转移前密切关注流程在公共机构中是如何现场执行的。

使用本地信息：哈耶克（Hayek）强调了本地信息的重要性，称"实际上每一个人相对其他人都有一些优势，因为他掌握着独有信息，可以对这些信息进行有益的使用。但是，关于这些信息的决策只有交给他本人作出或在其积极合作下作出时，这些独有信息才能得到妥善利用。我们需要谨记，在各行各业中，对人、当地情况和特殊情况的了解是一项极其宝贵的资产。"

奥地利学派的其他支持者也认为，将知识传递给集权部门会产生消极后果。在共享服务中心内部客户的名单上，共享服务中心已经被完全移除。因此，共享服务中心的雇员并不是最接近当地信息的人，而需要依靠（代价昂贵的）沟通来了解当地情况的变化。

人们将标准化列为共享服务中心内部规模经济效益增长的原因之一。但各个机构可能由于某种原因而以不同的方式执行后台流程。各机构业务所在的细分市场不同，市场要求和传统也千差万别。转向共同标准需要各机构放弃已经证实的、往往"宝贵"的流程和程序，并可能产生不必要的变更费用。

在过去，当机构负责人想要修改后台流程时，只需命令后台部门按命令执行即可。对于共享服务中心，他们不再有权这样做，而是需要提交一个"变更请求"，该请求可能得到批准，也可能被驳回。共享服务中心的响应性不仅取决于其对单个机构的影响，还将取决于其对整个组织的影响。因此，本地信息未得到利用，还有可能削弱地方权力。

正如第3章所指出的，经常需要根据地方情况调整的服务，不应首先移交给共享服务中心。

（4）减轻各机构的管理压力。

让共享服务中心处理支持活动可以减轻机构行政人员的管理负担，以充分利用有限理性。正如西蒙（Simon）所指出的，考虑到现实生活对时间和注意力的占用，人脑解决复杂问题的能力是有限的。

新古典理论将决策者视为无所不知的集大成者，认为他们以完全理性的方式行事，而行为选择理论对决策者的知识和计算局限性提出了现实要求。虽然行为选择理论仍认为决策者应评估自身的可选方案，并选择能使其目标职能最大化的方案，但该理论并不认为决策者应收集或处理所有可用信息。决策者没有找到最优解，而是勉强接受满意解。他们并没有使目标职能最大化，而是"最低限度满足"目标职能，也就是说，他们选择了一定阈值之上的最佳方案，而该阈值满足他们认为满意的一些预先确定的最低标准。尽管在计算能力缺乏约束的情况下，决策程序可能并不理想，但决策者不会不理性或不合理地行事，而是依然采取合理的决策程序。

设立共享服务中心来处理支持活动，可以令机构管理人员将时间和精力专注于核心业务上。共享服务中心可以使机构管理人员专注于主要活动，并将资源重新配置给面向公民的前台项目。

此外，机构管理层如何最低限度地满足所在机构确定的后台服务阈值，也是存在问题的。由于成本和服务质量标准的缺失，机构管理层往往倾向于将就，直到被选民的不满情绪警醒，才会作出反应。

建立共享服务中心可以减少破坏性的影响成本。影响成本是为了私人利益而影响决策者所产生的成本。影响成本是寻租的一种形式，包括公共机构管理人员游说上级为其后台职能拨付资金所耗费时间的机会成本，以及这些影响活动产生的次优决策的相关成本。

杨森（Janssen）和瓦赫纳尔（Wagenaar）在有关法院信息技术共享服务中心的案例研究中指出，在不同法院间分配用于开发支持系统的预算时会产生矛盾，这也是促使设立共享服务中心的主要原因之一。

机构管理人员掌握着所在机构后台部门的信息，他们的上级却无法直接获取这些信息。机构管理人员可能会利用这种信息优势，操纵后台职能的效率和资金需求数据，并将这些数据传递给上级，具体可能包括有意谎报后台流程的质量情况，封锁有关后台流程的投诉，或突出有利于塑造后台流程形象的事实。

机构管理人员可能会努力影响上级以获得立竿见影的效果，如增加后台职能的预算，或让上级对后台部门产生良好印象，以便发生意外事件时，赢得上级的支持。

委托人要解决的问题是如何在不丢失作出后台职能决策所需信息的情况下，减少破坏性影响活动。委托人可以选择一种方案或多种方案的组合，以便平衡影响活动的成本与所接收信息的价值。米尔格罗姆（Milgrom）和罗伯茨（Roberts）提出了三种减少破坏性影响活动的方案。首先，决策者应避免与机构负责人讨论任何后台相关事宜，关闭沟通渠道。其次，决策者可承诺不对各机构提供的信息做出回应。例如，决策者可以公开声明，任何后台决策仅依据每个交易的比较成本作出，或限制自身作出回应的自由裁量权。最后，决策者可以调整货币和非货币补偿，这样，机构负责人将不再关心后台职能在机构内执行，还是在共享服务中心执行。

将后台职能转移到共享服务中心并不能完全消除影响活动，因为共享服务中心的管理层又会产生从事影响活动的动机，比如避免外包。采用共享服务模式可以将从事影响活动的人由众多机构的负责人减少到共享服务中心的管理层。

（5）共享服务中心充分关注支持活动。

在业务部门中，行政人员会倾向于关注制造或销售等重要（主要）的活动，而较不重要（次要）的活动缺乏关注。建立共享服务中心可确保敬业的管理人员充分关注支持活动。

第三章将共享服务中心定义为"独立的组织实体，其唯一任务就是尽可能高速有效地提供服务"。古尔德（Goold）等认为，"绩效提高的主要原因似乎是共享服务组织的管理层重视了以往被忽视或管理不善的活动。"

激励成本

除了协调成本，交易成本还包括激励成本。选择在共享服务中心而非各机构内部执行后台职能，在激励成本方面有利有弊。缺乏竞争导致的推诿、子目标认同和机构管理层的损失规避都可以算作缺点。而优点则包括提升对后台职能的关注程度、提高透明度和降低为后台职能建立激励机制的难度以及减少破坏性影响活动。

（1）缺乏竞争/推诿。

将一个组织的所有后台职能全部交由共享服务中心执行，会导致垄断局面。尼斯卡宁（Niskanen）指出，"似乎没有经验证据证明，垄断是政府提供服务的一个有利特征"。如第二章所述，缺乏（内部）竞争可能会降低共享服务中心的效率和对机构需求的响应性，这是因为信息不对称加大了评价共享服务中心绩效的难度，这可能导致共享服务中心的雇员推诿责任。

（2）子目标认同。

当组织的子部门如共享服务中心与整个组织的目标不完全一致时，子部门可能会最大限度地达成次要目标。共享服务中心可能会过于认同自身活动，即提供后台服务，并可能因此忽视整个组织的目标。正如尼斯卡宁（Niskanen）在其资本过剩和供给过剩假设中预测的那样，共享服务中心可能会倾向于使用最先进但却不必要的技术，或者可能会扩展其服务组合，使之超出整个组织的最佳利益所在。例如，为了发展，共享服务中心可能只承担单个机构需要的后台流程，或者可能希望形成涉及本地信息分析的后台流程。

（3）机构管理层的反抗。

在标准经济分析中，通常用期望效用理论解释风险决策。凯尔曼（Kahneman）和特沃斯基（Tversky）发现几种现象违反了传统理论的若干基本原则，提出了前景理论作为经济行为的替代描述模型。其中效用不再视为独立于基准，而是界定为与基准点有关，如流动资产。这意味着，与期望效用理论不同，效用不是由机构的绝对财富状态决定的，而是由财富的变化即损益决定的。前景理论中的价值函数在收益区域为凹函数，在损失区域为凸函数，分别有利于风险规避和风险寻求。价值函数在基准点扭结，损失的变化幅度大于收益。也就是说，政府管理人员往往更关心损失而非收益，可能认为建立共享服务中心会导致其丧失权力和损失办公资金，这种风险也是他们不希望见到的，且不会令整个机构受益。

禀赋效应：公共机构历来执行自身的后台职能，有时长达数十年。许多机构负责人可能认为他们有权这样做。美国最高法院法官奥利弗·温德尔·福尔摩斯（Oliver Wendell Holmes）曾在1897年写道："某样东西，无论财产还是观点，只要长时间喜欢并作为自己的东西来使用，那么它就会扎根在你的生命中，只要你不厌恶这种行为，不努力为自己辩护，无论你是如何得到它的，它都不会被夺走。"塔莱（Thaler）描述了禀赋效应，即与放弃货物（或支持活动）有关的效用损失超过了与获得货物（或支持活动）有关的效用增益。科尼兹（Knez）等指出，售价的支付意愿（WTP）和接受意愿（WTA）之间可能存在差异。如果各机构之前不曾将自身的后台职能委托第三方执行，并为此付款，它们愿意这么做的可能性有多大，还是存疑的。然而，各机构的接受意愿似乎往往超出了简单的承诺：其总体费用可能会比以前更低，无须再担心其后台服务，在考虑设立共享服务中心时人们经常会提出这两点。这些潜在增益似乎没有达到至少是潜在损失的两倍，根据实验证据，大多数人都希望两者之比可以达到这样的程度，以便冒险一搏。

现状偏见：萨缪尔森（Samuelson）和泽克豪泽（Zeckhauser）引入了"现状偏见"一词，用于描述相比其他方案更愿意保持现状的倾向，并指出现状往往充当基准点的作用。他们认为，导致现状偏见的因素有很多，如对首选方案的心理承诺、交易成本以及思考和决策的成本。

大多数后台职能的现状是在单个机构内执行。机构管理层虽然可能并不认为这种现状是最优的，他们仍倾向于保持现状，因为在他们看来，转向共享服务概念的潜在劣势要大于潜在优势。对地方管理层而言，相对于应付各机构的后台雇员，让一个相距遥远的共享服务中心处理机构的应收账款，所形成的威胁更大。如果目前就是这样一种现状，且共享服务将作为现状的替代方案参与竞争，那么在各机构履行后台职能的吸引力会更大。因此，这两种方案所处的竞争环境并不公平。

此外，改变现状可能会给机构管理层造成显著成本。他们可能不得不解雇心怀不满的后台雇员，承担遣散费，还可能在压力巨大的交接期间不得不消耗额外的资源。

货币和非货币报酬：如第二章所述，公共部门的货币和非货币报酬往往与机构的整体规模和（特别是）受监管的雇员人数有关。如果将之前在机构内执行的后台职能转出，机构负责人可能担心工资、权力减少，地位降低。因此，他们可能不愿意放弃职责内的工作。

无法自给自足：如果丧失对提供后台职能的控制权，各机构自给自足的能力就会降低。西蒙（Simon）曾指出，"……只有在各部门实际上独立自足的情况下，部门化才能成功。"公共机构的管理层可能会认为，如果无法控制影响业绩的所有因素，包括后台职能，就不能对机构的业绩负责。如果后台职能在机构业务中占相对较大的份额，情况更是如此。

道德风险：转向共享服务增加了道德风险。道德风险是策略不确定性的一种表现，各方之间信息不对称。由于所有机构都可以从共享服务中心的服务中受益，某些机构可能会减少基本上难以察觉的个人贡献，等待其他机构改进现有的程序和流程。在大型组织中，这种搭便车的问题尤其突出，单个机构只获得总群体利益的一小部分。搭便车问题可以在多大程度上得到缓解，将取决于服务水平协议中涉及单个机构后台流程任务内容的精确程度，以及发现偏差的难易程度。

虽然上述几点增加了激励成本，但以下几点会降低激励成本，有利于设立共享服务中心。

（1）透明度/监督成本。

对于每笔后台交易的实际成本，许多公共机构并未掌握充分的一线资料，不知道开具一张发票或者发放一名雇员工资的成本是多少。这通常是其间接成本类别中一个不起眼的部分。

转向共享服务可以提高后台流程成本的透明度。这有助于政治监管人员对比后台流程与其他公共组织共享服务中心或私营服务供应商的效率。

提高透明度有助于设计绩效导向的激励制度，督促共享服务中心管理层行事时从监管人员的利益出发。除了各机构的一些必要投入外，共享服务中心通常承担很大一部分的后台流程。因此，共享服务中心可以通过自身活动显著影响自身业绩，并相应影响物质报酬。对于共享服务中心的产出，如开具的发票数量或支付的工资金额，可以进行评价，并参照服务水平协议或可比后台流程的基准数据加以对比。

对监管人员来说,监督一个相对透明的共享服务中心比监督许多机构相对不透明的后台职能要容易。这种透明度降低了信息获取和测量的成本。监管人员无须花费过多的时间和资源去判断后台职能的效率情况,以及在效率低下时,去确定原因并改进方案。

此外,正如第二章所指出的,各机构往往更易于将宽裕资源隐藏在相对不透明的后台职能中。撤销各机构的后台职能也有助于控制各机构的主要职能。

(2)以客户为导向。

以客户为导向是共享服务的特征之一。机构内部传统的后台部门通常同时开展控制和服务活动。开展控制活动会使导向偏向最高管理层,可能会导致忽视内部后台服务客户的需求。另一方面,共享服务中心被明确指定为"服务"供应商,公共机构被指定为其内部客户。

正式的服务水平协议的达成强化了两者截然不同的角色。服务水平协议是共享服务中心与机构间的一项不完全契约,允许双方管理各自的期望,确保各机构只获得所需要的并愿意为之付费的服务。服务水平协议规定了所要提供的服务和相应的价格,从而将服务的提供和报酬紧密地联系起来。

服务水平协议还界定了服务提供商和客户各自的责任。服务水平协议包含一套关键绩效指标(KPI),允许对所提供的服务进行事后评价。各机构通常可以获得有关服务的数量、及时性和错误率的详细报告,使其能够对比并确定服务水平协议中规定的目标是否已经达到。如果没有达到,机构可要求调整和处罚。服务水平协议中往往也包含争议解决流程。

服务供应商通常会定期评价客户满意度,收集客户有关改进服务的反馈和意见。正如第三章所指出的,控制活动与服务活动的分离更易于公共机构表达不满意见。

4.1.3 政治成本

政治家和运营共享服务中心的官僚之间存在着委托代理关系。前文所述交易成本涉及协调和激励官僚的成本，而这是一种不同类型的成本——政治成本，尤其与政治家有关。

公共选择理论家强调企业家和政治家存在相似性。熊彼特（Schumpeter）认为，就像企业家之间竞相销售产品或服务一样，政客们提出政治纲领来争取选票。他引述了一位政治家的话："商人们不了解的是，我争取选票跟他们经营石油的道理是一模一样的。"前者意在使利润最大化，而后者意在使选票或更确切地说胜选的可能性最大化。

因此，政治家做决策时会考虑设立共享服务中心对其连任机会的影响。因此，除了生产和交易成本外，还需要考虑政治成本，以便进行比较组织评价。相比机构内部提供支持活动，由共享服务中心提供支持活动所带来的政治成本是不同的。

设立共享服务中心不一定能增加胜选概率。相反，此举往往导致各机构解雇长期任职的公务员。这不仅可能冷落受影响的公务员，也可能冷落其他选民，比如这些公务员的家人和朋友。此外，媒体也可能因此爆出政治家的负面消息。因此，埃森哲（Accenture）强调，为设立公共部门共享服务中心而裁员时，政治家要承担潜在的政治责任并保持敏感。

但政治家们设立共享服务中心可能会提高连任机会。如果公众普遍认为单个机构提供的支持服务效率低、费用高，就可能促成这一情况。麦克布莱德（McBride）在分析政治家和官僚的政治行为时指出："州长对有效管理官僚机构提出见解，并以此赢得支持。"在此情况下，政治家们可以解散机构并设立共享服务中心，以此提高支持率。

第5.1.3节将会进一步阐释，政治因素也有可能影响共享服务中心的选址。当政治家们因为某一地点位于对其连任有重要影响的地区，而非因为生产成本与交易成本之和最小而青睐某一地点时，就产生了政治成本。

设立共享服务中心也可能是出于政治原因寻求外包的一个必要的中间步骤(参见第八章)。解雇机构内的公共部门雇员,和聘请第三方开展工作,可能难以立即获得政治上的支持。但安排雇员在同一管辖范围的共享服务中心继续担任公职,在政治上可能是一个可以接受的妥协方案。后续再将公共部门共享服务中心的所有权转让给一家私营公司,届时所遇到的阻力和阻挠都会少得多。

4.1.4 实证结果

我们邀请了72个受调查的公共部门组织评价本章所述的共享服务相对在各个机构内部提供后台服务的比较优势有多大。

分摊固定成本位列共享服务最大的比较优势。近四分之三的调查对象认为这种优势"很大"或"大"。流程和技术改进排在第二位。这样的调查结果并不奇怪,因为强化后的流程和更先进的技术最终都会提高产出,即服务质量。完整结果如表14所示。

表14　　受调查组织对共享服务相对于机构优势的看法

选项	很小	小	不确定	大	很大	平均值	排名
分摊固定成本	3.1%	7.8%	15.6%	43.8%	29.7%	3.89	1
专业化提高劳动生产率	4.7%	1.6%	31.3%	35.9%	26.6%	3.78	3
专业化提高资本生产率	4.7%	14.1%	23.4%	43.8%	14.1%	3.48	9
改善高峰工作负荷管理	4.7%	7.8%	28.1%	42.2%	17.2%	3.59	6
采购优势	6.3%	6.3%	18.8%	40.6%	28.1%	3.78	3
流程和技术改进	3.1%	10.9%	9.4%	50.0%	26.6%	3.86	2
区位优势	12.5%	18.8%	35.9%	17.2%	15.6%	3.05	11
缓解机构管理压力	3.1%	12.5%	26.6%	42.2%	15.6%	3.55	8
充分关注/重视共享服务中心	3.2%	11.3%	27.4%	41.9%	16.1%	3.56	7
提高透明度/更易于监管	6.3%	9.4%	18.8%	40.6%	26.6%	3.77	5
加强客户导向	14.1%	6.3%	23.4%	32.8%	23.4%	3.45	10

可以预计的是，采用共享服务五年以上的成熟的共享服务中心和新设立的共享服务中心相比，其对共享服务优势的看法要更加积极。在此之后，共享服务中心应达到取得规模经济和范围经济所需的规模，迁移期应该已经结束，初始设立成本应该已摊销完，转向共享服务过程中出现的任何潜在质量问题都应该得到解决。因此，我认为：

假设3：共享服务中心越成熟，其对共享服务的优势就越认同。

共享服务中心相较各个机构内部提供后台服务的最大劣势是机构管理层抵制这一做法。确切地说，四分之三的受调查组织对此项的评价为"大"或"很大"。该项的总体得分为4分，高于共享服务中心任一优势的评分。政治成本位列第二，近三分之二的调查对象认为政治成本是一个很大或较大的劣势。除此之外，超过半数的受调查组织再也没有将其他劣势评为较大或很大（参见表15）。

此外，共享服务中心的成熟度预计也会影响对共享服务劣势的评价。作为上述观点的推论，我们在描述假设3的原因时假定：

假设4：共享服务中心越成熟，其对共享服务的劣势就越不认同。

表15 受调查组织对共享服务相对于机构劣势的看法

选项	很小	小	不确定	大	很大	平均值	排名
机构的停业成本	9.5%	33.3%	23.8%	20.6%	12.7%	2.94	5
共享服务组织的建立成本	7.9%	19.0%	23.8%	34.9%	14.3%	3.29	3
与机构的信息和沟通成本	9.5%	22.2%	23.8%	30.2%	15.9%	3.25	4
缺乏竞争/共享服务中心推诿	14.1%	29.7%	32.8%	18.8%	4.7%	2.70	7
共享服务中心的子目标认同	14.1%	31.3%	29.7%	15.6%	9.4%	2.75	6
机构管理层抵制	9.4%	9.4%	7.8%	26.6%	48.4%	4.00	1
政治成本	7.9%	17.5%	9.5%	31.7%	33.3%	3.65	2

综合表14和表15的结果，共享服务最大的比较优势在于能够通过实现规模经济和范围经济，在提高服务质量的同时降低生产成本。交易成本并不是很重要，可能是比较了两个组织内备选方案的缘故。显然，调查对象认为，与私营服务供应商相比，公共部门内部的延迟风险较低。协调成本和激励成本几乎是紧密联系的，均包括五个子类别。区位被视为是最不相关的类别。正如第5.1节将要阐述的，大多数公共部门组织未能坚持在管辖范围内设立共享服务中心，并以此利用共享服务潜在的区位经济优势。

4.2　政府机构的比较优势与劣势

前文已经分析了使用共享服务中心提供后台服务和政府机构的利与弊，下面简单总结一下政府机构的比较优劣势。

由于政府机构无法达到可以充分利用规模经济和范围经济的最低有效规模，往往以高于共享服务中心的生产成本提供后台服务。固定成本不得不在数量相对较小的部门之间分摊，后台雇员无法仅仅专注于少数几个活动。相反，他们通常像复合型人才一样工作，执行各种各样的任务。资本对劳动力的替代只会在一定范围内发生，因为对于相对较小的后台职能来说，采购尖端技术是不合适的。机构需要雇用和培训后台人员，这样即使在旺季等情况下需求临时增加也能得到满足。由于数量折扣有限，硬件和软件的采购价格通常相对较高。

此外，在各个机构中执行后台职能存在区位劣势。机构往往建在成本相对昂贵的区域，且靠近人口中心。虽然从理论上讲，各机构可以在成本较低的区域建立各自的后台业务，但在实践中并不常见。因此，即使在其管辖范围内，各机构一般也不会充分利用劳动力和房地产的套利机会。

虽然单个机构的生产成本较高，但交易成本可能高也可能低，具体取决于相对优劣势的大小。将后台职能保留在各机构内不会产生任何停业或设立成本。在向共享服务中心的变更过程中，隐性知识不会丢失，地方信息可以得到更好地利用。虽然这些因素降低了协调成本，但也为此付出了代价。其他机构或共享服务中心获得的资料可能未得到充分利用。政府机构的管理人员需要花费宝贵的时间和资源处理后台流程和雇员事务，因而无法专注于主要活动。但由于服务能力受限，后台服务获得的关注不足。

各机构对激励成本的影响也各不相同。各机构间的竞争将使推诿变得更加困难。斯蒂格利茨（Stiglitz）指出："……与许多从事大致类似活动的部门分权，会产生一个重要的信息优势：这种形式提供了其他方式无法获得的信息，并为筛选擅长特定任务的雇员和提供激励措施提供了比较基础。"由于维持了后台职能的现状，且后台雇员继续向其汇报工作，因而，机构管理层体会不到任何损失。

但保留各机构的后台职能会增加激励成本。由于监管人员需要与众多相对不透明的机构打交道，而非一家相对透明的共享服务中心，此举增加了监督成本。在没有专门的部门负责后台流程的情况下，设置适当激励措施并有效执行这些措施的难度增加。西蒙（Simon）指出："组织各成员间的相互依赖度越高，就越难以衡量各成员对实现组织目标所作的贡献。"由于机构经常执行可能相互交织的控制和支持活动，因而难以量化机构后台职能的真实成本。此外，各个机构的管理层可能进行破坏性影响活动，以便游说上级相信其各自地方后台职能的资源和相对优势。

保留各个机构的后台流程，可能会提高后续外包后台流程的难度和政治成本。这是因为将公共部门雇员从机构中调离，又不提供在公共部门共享服务中心继续就业的过渡性举措，这可能会丧失政治上的支持。此外，由于议价地位较弱，各机构可能不得不向外包供应商支付更高的费用。

共享服务架构

组织架构决定着公共部门实体配置支持活动的方式。它将决策权、任务和职责分配给组织中的下属子部门,如共享服务中心和各机构内保留的后台组织,并且设计控制和评价系统,建立沟通和报告体系,并因此影响着特定组织文化的发展。

共享服务组织架构由三部分组成(参见图19),本章将对此进行分析。

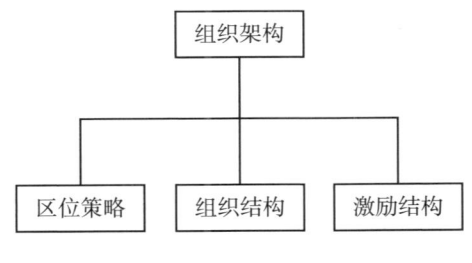

图19 组织架构

5.1 区位策略

区位策略常常是负责共享服务的公共部门领导最先做出的决策之一。共享服务中心的实际位置对劳动力和房地产成本起着至关重要的决定作用,这两者是共享服务中心最大的两个成本项目(参见图15)。共享服务中心的实际位置还影响着过去执行支持服务的机构雇员中愿意调入共享服务中心的人数。

公共部门组织需要就共享服务中心的选址做出三个关键性决定：实际建立共享服务中心的数量；采用绿地策略还是棕地策略；确定选址标准。这三个问题将在以下各小节中逐一讨论。

5.1.1 集中度

后台职能采用共享服务模式的组织不必在一个地点执行所有的支持活动。受调查的公共部门组织中有43.7%的组织，其共享服务中心的实际地点只有一处，但23.7%的组织有两处，12.7%的组织甚至多达五处或更多（参见图20）。

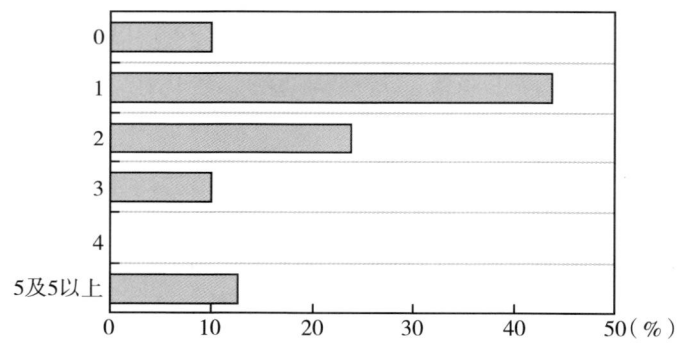

图20　受调查组织共享服务中心的实际地点数量

共享服务中心的实际地点多于一处有助于降低风险。在紧急情况下，如工人罢工、自然灾害或恐怖袭击时，另一个地点可以作为备用地点执行最紧急的流程。其他地点可能拥有基础设施，从而可以快速地向该地点追加新的资源。

近10%的受调查组织决定不建立实体的共享服务中心，而是采用虚拟选址策略。虚拟共享服务可以定义为"各个业务部门或国家的内部支持职能部门采用相同的处理程序、技术和标准，并向负责共享服务的领导报告，而非向当地财务总监或首席财务官报告的环境"。采用这种办法，支持人员就无须整合在同一地点，而是留在各参与机构中。

这种策略的优点是投资额通常较低，无须寻找和建造新场所。雇员可以继续在现有办公室工作，缓解了迁往新场所造成的人员流失问题。因此，损失的专业人才和所需要的遣散费也相应减少。由于人们受到的负面影响减少了，政治上的阻力也会减少。

这种方法的问题在于，将众多分散的部门进行相互协调的难度极高。相比将所有机构整合到一处，在各个机构实施和维持一套共同的流程挑战更大。另一个弊端是放弃了劳动力和房地产套利机会。此外，确立新的服务文化和共享最佳实践的难度会更大。最后，即使存在业务需要，也无法轻易地将雇员重新调往其他流程。

影响共享服务中心实际地点数量的一些主要因素包括组织规模、地理分布、组织实行多重职能策略还是单一职能策略，以及后台流程的标准化水平。

共享服务中心的成熟度也可能影响到集中度。成熟的共享服务中心即成立五年以上的共享服务中心预计集中度较低，即实际地点更多。在共享服务证明了自身的可行性，并令各机构初步获益之后，移交给共享服务中心的流程数量通常会增加。在某一时刻，特定建筑物可能被完全占用，或者特定公共部门组织的所有行政人员可能被共享服务中心全职聘用，以便在需要共享更多流程时可以选择新的地点。因此：

假设5：共享服务中心越成熟，地点集中度越低。

5.1.2　区位类型

公共部门组织在决定共享服务中心的地点时，主要有两种选择：棕地策略或绿地策略。绝大多数受调查的公共部门组织将共享服务中心设在棕地（参见图21）。下面将分析这两种方法及其下属各类别的主要特点和优缺点。

棕地

棕地是指曾经开发过，但可以为了新的目的重新开发的场地。

棕地策略的优势之一是组织可以利用现有的基础设施，现有设施即可以提供办公空间，或者仅需极少投资或置办成本即可改造为办公空间。同时还可以节省查找新地点的搜索成本，而且迁往现有地点往往可以节省时间。最后，选择现有地点有利于员工调往共享服务中心，避免员工大量流失。在公共部门中，解雇那些在各自机构中长期执行某些后台流程的雇员尤为困难。裁员往往备受媒体关注，有意竞选连任的政客们会竭力避免出现这种情况。

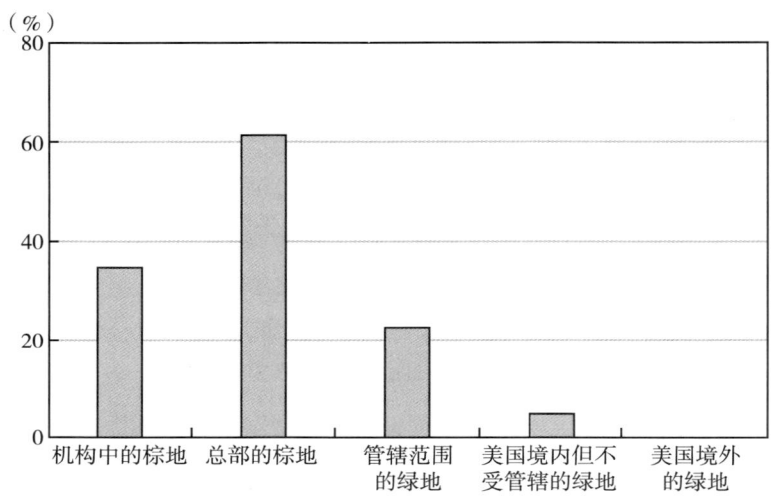

图21　受调查组织的共享服务中心的地点

棕地策略的一个主要问题是，公共部门组织通常位于相对昂贵的区域，如各州首府。区位优势方便了市民接触公共部门组织，令公共部门组织能够吸引到合格的雇员，提高了组织的受关注程度。但过高的区位成本与共享服务中心服务低成本目标形成矛盾。

棕地法的第二个主要问题是，在现有场地上重建可能更难。共享服务中心经常中断现有的流程和变更工作作风，远离已有场所有助于共享服务中心发展为独立的组织，并有利于探索新的共享服务中心文化。通常，新的地点也有助于吸引在劳动力市场不那么墨守成规的员工。

采取棕地选址策略时，公共部门组织主要有两个选择：设在共享服务中心未来客户所在地，或者设在公共部门组织总部所在地。

设在机构所在地

超过三分之一的调查对象选择将共享服务中心设在现有机构所在地。将共享服务中心设立在未来客户所在地后，公共部门组织可以使用下属任何机构可用的不动产。公共部门组织偶尔会在规模最大的客户中选择一个作为共享服务中心所在地。在这种情况下，客户以前的后台工作人员通常会继续之前的工作，同时为规模较小的共享服务中心提供服务。

这种方法的缺点是共享服务中心可能缺乏独立性。规模较小的客户可能得不到公平对待，而主办机构可能受到优待。其他客户察觉后，可能会影响购买共享服务的积极性。

设在总部所在地

超过60%的调查对象将共享服务中心设在所在公共部门组织的总部所在地，如州长办公室。这种做法的主要优点是接近决策者。但这是要付出代价的，因为这样做可能被认为是不重视客户。人们可能认为共享服务中心更青睐决策者而非客户，这样更类似于集中化而不是共享服务。而在上文所述中，共享服务模式的一大特征正是将服务与控制相分离。这一特征可能会因这种选址策略而受到影响，或至少看起来如此。

绿地

如果采用绿地选址策略，公共部门组织会将共享服务中心实际建立在远离现有场所的新地点。不仅包括在未开发的土地上建造新的建筑，还包括为了设立共享服务中心而占用现有场所或改造现有商用店面。

绿地策略的主要优势之一是，公共部门组织不受过去选址所限，从而可以选择适合当前（和未来）需要的地点。公共部门组织可以选择劳动力成本和房地产成本较低的区域，这两种成本是公共部门组织主要的成本项目（参见图15）。此外，电信网络的接驳和交通是否便利也是考虑因素，如拥有廉价航班的机场、公路或公共交通。

绿地策略的另一个优势是，地理位置上的分离强调了共享服务中心相对于总部的独立性，以及增强共享服务中心对客户的关注度。共享服务中心没有设在任何特定客户所在地，这一做法旨在告诉各个机构：它们可以受到公平对待。

采用绿地策略设立共享服务中心并不一定意味着需要雇用新雇员。理论上，在绿地策略下，共享服务中心的雇员全部由过去各个机构中的后台服务人员构成是有可能的。但在实践中，选择迁往新地点的共享服务中心也可以雇用更多新员工，因为现有雇员中很多人往往不希望迁往新址或到遥远的新场所工作。而且，由于公共部门实行工龄工资制度，提高新雇员的比例可能有助于降低成本结构。

最后，新地点还有利于共享服务中心消除不再合宜的做法，以及确立基于绩效的文化。

绿地选址策略的缺点是，绿地选址所需的前期投资比迁往现有场地更大。由于绿地场地不能立即建成，前期需要投入更多时间。此外，如果企业关键人员决定不迁往新的地域，就会损失重要人才及其专有技术。

可以假设，公共部门组织为建立绿地场所调拨所需额外资源前，会首先建立一个棕地共享服务中心，测试共享服务模式的可行性。在这种情况下，相比成熟的共享服务中心，新设立的共享服务中心会开展更多的棕地作业。该假设的推论是：

假设6：共享服务中心越成熟，越倾向于选择绿地策略。

在管辖范围内

公共部门和私营部门之间的一个重要区别是管辖范围的相关性，即公共部门组织在被授权的地理区域进行活动。管辖范围是影响公共部门共享服务中心选址决策的一大因素。总得来说，23.9%的受调查公共部门组织选择其管辖范围内的绿地地点。

例如，如果纽约州将共享服务中心设在另一个州（如阿拉巴马州），这样可以大幅节省成本，但是在政治上有可能不可行。虽然同一个州内存在劳动力和房地产套利机会，如将后台流程从纽约市迁往布法罗，有关管辖范围的政治力量阻碍了多个管辖范围的整合进程，妨碍了不同公共部门组织之间的协作。

在管辖范围外

只有5.6%的受调查组织决定将共享服务中心设在管辖范围之外。美国公共部门选择美国境外司法管辖区的情况，几乎闻所未闻。在72个受调查的公共部门组织中，没有一个组织决定这样做。这与私营公司形成了鲜明对比，私营公司经常将后台流程外包到劳动力和房产成本远低于美国的国家。从技术上讲，可以在一定距离以外执行的流程往往也可以在任何地方进行流程处理。例如，美国公司会选择印度或菲律宾等讲英语的地区设立共享服务中心以消除由于语言不同而产生的影响。

虽然共享服务中心的成本中至少有四分之三与劳动力和房地产有关，但是美国公共部门组织放弃了通过选址来大幅降低成本的机会。由于私营公司通过建立共享服务中心所节省的成本大部分源自劳动力和房地产套利，预计公共部门组织成本降低的幅度会下降。

5.1.3 选址

当公共部门组织确定了共享服务中心的实际数量，以及是采用棕地策略还是绿地策略后，就需要选择实际的设立地点。选址的主要决定性因素如图22所示。

棕地策略比绿地策略更受欢迎的事实证明，邻近内部客户和总部是选址的一个重要因素。近一半的受调查组织将临近内部客户列为最重要的两个标准之一。尽管在技术层面上可以远距离执行支持服务，但距离上邻近有助于与客户会面、实地考察，必要时还可以促进员工在组织内的调动。而临近总部有助于与决策者互动。

运行成本如房地产和劳动力成本也起着重要作用。超过三分之一的受调查组织认为，房地产成本是其两大选址标准之一。相对于其他项目，更多的调查对象认为劳动力成本是最重要的选址标准。此外，在勾选最重要的三个选址标准时，近一半的调查对象选择了"充足的熟练劳动力供应"。

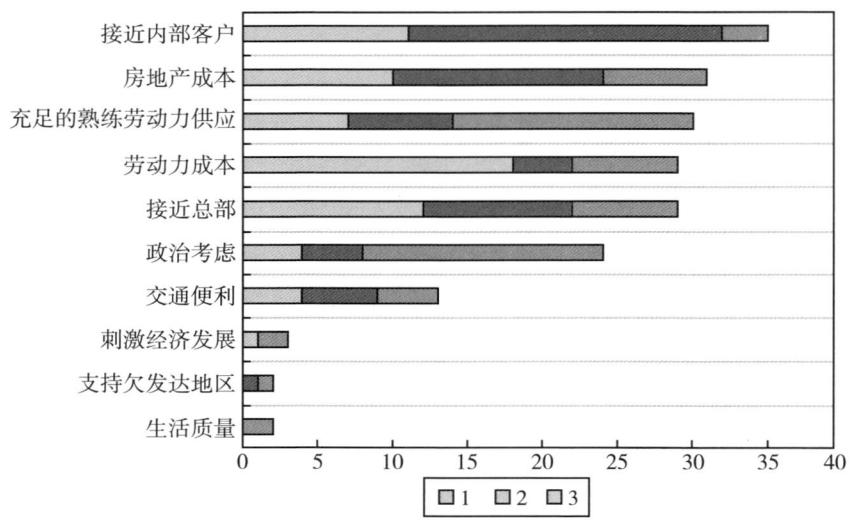

图22　受调查组织的选址标准

政治性考虑因素如共享服务中心的地点对相关政治人物连任前景的影响，也是重要的选址因素。政治因素虽然通常并非首要因素，但相对其他因素，调查对象常将政治因素选为第三大选址因素。将共享服务中心设在政治决策者尚未做出重要投票决定的选区，可以为共享服务倡议赢得政治支持增加筹码。

公平性考虑因素如对管辖范围内欠发达地区的支持，以及生活质量因素，对选址影响较小。两者仅有两个调查对象勾选。

5.2　组织结构

组织结构旨在设定各个下属子部门间的交互模式，决定着各个子部门的决策权和职责，并督促着各个子部门为实现组织目标而共同努力。接下来的几个小节将分析共享服务结构的基本组成部分，以及垂直差异和水平差异。

垂直差异是指组织结构关于决策责任的定位的维度，水平差异指将组织划分为子部门的维度。

5.2.1 垂直差异

经济活动应该集中还是分散，是组织设计的经典问题。当经济活动非常全面、复杂时，这一问题就会产生，但单凭个人是解决不了的，而是需要分工。"集中"和"分散"这两个术语分别表示朝向中心的运动和远离中心的运动。但文献中对这两个术语的使用并不一致。弗雷塞（Frese）和冯·维尔德（Von Werder）指出，两者是经常使用但含糊不清的重要术语。系统理论将集中和分散描述为有限系统元素的分布方式。如果元素集中在一个聚点，则系统是集中的；如果元素均匀分布，则系统是分散的。元素的中心性一定程度上由其重要性决定，中心元素在系统中起更重要的作用。

对于集中和分散，组织文献中出现了两类不同的定义。第一类将两个术语定义为划分任务的一般原则，而第二类侧重于决策权和控制权分配的特殊方面。根据第一类定义，集中和分散是组织结构的基本形成原则。因此，集中和分散包含着组织分化的水平和垂直两个方面。

法约尔（Fayol）的定义属于第二种类型。他将集中和分散定义为只集中在垂直方面，即在组织层级的不同部门间的决策能力的分配。西蒙（Simon）等也给出了第二种类型的定义，认为"行政组织的组织结构是集中化的，组织中相对较高的层级负责做决策；同时又是分散化的，高级管理人员将做出重要决策的自由裁量权和权力授予较低级别的行政机构。"本研究将采用Simon等的定义。

共享服务令组织可以将集中和分散的优势结合起来，通过把后台职能整合进单一的组织部门，使公司可以利用通常与集中相关联的规模经济的杠杆作用，并规范各个机构过去各自执行的不同流程。

但共享服务和集中化模式在其他许多方面存在着差异。一个主要的区别是，集中化模式通常不能以客户为导向且无法建立不断进取的文化。设立集中化的后台职能部门，往往得不到所服务机构的投入。集中化的后台职能部门甚至往往不用"客户"这个词去称呼机构，因为它们还为上级监管部门（如州长办公室或市长办公室）开展许多工作。如果不将客户反馈整合到机构中，也没有持续寻求客户反馈，那么中央办公室的运作就脱离了客户需求，而客户往往在并不关注的方面受到过度服务，而在其所看重的方面却得不到满意的服务。另一方面，共享服务模式通过各种委员会让客户参与进来，下文在分析共享服务治理结构时会介绍这些委员会。共享服务模式强调对最终结果共同承担责任，并明确界定了共享服务中心需要开展哪些活动，其内部客户又需要开展哪些活动。因此，共享服务模式可以利用到那些最熟悉当地情况的管理人员的知识，这也是分散化系统的一个指标。

接下来的几节将分析五个基本决策。

- 第一，是否要求内部客户与共享服务中心签订合同。
- 第二，确定所提供服务的标准化程度。
- 第三，选择合适的中心类型，以评价共享服务中心的绩效。
- 第四，确定所提供服务的定价机制。
- 第五，就共享服务组织正确的治理结构达成一致意见。

缔约义务

公共部门组织需要作出的一个重要决定是，要强制各机构使用共享服务中心提供的服务，还是允许各机构自行决定是否使用共享服务中心的后台服务。图23显示，大多数受调查组织都采取了强制性服务的做法。下文将比较这两种方法的优缺点。

强制性服务

近60%受调查的公共部门组织表示它们只提供或主要提供强制性服务。在第三章的微型案例研究中，三个公共部门组织中有两个即伊利诺伊州和美国国家航空航天局，选择了强制性服务方式。同样，英国政府要求全部128所监狱均使用监狱服务共享服务中心提供的采购、财务和人力资源服务。

5. 共享服务架构

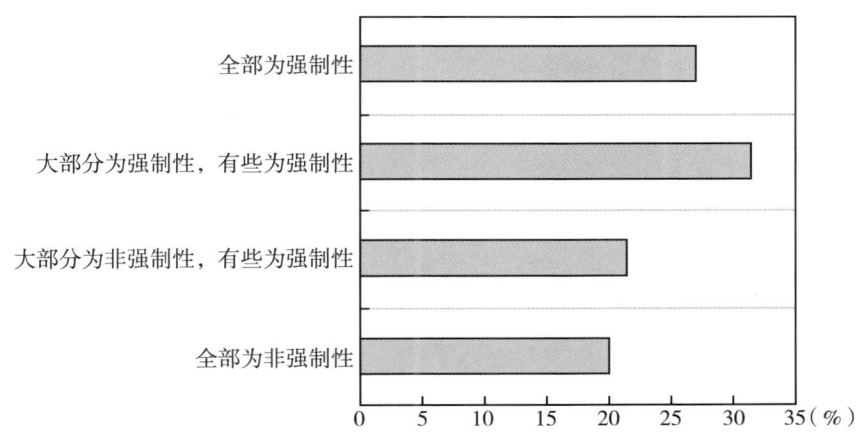

图23 受调查组织的缔约义务情况

这种方式减少了不确定性，易于确定共享服务中心的规模。由于无须向各个机构推广共享服务中心的服务，也不需要就服务的采用问题进行谈判，还节省了交易成本。

这种方式的缺点是，将共享服务中心变成了不顾质量、兜售服务的垄断机构，降低了不断进取的积极性。作为垄断服务供应商，共享服务中心无须考虑潜在竞争对手的表现，只需关注所服务机构的反应，其权力地位相应提高。各个机构被禁止从所在地或外部供应商处采购支持服务，并且不得隐瞒对诸如向客户寄送发票、支付账单或发放工资等任务的需求。因此，如果共享服务中心提高价格，各个机构将被迫支付更高的价格。由此可以预期，垄断价格将高于自由竞争条件下的价格。

非强制性服务

公共部门组织的第二个选择是让各个机构决定是否成为共享服务中心的客户。在受调查的公共部门组织中，只有20%的组织提供完全非强制性服务。在非强制性的情况下，共享服务中心须向各个机构展示其商业案例适用于各机构，而各个机构有权决定以何种方式获得后台服务。既可以选择在机构内继续提供后台服务，也可以在公共部门内聘用其他供应商，还可以与私营公司签订合同。如果特定的公共部门组织缺乏权威去强制各机构使用共享服务中心，那么自愿参与是唯一的选择。

如第三章所述，俄亥俄州采取了这种自愿的办式。类似地，在英国，国民保健署的共享业务服务就是一个建立在自愿基础上由共享服务中心提供服务的例子。该共享服务中心成立于2005年，旨在为成员提供财务和采购服务。截至2007年9月，416个符合资格的客户中有89个使用了该中心的服务。79%符合资格的信托机构没有参加共享服务，它们的理由各种各样：一些机构提到与服务供应商的长期合同承诺；另一些则声称，裁员所需的遣散费将超过加入服务带来的好处。此外，一些信托机构决定在所在地成立共享服务中心，认为这样做可以获得更大的控制权和更有针对性的服务。

缔约义务预计还会受到共享服务中心成熟度的影响。设立共享服务中心时，可能要求各机构从一开始就使用其服务，避免出现上文所述英国国民保健署的情况，即大多数符合资格的机构不使用共享服务中心。因此，所有非专属于机构的后台服务都从机构中剥离出来，并移交给共享服务中心，以实现规模经济和范围经济。但几年后，当共享服务中心全面运作时，可能会允许各机构从第三方采购其支持服务，从而消除垄断，并激励共享服务中心减少懈怠。在这种情况下，可以得出：

假设7：共享服务中心越成熟，强制性服务越少。

标准化程度

使用共享服务中心实现后台职能的公共部门组织需要同时应对两类经常相互冲突的压力：削减成本的压力和响应内部客户需求的压力。

要应对降低成本的压力，需要公共部门组织提供相对标准化的服务。共享服务的一条原则是对多个内部客户采用相同的方法和原则，以实现规模经济，为客户提供相对统一的服务。

但与共享服务相对迟钝的前身——中央服务不同，共享服务还考虑了客户需求和偏好。共享服务中心将内部客户视为合作伙伴，而非被迫接受标准服务的最终用户。满足各个机构因不同的传统做法、偏好或地方差异而产生的不同要求，会破坏标准化，有可能增加提供服务的成本。

图24展示了受调查的公共部门组织在输出、服务频率、流程、系统和价格方面的标准化程度。虽然平均约三分之二的组织认为标准化程度极高或高，但仍然存在一些差异。

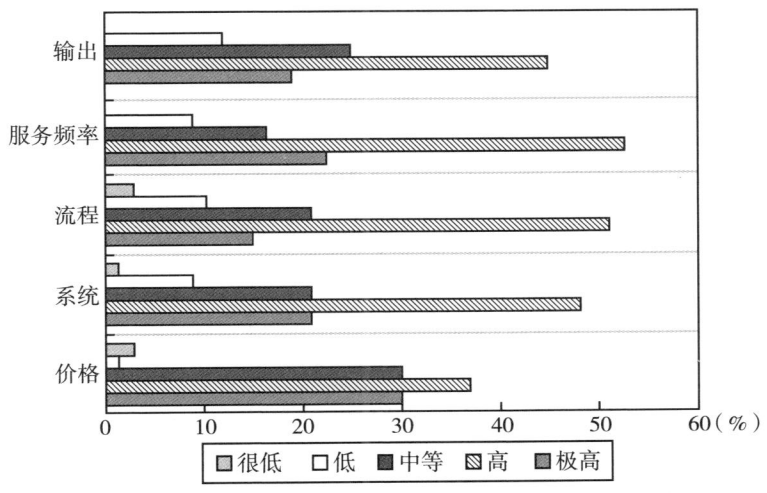

图24 受调查组织的标准化程度

在图24列示的所有项目中，输出即共享服务中心提供的服务，标准化程度最低。只有64.2%的受调查组织认为，输出的标准化程度极高或高，造成这一结果的原因是内部客户间存在潜在差异。例如第三章图14所描述的内容中，许多公共部门组织在共享服务中心内实施信息技术服务，如应用程序维护和开发，或信息技术求助平台。如果各机构使用的硬件或软件不同，则需要调整相应服务。

另一方面，服务频率的标准化程度最高。总的来说，74.6%的组织认为该项目的标准化程度高或极高。由于共享服务中心主要向同一管辖范围内的公共部门组织提供服务，因此，类似的地方业务似乎占据大多数。例如，人力资源服务往往相对标准化，即在处理工资或管理福利方面的频率几乎没有差别。

但13.4%的受调查组织认为其流程标准化程度低或极低，原因是许多组织使用所谓的"提升和转变"法将分散的流程转移到共享服务中心内。在一项涉及265个私营部门共享服务组织的研究中，51%的调查对象表示，他们最初只是将现有流程转移到共享服务中心，随后才进行了标准化。

类似地，受调查的公共部门组织中，有10.5%认为所处系统的平均标准化程度低或极低。在上述有关私营部门共享服务组织的研究中，41%的公司表示，技术发生变化前，就已将流程转移到了共享服务中心。

受调查的公共部门组织中只有4.5%认为其价格的标准化程度低或极低。总体来看，29.9%（高于其他任何类别）的调查对象认为价格的标准化程度极高。本节将单独分析定价（参见下文）。

可以认为，共享服务中心的成熟度决定着标准化程度。本研究采纳私营部门共享服务中心所采用的提升和转变法，提出以下假设：

假设8：共享服务中心越成熟，标准化程度越高。

中心类型

一般来说，评价绩效时，可以将共享服务中心分为三类：投入、产出以及投入和产出相结合（参见图25）。

表16　　　　　　　　　　　中心类型

投入	产出	投入/产出
成本中心	收入中心	利润中心
预算中心	业绩中心	投资中心

资料来源：Von Werder和Grundei，2004年，第20页。

受调查的公共部门组织中超过四分之三选择了两种中心类型：40%为业绩中心，37.1%为成本中心（参见图25）。共享服务中心管理层所采纳的评价基础不同，评估其激励效果也不同。下文将一一介绍各种不同的评价基础。

5. 共享服务架构

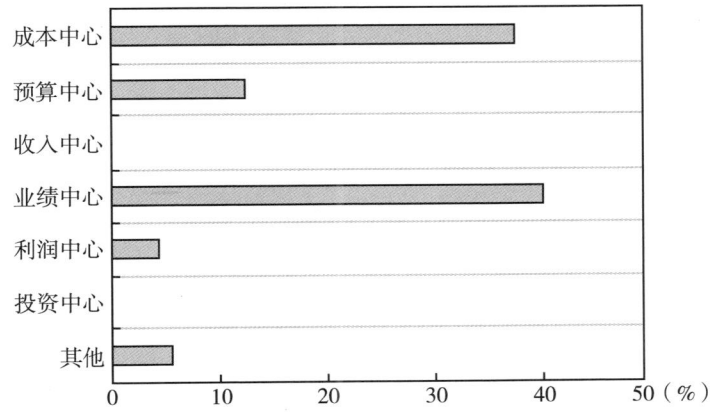

图25 受调查组织共享服务中心绩效的评价基础

投入导向

受调查的公共部门组织中，恰恰有一半根据投入评估共享服务中心的绩效。成本中心主要用于不产生收入或对其收入没有影响的共享服务中心。因此，要评估成本中心，就要看成本中心如何有效地处理所分配到的资源。共享服务中心管理层对操作程序和技术拥有决策权，可以集中精力提高生产流程的效率，而不必理会需求方。

对共享服务中心的评估是以投入为依据的，旨在评估该中心是否使给定产出的成本最小化，换言之，使给定总成本的产出最大化。在不限制数量的情况下将平均成本减少到最低限度，并不是一个合适的决策原则，因为共享服务中心的管理层会倾向于以最低的平均成本进行产出，而不考虑公共部门组织作为一个整体其实可以实现更高的产量。

预算中心同样是以是否有效使用投入为依据进行评估的，预算中心有时也称为酌量性费用中心。在这种情况下，要评估共享服务中心是否遵守了预算明细，尽管这些明细在编制时并没有规定具体的产出指标。总体来看，有12.9%的受调查组织采用这种中心类型。

其他条件不变的情况下，如果能够在共享服务中心之外的部门确定所提供服务的最佳数量，那么，以投入为依据评价共享服务中心的绩效效果更好。要评价成本中心和预算中心的效率，需要熟悉最低成本函数。因此，评价共享服务中心服务的数量和质量的成本越低、准确度越高，采用投入作为评价基础就越合适。如果无法客观地评价质量，共享服务中心的管理层就可能会降低质量，因为这样常常可以降低衡量成本。

产出导向

在调查中，有40%的调查对象的共享服务中心采取业绩中心的组织形式。业绩中心负责评价共享服务中心是否达成了与内部客户签订的服务水平协议中所约定的绩效。在这种情况下，需要准确评估所提供服务的种类、数量、质量、及时性等。

受调查组织中没有一家采用第二种产出导向的中心类型，即收入中心。收入中心应用于共享服务中心会影响服务需求，但不会影响投入。投入可以是半固定的，例如选择棕地策略，以及保留公共部门的雇员和现有技术。在这种情况下，对于共享服务中心的三大成本——房地产、劳动力和信息技术成本，共享服务中心管理层的影响力可能有限。

对于采用收入中心组织形式运营的共享服务中心，主要评估这些中心是因为特定的价格还是特定数量的部门销售量，才做到最大限度地提高总收入的。在不限制数量的情况下最大限度地提高总收入，并非最优决策原则，因为共享服务中心的管理人员会倾向于在边际收益为零时（即此时能够实现收入最大化，但却并非利润最大化）设定数量。因此，如果公共部门组织决定将共享服务中心作为收入中心进行运营，就不应允许由共享服务中心设定数量。

采用业绩中心或收入中心提供支持服务的主要优势，是共享服务中心的管理层可以专注于面向内部客户的销售和营销工作，有助于共享服务中心扩大服务范围，并吸纳新的机构客户。

仅依据产出评估共享服务中心的问题在于忽略了生产成本。

投入／产出导向

最后，投入和产出指标都可以用于评价共享服务中心的绩效。如果共享服务中心采取利润中心的组织形式，它的管理层会影响到中心的收入和成本结构，所以可以根据收入和成本的差额评估管理层。在这种情况下，共享服务中心的管理层对数量、质量和服务组合拥有决策权。在调查中，4.3%的组织选择了利润中心模式。

投资中心除了具有利润中心的特点，还考虑到了资产利用率。在这种情况下，共享服务中心的管理人员有权决定开展服务所需的资产（如建筑物、硬件和软件）数量，使投资保持在最适合的水平。受调查的公共部门组织中没有一个采用投资中心模式。

投资中心会最大限度地提高特定资产组合的资产回报率，或特定总回报率下提高总资产。在不限制所使用总资产的情况下，最大限度地提高总资产回报率，不会产生预期结果，因为共享服务中心的管理人员会倾向于减少资产，仅保留一个盈利最高的资产。

仅有三家受调查组织的共享服务中心采取利润中心或投资中心形式，这是因为这两种组织形式并不一定能最大限度地提高整个公共部门组织的价值。如果共享服务中心是其内部客户所需后台服务的唯一供应商（常常属于这种情况），则可以收取垄断价格。但这样会耗费各机构执行主要职能所需要的资源。

定价

公共部门组织需要确定交付支持服务的定价机制。公共部门组织通常采用下文所述六种收费策略中的一种（参见图26），或几种策略的混合。评价收费策略时，主要看这些策略是否鼓励共享服务中心和各机构降低成本，以及通过协作改善服务质量。

受调查的公共部门组织中，超过20%选择免费向各机构提供服务。这样做的好处有两个：易于管理；不会引发机构抵触。

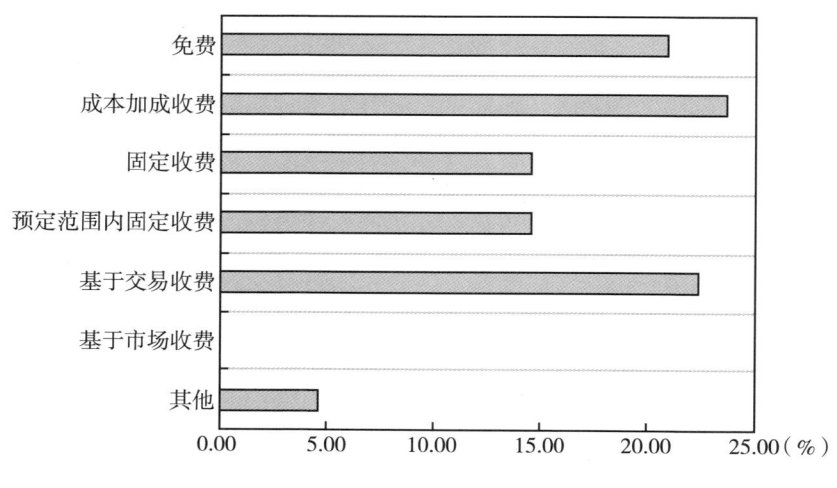

图26 受调查组织的收费策略

免费

免费的缺点数不胜数。在不产生退单的情况下，提供后台服务的总成本可能会上升，因为各机构削减当地劳动力的积极性较低。各机构会过度消费所提供的服务，而不会考虑成本收益情况。正如第二章所指出的，共享服务中心的管理层会倾向于最大限度地扩大中心规模，因为其货币和非货币报酬可能与之相关。这样做会出现产能过剩。此外，由于不再考虑后台服务的成本，免费策略可能令有关机构业绩的评价产生偏差。

成本加成收费

另一种定价模式是向各机构收取共享服务中心产生的成本，再加上覆盖中心开销的管理费。在受调查组织中，23.5%的组织采用这种模式。由于共享服务中心采取这种模式后可以收回成本、避免过度消费，因此可以缓和上文提及的一些问题。此外，这种方式相对易于管理。

相关的成本需要详细说明，如是否只包括经营成本，还是设立共享服务中心的开发成本也计算在内。此外，还需要确定共享服务中心的成本如何分摊到各个机构，如按交易量、开展服务所需时间、机构规模等。

成本加成收费模式的问题在于，无法解决生产过剩问题，而且（通过持续不断的改进措施等）削减打击了共享服务中心降低成本的动力，因为这种模式对所有这些措施都给予了补偿。此外，所收取的费用与所接受的服务之间联系相对简单，可能无法激励各机构降低成本。

固定收费

近15%的受调查组织采用固定收费定价模式。在这种定价策略中，对于向机构提供的支持服务，共享服务中心可以获得固定的补偿。与成本加成模式不同的是，由于补偿是事先确定的，各机构的成本是可以预测的，可以更加有效地激励共享服务中心降低自身成本。

这种方式的缺点是，如果交易量增加，共享服务中心就必须承担成本。这种方式还会刺激内部客户过度消费，由于采用统一费率，内部客户会倾向于尽可能多地增加服务需求。此外，这种方式也无法鼓励各个机构协助降低共享服务中心的成本，如通过参与持续改进计划等。最后，议定固定的收费金额可能会耗费时间和资源。

预定范围内固定收费

另有15%的受调查组织采用的定价模式是在预定范围内固定收费。与前述模式一样，共享服务中心可以就其服务获得固定补偿。但这个模式中引入了预定范围，其中交易量或资源利用率必须下降。在此范围之外，价格将根据预定公式重新协商或调整。

这种方式缓解了过度消费问题，并且减少了共享服务中心交易量增长失控的可能。但由于客户的行动或需求与所收取的统一费率之间并无直接联系，客户可能仍然缺乏足够的积极性来协助共享服务中心降低成本。

基于交易收费

在这种扣款策略中，共享服务中心对其执行的每笔交易收取特定单价，在消费的服务量与机构成本之间建立了明显联系。因此，这种方式鼓励机构评估自身的真实需求，并比较各项服务的成本和效益。

对共享服务中心而言，这种方式的不足之处是降低了可预测性，因为收入会根据客户需求波动，超出了中心的控制范围。此外，各项服务的价格都需要商议，这样会耗费大量资源。总的来说，有22.1%的受调查组织采用这种方式。

基于市场收费

在受调查组织中，没有一个组织采用对支持服务收取市场价格的定价策略。市场价格可以从哈克特（Hackett）等专门公司获得，这类公司专门收集支持服务的价格数据。这种定价策略类似于基于交易的收费方法，对每笔交易单独计价。但单价是由市场决定，而非自身决定的。这就促使共享服务中心将成本降至低于市场价格的水平。这种定价策略还可以保护各机构不因共享服务中心效率低下或由于处于垄断地位，而被收取高于市场价格的费用。

这种方式的不足在于需要为现有服务找出市场价格并就可比市场价格达成一致。相对于公共部门组织特有的、各机构中常见的服务，薪资等标准服务更易于采纳这种方式。

所选择的定价模式预计将取决于共享服务中心的成熟度。最初，共享服务中心可能会有一个非常粗略的公式，并根据这个公式将所产生的总成本分摊到各个机构。为了获得各个机构的支持，它们甚至可能在正式推出服务的过程中不收取任何费用，直到足够数量的客户转向共享服务。但随着时间的推移和透明度的不断提高，共享服务中心将可以更精确地确定成本，因此可能会引入更精准的收费策略，如基于交易收费。这一逻辑表明：

假设9：共享服务中心越成熟，收费策略越精准。

治理结构

适当的治理结构可以确保共享服务中心的策略与组织的总体策略相一致，并且确保内部客户已经投入到共享服务中心的开发过程中，参与现有活动的管理，以及参与未来的扩张决策。如上所述，这种投入和反馈将共享服务中心与集中式办公室区分开来。图27列示了典型的共享服务治理模式。

5. 共享服务架构

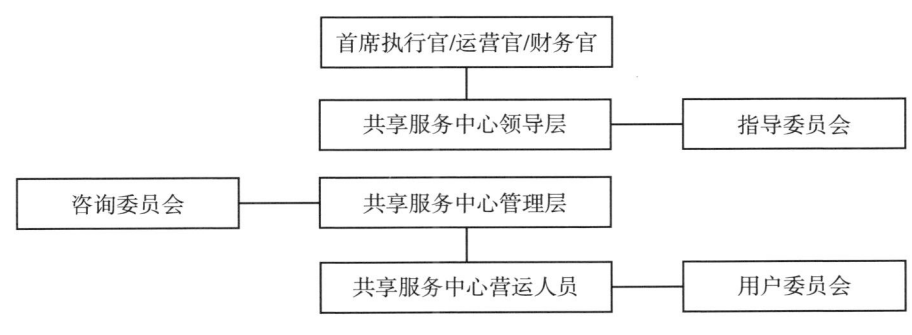

图27 共享服务治理模式

资料来源：Accenture（2005年，第4页）。

在建立治理结构之前，需要确立共享服务模式的范围。这将决定共享服务中心的领导层向谁汇报工作。在多重职能共享服务模式中，共享服务中心的领导层通常要向行政长官（如州长或市长）汇报工作。如果是单一职能共享服务模式，共享服务中心的领导层通常会向职能主管汇报工作，如在信息技术共享服务的情况下，向首席信息官汇报工作。

共享服务中心的领导层团队负责确定组织的使命和运营模式，并在一定程度上根据潜在客户的参与程度和所提供的信息，选定所提供服务的范围。他们还为共享服务中心的管理层和运营团队确定工作职责和遴选标准，并在更大的公共部门组织中为共享服务中心寻求和赢得支持。共享服务中心的领导层、管理层和营运人员通常由三个职责不同的治理委员会所支持（参见图27）。三个委员会的成员中均包含共享服务中心人员，确保各个委员会能够接触到更准确的信息，这构成了未来伙伴关系框架的基础。

指导委员会

在所有受调查的公共部门组织中，61%的组织设有指导委员会，该机构有时也称为"联合审查委员会"或"执行指导委员会"，通常是在共享服务中心项目开始时成立的，职责是确保共享服务中心策略与组织整体目标相一致。

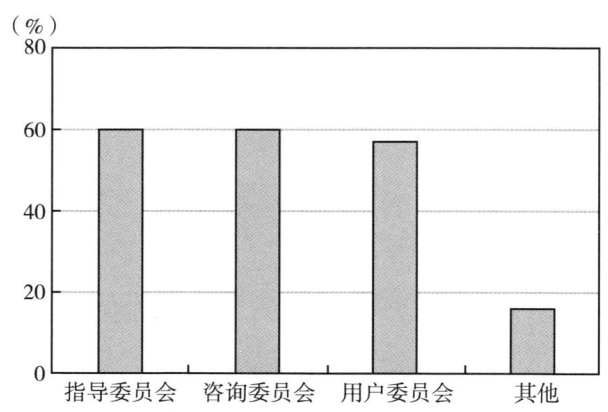

图 28　受调查组织的委员会结构

委员会成员中包含各个公共部门组织的高级主管，他们有权分配资源，如果是多重职能共享服务中心，高级主管还拥有跨越多个职能领域的决策权。让公共部门组织中级别最高的人员参与其中，可确保那些与共享服务业绩存在利害关系的人员持续参与其中。

在设立共享服务中心的过程中，指导委员会作为项目发起人，负责编制预算，解决潜在问题，并监督项目进展。项目完成后，指导委员会负责监督共享服务中心的绩效，并就拓展职责范围和持续改进方案提供指导。指导委员会通常还负责审批超过一定阈值的资本支出项目和委任咨询委员会成员。

咨询委员会

咨询委员会有时也称为"管理委员会"，通常是在设计阶段初期成立的。咨询委员会负责为共享服务中心的管理层提供职能指导。在受调查的公共部门组织中，近60%设有咨询委员会。

咨询委员会由各机构中负责制定运营战略和管理资源分配的经理人员组成，如各参与机构的人力资源主管。如果是多重职能的共享服务中心，往往每一个职能均设有咨询委员会。

在共享服务项目的设计及实施过程中，咨询委员会负责向共享服务中心的管理层告知各机构的现有程序和政策，如应付账款审批限额。咨询委员会还负责磋商和审批服务水平协议，并审核协议的遵守情况。此外，它还确定了潜在的业务流程改进，并帮助实现这些改进。委员会还负责解决潜在的职能问题，并影响各机构在共享服务中心方面的行为。

用户委员会

用户委员会的职责是收集各机构的意见并传达给共享服务中心，并向其他委员会说明如何最高效和最有效地与共享服务中心合作。

在调查中，55.9%的调查对象成立了用户委员会。用户委员会通常在共享服务中心投入运营后成立，其成员通常由各机构的管理人员和专题专家组成，他们有权调整策略，并能影响同事的行为。会员通常频繁轮换，如每半年轮换一次。

用户委员会的议题包括对其客户的绩效的看法，并就如何解决具体问题提出建议。用户委员会还会将实际绩效水平与第三方基准进行比较，并向共享服务中心提出新要求，如新制度的出台等。

所有的治理主体都是在共享服务项目相对早期的阶段成立的。如上文所述，在计划共享服务项目时，指导委员会已经成立；在设计阶段伊始，会设立咨询委员会；在共享服务中心运营后，会设立用户委员会。因此，成熟度对委员会的设立没有显著影响。

5.2.2　水平差异

水平差异涉及一个组织如何将自身分为若干子部分，以及如何将组织任务分配给各个部门。本节将论述组织构造、组织范围的扩展和服务水平协议。组织可以使用这些工具进一步规定子部门的职责。

构造

集中式的支持组织通常同时执行策略、控制和服务活动。例如，人力资源部门负责与工会谈判（策略活动），开展绩效考核（控制活动），以及处理薪资（支持活动）。如第3.3.2节所述，艾圣斯特（Eisenstat）建议理顺不同的职责，设立任务范围相对具体的部门。因此共享服务中心顾名思义仅执行服务活动，避免管理层由于需要承担不同的职责，从而无法专注于一类活动。

策略活动和控制活动也没有消失，只是由不同的组织部门执行。这样的部门甚至在公共部门组织中也常常称为"企业中心"。表17列示了示范企业中心和共享服务中心。

表17　　　　示范企业中心与共享服务中心的比较

企业中心	共享服务中心
表现为垂直分工（职能中央化）	表现为水平分工（职能专注）
在法律和经济上并不独立	在法律和经济上不完全独立
独立规划所提供的服务	基于计划和客户订单提供服务
基于所分配的预算进行运营	通过提供服务营利
与必须使用其服务的经营部门打交道	与客户议定服务的基本内容和范围（服务水平协议）
在总部工作	所在地点涉及不止一个地区，且区位最佳
为总部执行控制和策略职能，并可以发布指导方针	执行支持服务，不发布指导方针

资料来源：Kruger，2004.第193页。

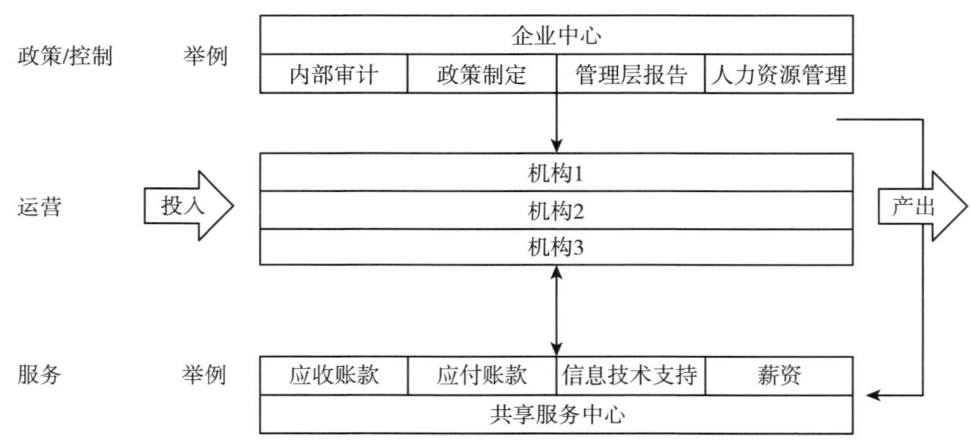

图29　SOS模式

资料来源：基于Bach和Petry（2004年，第2页）。

图29所示的SOS模式描述了一种组织结构，涉及政府实体（可以指联邦政府、州、县、市等）中的企业中心、机构和共享服务中心，强调了企业中心与共享服务中心之间的差异。

政府实体中的每个子部分都专门负责一系列特定的活动。企业中心负责执行策略和控制活动进行。各机构从各种非机构的特定后台职能中解脱出来，从而可以专注于经营活动。图29展示了共享服务中心为各个机构执行服务活动。

值得注意的是，在上述三个实体中通常仍然执行各种各样的后台职能。下文将通过最常见的后台职能——财务和会计、信息技术以及人力资源，对此加以阐述。

有些财务和会计活动是由企业中心开展的。常见的有内部审计和财务规划。企业中心通常还负责设计或核准全州范围的会计科目表。各个机构负责开展监管报告和机构特定的预算编制及预测等活动。共享服务中心负责执行重复的交易处理，如应付账款、应收账款、固定资产核算或总账核算。

信息技术活动也由以上三个部门负责开展。企业中心通常负责信息技术监管。各个机构负责执行为机构特定项目提供支持等活动。共享服务中心负责数据管理、网络操作和全州范围内软硬件的信息技术支持。

人力资源后台职能也具有三个组织部门相互作用的特点。企业中心负责制定人力资源策略、薪酬管理和职业发展。各个机构负责绩效评价和机构特定的培训，而人力资源共享服务中心通常开展薪资和福利管理活动。

图30所示为示范中心的组织结构，对本节内容加以总结。

规模扩张

共享服务中心刚设立时规模往往较小，同时设立的宗旨通常是为小规模的机构执行单一职能中相对有限的重复流程。

一旦公共部门共享服务中心能够以相对单个机构更低的成本或更好的质量执行任务，证明自身的价值，公共部门的领导通常就会开始考虑将共享服务扩展到其他领域。根据安索福（Ansoff）的研究，共享服务中心可以通过四种方式发展自身业务：市场渗透、服务开发、市场开发和经营多样化（参见图31）。

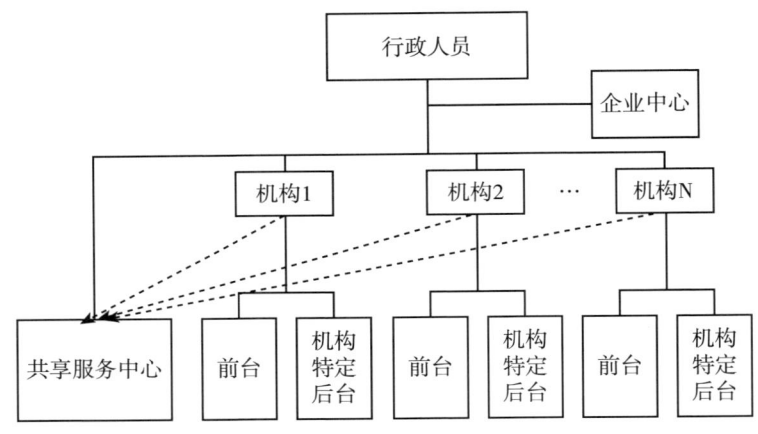

图30　示范组织结构

	服务	
	现有	新兴
市场　新兴	市场开发	经营多样化
市场　现有	市场渗透	服务开发

图31　规模扩张矩阵

资料来源：基于Ansoff，1965年，第109页。

这些基本的规模扩张方式可以进一步划分。服务开发可以通过提供新的交易流程或咨询流程，以及扩展所提供服务的职能范围来进行。计划开发市场的公共部门组织既可以将不同独立组织内的各个机构作为开发目标，也可以将同一公共部门组织内的各个机构作为目标。如图32所示，后者是受调查组织最常用的扩张策略。除了14.5%的调查对象不打算扩大共享服务中心的规模，其余各类扩张方式均发挥着重要作用，下文将进一步详细说明。

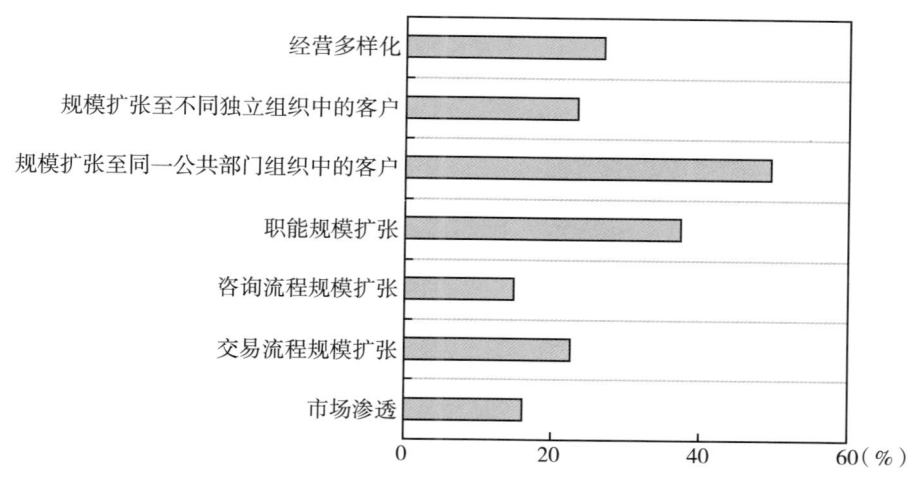

图32 受调查组织的规模扩张

市场渗透

在受调查组织中，15.9%的组织采取了市场渗透策略。在将新流程添加到共享服务中心职能中或吸纳新客户之前，公共部门组织在为当前客户执行当前流程的过程中，会充分发掘采取市场渗透策略的好处。正如下文图34将要详细列示的那样，共享服务中心及其内部客户之间的角色和职责通常有清楚的界定。例如，共享服务中心可以承担过去由机构开展的一些活动。此外，共享服务中心还可以提高服务频率，如从每月报告一次改为每周报告一次。最后，对于为客户执行的当前流程，共享服务中心还可以增加更多的功能或选择。

服务开发

采取成长策略的共享服务中心会为现有客户提供新的服务。大致说来，这类共享服务中心有三个选择：在同一职能中提供其他交易流程；在同一职能中主动执行咨询流程；开始提供新的职能（如财务共享服务中心开始执行若干人力资源流程）。

交易流程规模扩张：在同一职能中增加更多的交易流程是比较自然的规

模扩张方式。近四分之一的受调查公共部门组织采用这种方式。如第三章所述，私营公司通常首先将共享服务应用到应付账款流程，再逐渐将其他财务交易流程如应收账款或固定资产移交给共享服务中心。

咨询流程规模扩张：共享服务中心服务规模扩张的另一种方法是将咨询服务添加到服务范围中。13%的受调查公共部门组织采用这种方法。与共享服务中心最初执行的交易流程相比，咨询服务较少受规则影响，主要以知识为基础。通常，商业判断和分析技能都是其绩效的组成部分。公共部门组织整合各个机构的活动后，其数量可能会达到需要聘用主题专家和打造高度专业化能力所需的临界。咨询服务的实例包括财务分析、财务规划、税务服务、劳动力分析或商业智能服务。

通常提供咨询服务的共享服务中心称为"卓越中心"或"专业技术中心"，以区别于单纯的交易处理中心，并为其提供更多的可信度。考虑到雇员所具有的不同技能组合，相比交易共享服务，共享咨询服务通常在不同的地点执行。此外，由于共享咨询服务的效用往往受到服务对象较为主观的评价，用以评价这两类共享服务中心绩效的指标亦会有所不同。

职能规模扩张：超过三分之一的受调查公共部门组织最常采用的服务开发方式是职能规模扩张。一些组织最初为单一职能（如财务）提供共享服务，后来便着手多职能共享服务策略。多职能共享服务组织为内部客户执行两个或多个职能的进程，既可以是交易流程，也可以是咨询流程。

多职能共享服务中心利用现有劳动力和基础设施实现增量职能，涉及治理结构（如所设立的各种委员会）、服务水平协议（如绩效评价、定价、议题管理等）和赋能技术（如企业资源规划系统、成像/扫描设备、工作流程系统等）。多职能共享服务中心还可以在各职能之间分享最佳实践，让共享服务中心员工了解和接触各种职务和职能。考虑到共享服务中心的组织结构通常相对扁平，层级晋升空间有限，对于那些希望发展自身技能的雇员来说，丰富的工作内容是留住他们的一个重要因素。

多职能的共享服务中心需要与大量目标与重点可能冲突的利益相关者打

交道。因此，在不同职能间采用标准化流程可以破除孤岛思维，过去独立管理各自领域的职能领导须加强合作。

市场开发

共享服务中心向一定数量的新客户提供服务也可以实现增长。这些客户既可以来自公共部门组织内部，也可以来自独立实体。超过四分之三的调查对象选择了上述两种方式中的一种，令市场开发的应用范围比市场渗透、服务开发或经营多样化广泛得多。

同一公共部门组织内的机构规模扩张：一旦为有限数量的内部客户设立了共享服务中心，便可以对同一公共部门组织中各个机构的人员、流程和技术投资进行使用。例如，服务可以扩展到同一个州或自治市内的其他机构中。这种方式是最常用的扩张策略。超过一半的受调查公共部门组织选择了这种方式。

独立组织内的机构规模扩张：也可以向独立实体提供共享服务中心的服务。近四分之一的受调查公共部门组织采用这种方式。例如，某个州的共享服务中心可以向州内的地方政府提供服务，也可以潜在地向州内的一些私营公司提供服务。

2009年1月，威斯康星州和明尼苏达州的州长签署了行政命令，要求两个州的机构专员和秘书确定两个州之间可能达成的合作服务协议。这一举措在美国实属首次，直接推动了2009年3月《威斯康星州——明尼苏达州协作报告》（Wisconsin Minnesota Collaboration Report）的出台，该报告罗列了通过服务协作实现节约的各种机遇。报告中还包含一份已确定实施项目的时间表——从几个月内快速见效，到需要修改州法律或现行合同的长期举措不等——以及对实施过程中存在的潜在障碍的评价。该倡议如果成功实施，预计将引发公共部门内的其他跨组织协作。

经营多样化

最后，公共部门共享服务中心还可以通过向不曾服务过的组织提供新的后台服务来实现增长。公共部门共享服务中心可以通过不断改进自身服务，来更好地满足一定数量新的未得到充分关照的机构的需要。虽然经营多样化往往是最具挑战性的扩张策略，但对于受调查的公共部门组织来说，这种方式相对常见，27.5%的组织选择了这一策略。

公共部门组织会根据所处生命周期的阶段来选择不同的方式扩张共享服务中心的规模。新设立的共享服务中心往往首先关注当前客户，最有可能采取市场渗透策略，努力接手更多过去仅由客户开展的活动。新设立的共享服务中心还将努力从客户那里接手更多的交易和咨询流程。

另一方面，成熟的共享服务中心，可能会采用各种不同的成长策略。创立五年后，它们极有可能已经充分渗透到最初提供给当前客户群的职能中，提供各种类型的交易和咨询流程。所以，为了实现扩张，他们将不得不转移到其他领域。例如，最初专注于财务和会计流程的共享服务中必须提供其他职能服务，如人力资源等。此外，成熟的共享服务中心极有可能会专注于市场开发，将业务范围扩展至同一公共部门组织内的其他机构或全新的组织中。最后，成熟的共享服务中心也可能会采取经营多样化策略。因此：

假设10：共享服务中心越成熟，规模扩张策略越多元化。

服务水平协议

服务水平协议是共享服务中心与其各个内部客户之间达成的服务关系框架。服务水平协议类似于与外部签订的合同，界定了签署人的相互定位和职责。

虽然组织构造为下属子部门的互动设置了框架，但服务水平协议可以使组织明确规定组织任务的分配，并加以详细界定。服务水平协议是一种工具，允许根据各个机构的需要更改和定制服务组件，从而避免了"一刀切"的情况。

服务水平协议是共享服务的一个标志，将共享服务与中央服务区分开来，因为中央服务在提供时通常并不明确说明参数、权利和责任。如图33所示，受调查的公共部门组织中近四分之三的共享服务中心和机构之间签订有服务水平协议。

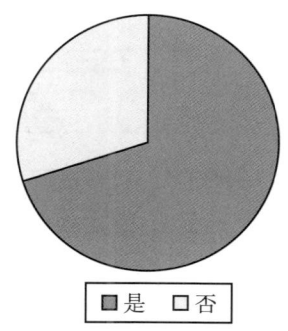

图33　服务水平协议在受调查组织中的应用

本研究假设成熟的共享服务中心对服务水平协议的使用频率高于新设立的共享服务中心。在过渡期和共享服务中心创立初期，一些公共部门组织可能会放弃订立服务水平协议，因为现时业绩是暂时的，而且在共享服务中心达到稳定状态前，难以就绩效水平达成具有约束力的合同。

假设11：共享服务中心越成熟，越有可能采用服务水平协议。

内容

尽管可以满足不同的需求和条件，但服务水平协议往往对不同客户保持一贯的格式，便于行政与管理。

服务水平协议囊括了服务关系要素。最初，它通常概括性地界定共享服务中心和各机构之间的协议的目的，并确定其主要目标。服务水平协议的主要组成部分及各部分在受调查公共部门组织中的应用参见图34，下文将加以分析。

服务的定义：88.5%的服务水平协议对提供给各个机构的服务做了详细描述。清楚地界定服务有助于设定和管理预期。服务目录包含共享服务中心提供的所有服务，各个机构从中选择所需的服务。共享服务中心通常避免"一刀切"的做法，为客户提供一些选择，例如特定服务的频率或时效性。

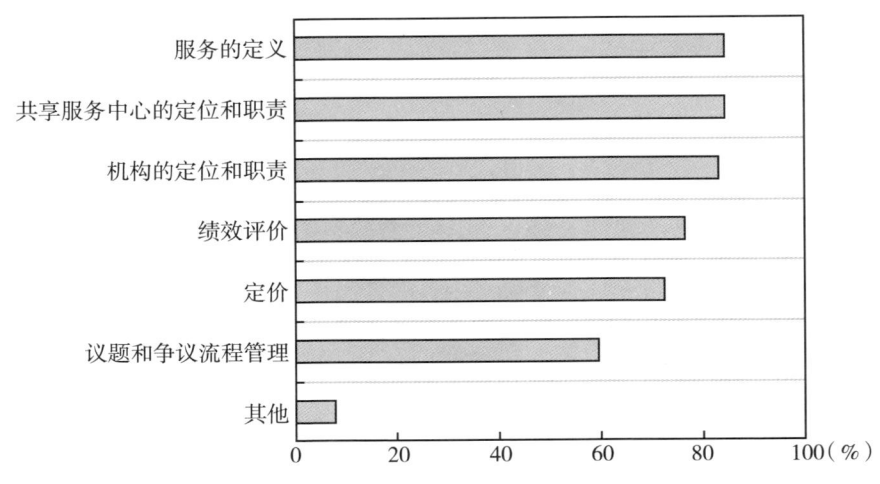

图 34　受调查组织的服务水平协议内容

定位和职责：服务水平协议通常还会确定共享服务中心和客户需要执行的具体任务，并明确分配责任。事实上，所有在服务水平协议中加入服务定义的受调查组织也都定义了共享服务中心的定位和职责，只有一个受调查组织没有定义机构的角色和职责。执行支持服务通常需要共享服务中心和各机构参与其中并相互协作，实现真正的"共享"服务。

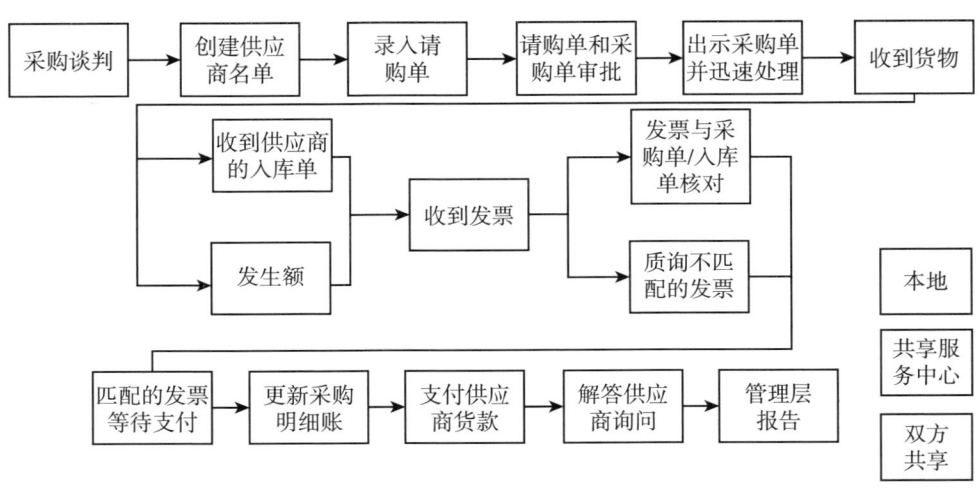

图 35　采购到支付流程责任划分实例

资料来源：参见 Deloitte Touche Tohmatsu，2003 年，第 25 页。

图35中展示的采购到付款流程就体现了这种协作方式。发票的支付是否会在服务水平协议规定的时间内完成，不仅取决于共享服务中心，还取决于客户是否及时记录收货情况等。对于需要共享操作的活动，服务水平协议通常会详细规定哪一方负责哪个子任务。

绩效评价：在采用服务水平协议的受调查组织中，超过四分之三在协议中纳入了绩效评价。服务水平协议通常会就每一项特定服务阐述一个标准，即评价的重点方面。此外，服务水平协议还为每一个选定的标准确定绩效目标。标准可以针对组织、流程和职业层级制定。

虽然标准有很多，但公共部门组织通常会确定一些特别重要的关键绩效指标，以便追踪目标进展情况。关键绩效指标应当简单，相对易于评价和理解，并且与公共部门组织的整体目标保持一致。

表18　　　　　　　　　关键绩效指标实例

关键指标	描述
采购到支付	95%的发票在收到货物30天内支付
信息技术服务台	75%的电话在第一次联络时得到应答
工资单	99.8%工资单准确无误
差旅和费用	95%的报销在5天内处理完毕
手动数据录入	每位雇员每年录入20 000张发票/收据
客户满意度	90%的用户对所提供的服务表示"非常满意"或"满意"

关键绩效指标应当便于与外部和内部基准相比较，比较共享服务中心的绩效与私营服务供应商的成本和服务水平后，公共部门组织可以判断是否应当考虑外包。

关键绩效指标还可以帮助公共部门组织确定共享服务中心初始企划书中设定的目标是否达成。另一个重要的内部基准是移交给共享服务中心之前所提供服务的成本和质量。这些标准是评价未来进展的基础。因此，在迁移前明确成本和服务基础非常重要，这样才能客观地评价绩效改进情况。关键绩效指标可以防止机构夸耀其自行提供支持服务时的"美好日子"。

定价：在调查中，73.1%的组织还将所提供服务的定价纳入到服务水平协议中。具体价格将取决于选择六种定价模式中的哪一种（如上文所述）。签署各方之间必须达成一份清晰、透明的价格表。内部客户应能够准确了解他们需要支付多少钱，成本是如何细分的，以及如何降低成本。

问题和争议管理：在受调查的公共部门组织中，近60%的组织还为解决共享服务中心与其内部客户之间可能出现的问题和争议制定了办法。这些办法可能包括定义（如比例低于约定的服务水平会被认为绩效不可接受）、定位（如各方在议题管理或争议解决流程中的职责）、分类（如当前问题的重要性）、升级程序（如提请指导委员会或咨询委员会注意争议）、潜在的处罚（如降低服务收费），以及达成解决方案的时间范围。

其他：服务水平协议还可能包括各种经营信息，如营业时间、联系人信息、报告的成果和报告频率、变更请求程序，以及可能的合同终止约定。持续改进目标偶尔也包含在内。

本研究假设，相对于新设立的共享服务中心，成熟的共享服务中心所采用的服务水平协议更为详尽。在共享服务中心设立伊始，服务水平协议预计会比较简短、基本，许多重要变量都不会详细说明。随着共享服务中心的不断成熟，服务水平协议会变得更加详尽，明确指明各种参数。因此：

假设12：共享服务中心越成熟，所采用的服务水平协议越详尽。

升级

服务水平协议不是一成不变的静态文档，而是经常更新的，确保与不断变化的客户需求保持一致。服务水平协议的这种灵活性与和私营公司签订的通常更为严格的外包合同形成了鲜明对比，后者更新起来比较困难。

图36列示了受调查公共部门组织调整服务水平协议的频率。

超过四分之三的公司每年都会更新服务水平协议。有一个组织服务框架调整得更为频繁，即每六个月一次。与此同时，11.8%的组织每两年都会修改服务水平协议；3.9%的组织每三年修改一次。近6%的组织更改协议的次数比每五年一次还要少，其中似乎存在着问题，因为这些机构的协议可能没有反映当前的环境、客户需求或技术能力。

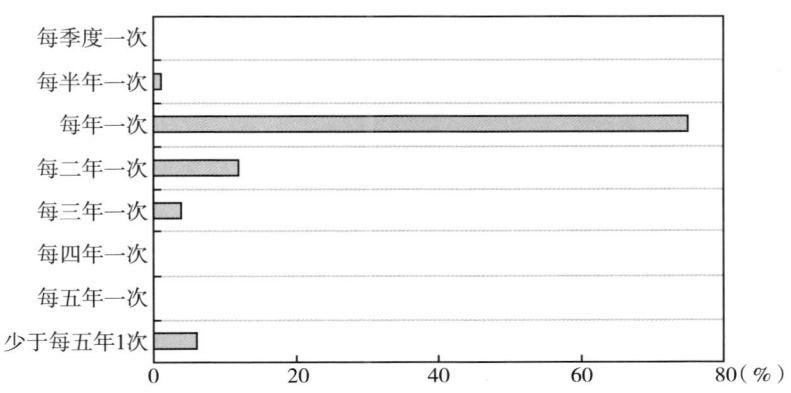

图36　受调查组织的服务水平协议更新情况

共享服务中心的成熟度预计会影响其更新服务水平协议的频率。本研究假设，新设立的共享服务中心预计修改服务水平协议的频率高于成熟的共享服务中心。在共享服务的早期阶段，各个参数可能频繁变化，直到共享服务中心提供服务数年后才能达到稳定状态。因此，必须提高修改服务水平协议的频率，以反映新的情况。因此：

假设13：共享服务中心越成熟，更新服务水平协议的频率越低。

5.3　激励结构

组织的激励结构旨在使组织子部门决策者的行为与其职责保持一致，确保决策者使个人利益服从公共部门组织的一般利益，并为实现组织的整体目标而进行相互协作。激励机制会奖励合宜的雇员行为，并在对表现不佳或不协作的情况进行惩处。本节将分析共享服务中心的绩效评价与评估以及报酬问题。

5.3.1 绩效评价与评估

绩效评价是评判共享服务中心效率和效果的过程。绩效评估在具体标准上附加了价值判断,并为每项标准确定了成就的相对重要性。如何评价和评估共享服务中心的绩效取决于共享服务中心的类型。

无论属于哪种中心类型,各个机构都需要决定由谁负责评估共享服务中心的绩效。如果评价包含主观成分,即如果并非所有绩效标准和相对权重都能事先设定,更加需要明确负责评估的人员和责任。

共享服务中心绩效的一项重要指标是,评价基础如何与移交给共享服务中心之前所提供的服务进行比较。后者是评价未来进展的基数。因此,在迁移前明确成本和质量是非常重要的,这样才能客观评价绩效的改进情况,防止某机构与其自行提供支持服务时进行不准确地比较。

但问题在于,大多数机构在设立共享服务中心之前并不知道其支持服务的确切成本。在受调查的公共部门组织中,仅35.9%的组织表示知道各个机构后台服务的确切总成本(参见图37)。事实上,只有不到5%的机构可以以交易为基础报告确切成本。

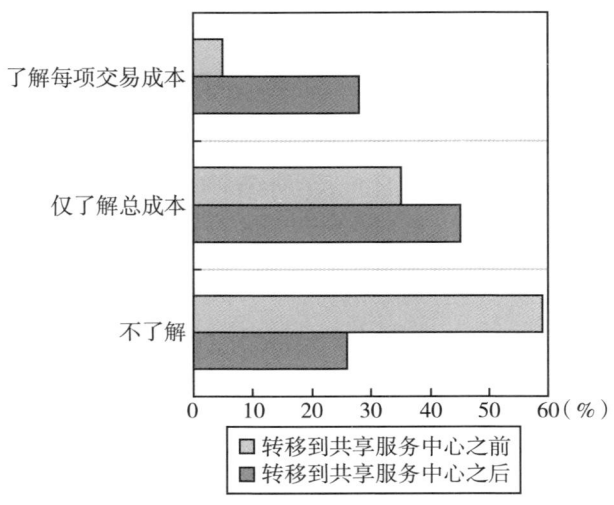

图37 受调查组织对过渡到共享服务中心前后确切后台成本的了解情况

转向共享服务中心后，成本透明度增加。根据对过去经济状况的分析，73.4%的受调查组织知道其支持服务的确切总成本。与此同时，28.1%的组织甚至知道每笔交易的确切成本，相比转向共享服务中心前，这是一项重大进步。正如下一章将要分析的那样，这对于设立共享服务中心所实现的成本效应具有重要影响。

如上文所述，共享服务中心经常在设立伊始将各机构的现有流程"提升和转变"至共享服务中心，并在后续阶段加以改进。因此，新设立的共享服务中心的结构相对混乱，因为流程尚未标准化，并且难以评价每笔交易的确切成本。已经完成格式塔流程的成熟组织预计能够更准确地评价成本。执行流程五年以上的组织应能够更准确地评价共享服务中心所产生的总成本，并将总成本分摊到各个交易中。因此，得出如下假设：

假设14：共享服务中心越成熟，对其后台服务成本的了解越确切。

5.3.2 报酬

对共享服务中心绩效的评估引出了特定绩效水平的潜在后果问题。共享服务中心的绩效通常是共享服务中心雇员外在报酬的评价基础。外在报酬可以分为货币报酬和非货币报酬，前者包括工资和奖金，后者包括晋升、表彰等。

共享服务中心事后透明度越高，相对事前而言，评价每位雇员贡献的难度就越低。最近一项关于私营部门共享服务中心雇员涨薪情况的研究发现，个人生产率（56%）、团队生产率（45%）、客户满意率（41%）和服务水平成就（41%）是最重要的涨薪决定因素。

在公共部门，工资和绩效之间的联系没有私营公司那样明显。对于具有公务员身份的雇员，涨薪的规定更加严格。但创新的公共部门组织如俄亥俄州摸索出了调整其限制性劳动法规的方法。正如第3.4.3节俄亥俄州共享服务案例研究所描述的，俄亥俄州创设了一个新的职位分类方法——俄亥俄州共享服务工作人员，其薪酬不再取决于资历，而是取决于技能水平。

虽然公共部门组织相对不大愿意为正式雇员引入基于绩效的薪酬制度，但将共享服务中心管理层的奖金与绩效挂钩的做法却比过去普遍得多（参见图38）。事实上，13.4%的受调查组织表示，共享服务中心管理层达到目标与否对货币报酬影响极大，而20.9%的组织则表示对货币报酬的影响较大。尽管如此，近三分之一的组织仍然表示，业绩过高或过低对货币报酬影响极小。

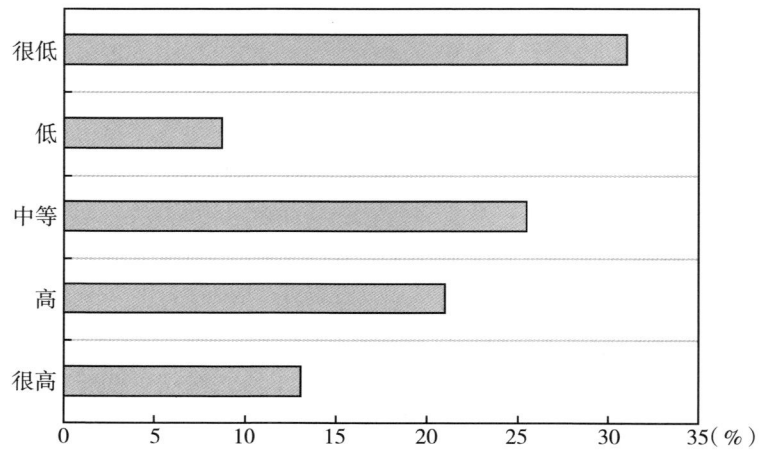

图38　对受调查组织共享服务中心管理层货币报酬的影响程度

本研究假设，相对新设立的共享服务中心的管理层，成熟的共享服务中心的管理层将不得不对其绩效承担更高的经济后果。成熟的共享服务中心已达到稳定状态，而新设立的共享服务中心仍处在接管客户流程的阶段，相比较而言，前者的绩效更易于评价。增加新流程可能会导致初始阶段成本上升，因为在过渡期或为了在初始阶段实现标准化和稳定流程，会消耗更多的资源。在过渡期，准确评价共享服务中心的绩效可能会更难，公共部门组织可能不愿因共享服务中心管理层是否达到目标而影响他们的货币报酬。因此，得出如下假设：

假设 15：共享服务中心越成熟，目标达成与否对管理层的货币报酬影响越大。

如果共享服务中心没有达成目标，其管理层的非货币报酬预计也会减少。此外，绩效不佳的共享服务中心也可能遭遇客户流向公共部门其他服务供应商或私营公司的情况。

共享服务的成本效应和质量效应

本章将分析调查中最相关的两个因变量：实施共享服务所带来的成本效应和质量效应。

我们要求调查对象量化相对于设立共享服务中心前基数的成本和质量变化。如第5.3.1节所述，在设立共享服务中心前，公共部门组织难以准确确定其后台成本。为了缓解这一问题，我们向调查对象提供了不同的成本和质量变化区间，要求他们从中选出最符合自身情况的选项。

在下面的表19中，成本节约和质量改进从上到下依次递增，即类别1表示成本增加（质量下降）超过50%，类别17表示成本降低（质量提高）超过50%，其中类别9表示盈亏平衡点。

表19　　　　　　　　　　　标记法

类别	成本效应	质量效应
1	成本增加 > 50%	质量下降 > 50%
2	成本增加 41—50%	质量下降 41—50%
3	成本增加 31—40%	质量下降 31—40%
4	成本增加 21—30%	质量下降 21—30%
5	成本增加 16—20%	质量下降 16—20%
6	成本增加 11—15%	质量下降 11—15%
7	成本增加 6—10%	质量下降 6—10%
8	成本增加 1—5%	质量下降 1—5%

续表

类别	成本效应	质量效应
9	成本效应0%	质量效应0%
10	成本降低1—5%	质量提高1—5%
11	成本降低6—10%	质量提高6—10%
12	成本降低11—15%	质量提高11—15%
13	成本降低16—20%	质量提高16—20%
14	成本降低21—30%	质量提高21—30%
15	成本降低31—40%	质量提高31—40%
16	成本降低41—50%	质量提高41—50%
17	成本降低＞50%	质量提高＞50%

下文中的各个表格将遵循这种标记法,并表示这17个类别框架中的成本效应和质量效应。本研究将采用线性插值为类别变量赋值。例如,如果调查对象选择的值为10,则假设成本降低或质量提高了3%,即取中距值。为了便于对结果进行评估和与其他研究进行比较,一些关键类别的值将转换为文本中的百分比。

6.1 成本效应

在与共享服务相关的文献中,降低成本通常被列为实施共享服务的主要原因之一。本节将首先介绍事前成本降低目标,然后分析受调查公共部门组织整体及其各个子群的事后已实现成本变化,即按部门、调查对象概况、选址、流程类型和合同义务逐个分析。

6.1.1 计划成本效应

为后台职能建立共享服务中心的公共部门组织,其降低成本的目标也十分明确。英国内阁办公室估计,在中央和地方政府中实施共享服务可以节省高达14亿英镑的开支,即年度总支出的20%用于与财务和人力资源相关的行政服务。

图39列示了受调查组织的预期成本效应。平均来看，公共部门组织预计成本节约的类别均值为11.59，略低于11%。只有4.6%的受调查组织预计其成本会增加，可能是因为成本增加会被其他因素抵消，如共享服务带来的相关质量提高等。

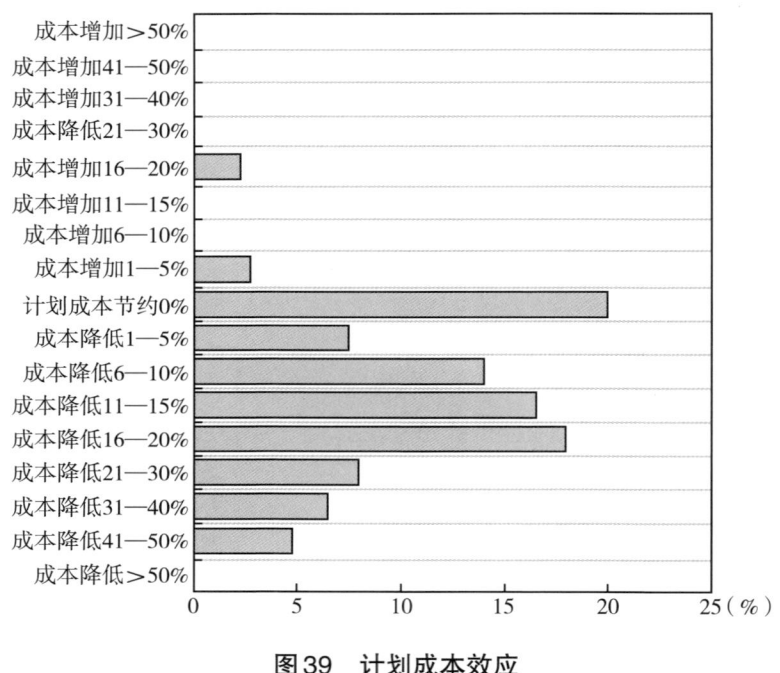

图39　计划成本效应

6.1.2　已实现总成本效益

实施共享服务所实现的成本效应与受调查公共部门组织的计划成本节约截然不同（参见图40）。

近半数的受调查组织未报告任何成本节约的情况。事实上，23.08%的组织表示，转向共享服务实际上增加了成本。与此同时，24.62%的受调查组织实现了收支平衡，即未意识到任何成本的增加或降低。组织报告的类别均值为10.09。估值为10表示成本节约在1%至5%之间，这意味着平均成本降低了约3.5%。与四项有关私营部门共享服务实施研究得出的27.75%的平均成本节约值相比，这些结果明显偏低。

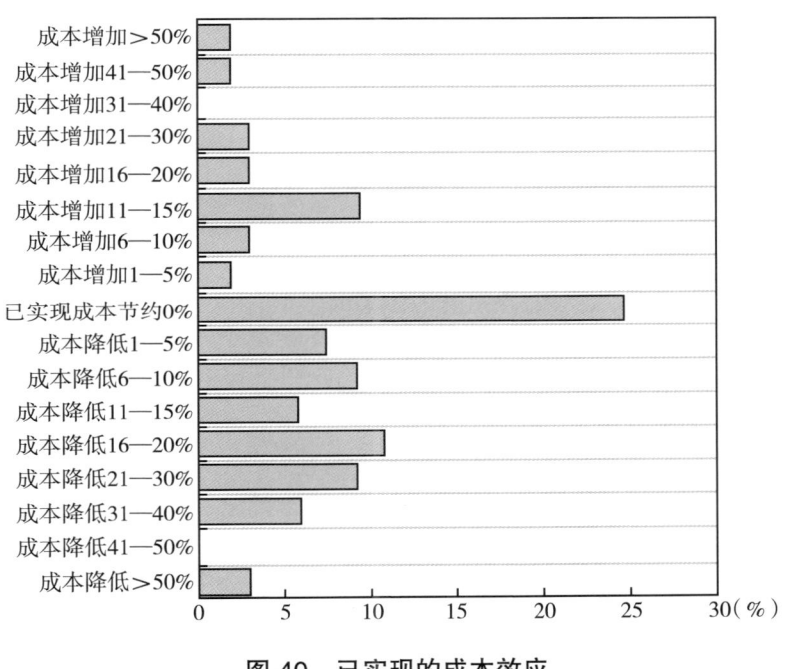

图40　已实现的成本效应

6.1.3　细分的已实现成本效应

本节将对比各个子群已实现成本效应，以确定绩效最佳者和最差者。

部门

来自地方如城镇的调查对象报告了最高的成本节约值。平均来看，这些调查对象的成本降低了4.25%。但联邦、州和地方组织间的平均成本节约并没有太大差异。另一方面，对于来自联邦和州的调查对象来说，其标准偏差的差异要大得多，而地方组织报告的差异最小。

表20　　　　　　　　　　　部门已实现成本效应

部门	观测值	平均值	标准偏差	最小值	最大值
联邦	16	10.125	4.3799	2	17
州	33	10	3.5795	1	15
地方	16	10.25	2.3238	6	14

规模

组织规模对已实现成本节约有显著影响。雇员人数多达5 000人或超过20 000人的组织，所报告的平均成本节约值超过5.5%；雇员人数在5 000至10 000人的组织报告成本增加了10.5%；雇员人数在10 000人至20 000人的组织的平均成本增加了6.75%。中等规模的组织似乎被"夹在中间"：这些组织既没有小到能够加入到规模更大的部门并从中获益，也没有大到能够向其他客户提供支持服务。

表21　　　　　　　　　按规模细分的已实现成本效应

雇员人数	观测值	平均值	标准偏差	最小值	最大值
<1 000	9	10.6667	1.6583	9	13
1 001—5 000	11	11.0909	4.2533	2	17
5 001—10 000	4	6.5	2.0817	4	9
10 001—20 000	8	7.25	3.7321	1	13
20 001—50 000	13	10.5385	3.6427	4	15
>50 000	20	10.85	2.9249	6	17

调查对象概况

共享服务中心的绩效存在显著的知觉差异。共享服务中心的管理层对自身的绩效评估最高，而对共享服务中心的监管人员如行政办公室成员或首席高管如信息主管的评价则略低一些。

另一方面，共享服务中心的内部客户对成本效应的感知也极不相同。平均来看，（仅有）八位客户受访者报告实际成本增加了1.125%。标准偏差接近4表明，实际结果差异很大。正如第6.2节将要论述的，内部客户也报告了质量改进不佳的情况。

造成这些明显差异的原因之一是难以评价后台服务的确切成本。如第5.3.1节所述，在转向共享服务中心之前，近60%的调查对象不清楚每笔交易的确切成本。在设立共享服务中心后，这个数字仍然超过26%，只有28%的人知道每笔交易的确切成本。这种模棱两可导致内部客户认为支付给共享服务中心的钱比在内部开展后台活动时要多的情况，而共享服务中心的管理层则认为成本降幅超过了5.5%。

表22　　　　按调查对象概况细分的已实现成本效应

调查对象类型	观测值	平均值	标准偏差	最小值	最大值
共享服务中心的监管人员	37	10.5135	3.641	2	17
共享服务中心的管理层	13	10.6923	3.1986	5	15
共享服务中心的客户	8	8.625	3.9978	1	15
其他	5	7.8	1.6432	6	9

选址

虽然近四分之三的受调查组织采用"棕地选址法"，但绿地选址法的共享服务中心，即从零开始建立的共享服务中心报告的结果更优。在管辖范围内建立的绿地共享服务中心报告实际节约成本约为12%。与之形成鲜明对比的是，大多数选择在总部设立棕地共享服务中心的受调查组织仅节约了0.75%的成本。

共享服务中心的选址会影响设施和劳动力成本，两者合计占共享服务中心成本的72%。由于公共部门组织往往位于首都或城市中较具代表性的区域，房地产成本通常较高。此外，如第五章所述，建立绿地共享服务中心可以雇用薪水较低的新雇员，因为通常并非所有以前受雇的公务员都愿意负担额外的通勤费用到新的地点上班，即便那里提供了新的就业机会。

表 23　　按选址细分的已实现成本效应

选址类型	观测值	平均值	标准偏差	最小值	最大值
棕地、机构	12	10.8333	3.1286	5	17
棕地、总部	36	9.25	3.6046	1	15
绿地（管辖范围内）	13	11.7692	3.4437	6	17
绿地（管辖范围外）	4	10	1.4142	9	12

流程类型

移交给共享服务中心的流程类型也会对实际成本的节约产生影响。采购共享服务中心的成本节约值最高，约为7.5%。另一方面，人力资源共享服务中心仅实现了约3%的成本节约。介于两者之间的是财务和会计，平均节约成本约5.25%。信息技术共享服务中心平均节约值约3.5%。

表24　　按流程类型细分的已实现成本效应

流程类型	观测值	平均值	标准偏差	最小值	最大值
财务和会计	37	10.4595	3.8915	1	17
信息技术	49	10.1225	3.6034	1	17
人力资源	36	9.9444	3.5693	1	17
采购	24	10.9167	3.5864	4	17

合同义务

是否要求内部客户使用共享服务中心所提供的服务，或者内部客户是否可以自主选择，都会对已实现的成本效应产生巨大影响。由于无论价格如何，客户都需要购买服务，垄断地位似乎打击了降低成本的积极性。共享服务中心仅提供强制性服务的组织其成本增加约7.5%。相比之下，共享服务中心仅提供非强制性服务的组织成本节约了约12%。主要执行强制性服务的组织确实降低了成本，但低于主要执行非强制性服务的组织（前者约为2.4%，后者约为8.5%）。

表25　　　　　　　　按合同义务细分的已实现成本效应

选择权	观测数	均值	标准偏差	最小值	最大值
全部强制性	17	7.1172	4.1061	1	13
大部分强制性，部分非强制性	21	9.8095	3.7764	2	15
大部分非强制性，部分强制性	13	11.0763	3.3787	4	17
全部非强制性	13	11.7692	3.4443	4	17

成熟度

共享服务中心的运营年数预计也会影响已实现的成本效应。由于成熟的共享服务中心有更多的时间来精简流程、培训雇员和达到充分利用规模经济所需的规模，因此成熟的共享服务中心预期能够实现更高程度的成本节约。因此，本研究假设：

假设16：共享服务中心越成熟，成本节约的实现程度越高。

6.1.4　已实现成本效应的预测因子

本节将采用回归模型探讨已实现成本效应的预测因子。因此，已实现成本效应将被视作因变量，必须将合适的自变量（解释性变量）确定为因变量变化的预测因子。首先，本节将阐释该模型的基本运行机制。在此基础上，提出已实现成本效应作为因变量的两种回归模型的结果。

介绍和举例

该模型假设 $Y = \beta \cdot X + C$，Y是因变量，β 是系数，X是自变量，C是截距。系数 β 和截距C根据如下公式计算得出：

$$\beta = 相关系数 \times \frac{标准偏差（被预测变量）}{标准偏差（预测变量）}$$

$$C = \mu_{因变量均值} - [\beta \cdot \mu_{自变量均值}]$$

下面将利用表26中列出的第一个变量阐释该模型的运行机制。衡量已实现成本效应（因变量）与部门变量（自变量）之间关系强度的相关系数为0.01。已实现成本效应的标准偏差为3.49。部门的标准偏差为0.70。

表26 描述性统计及相关性

序号	变量	均值	标准偏差	1	2	3	4	5	6	7	8	9	10	11	12	13	14	15	16	17	18	19	20	21	22
1	部门	1.99	0.70	1.00																					
2	规模	3.99	1.86	-0.28*	1.00																				
3	概况	1.67	0.94	-0.10	0.12	1.00																			
4	成熟度	3.82	1.59	-0.29*	0.05	0.10	1.00																		
5	选址数量	2.85	1.44	-0.36**	0.02	0.02	0.49*	1.00																	
6	选址类型	2.17	0.77	-0.13	0.10	0.06	-0.02	0.10	1.00																
7	选择权	2.34	1.09	0.18	-0.07	-0.14	-0.06	-0.13	-0.07	1.00															
8	绩效	2.84	1.77	0.05	-0.05	-0.14	0.17	0.13	0.02	-0.01	1.00														
9	收费情况	3.12	1.68	-0.05	0.06	-0.11	0.16	0.10	0.02	0.30*	0.05	1.00													
10	委员会	2.66	0.92	-0.13	0.05	-0.03	0.12	0.06	0.05	0.16	0.14	0.21	1.00												
11	规模扩张	5.49	2.42	0.11	0.01	-0.19	0.07	0.25*	-0.10	0.38**	0.10	0.29*	0.41**	1.00											
12	服务水平协议	1.26	0.44	0.06	-0.16	0.19	-0.20	-0.25*	-0.13	-0.28*	-0.15	-0.45**	-0.16	-0.37*	1.00										
13	更新服务水平协议	3.47	1.25	0.34*	0.07	0.04	-0.07	-0.25†	-0.13	-0.10	0.03	-0.26*	-0.17	-0.20	0.52**	1.00									
14	货币	2.76	1.44	-0.20†	-0.09	0.15	0.22†	0.00	0.13	-0.04	0.03	0.19	0.00	0.06	-0.08	-0.04	1.00								
15	事前成本	2.55	0.59	-0.13	0.04	0.14	0.01	-0.17	0.14	0.00	-0.22†	-0.14	0.04	-0.29*	0.08	-0.13	-0.06	1.00							

续表

序号	变量	均值	标准偏差	1	2	3	4	5	6	7	8	9	10	11	12	13	14	15	16	17	18	19	20	21	22
16	事后成本	1.98	0.75	-0.03	0.00	0.23†	-0.30*	-0.20	-0.05	-0.25*	-0.17	-0.35**	-0.01	-0.33**	0.40**	0.00	-0.15	0.27†	1.00						
17	劳动力成本	53.49	20.20	-0.22	0.18	0.04	-0.02	0.04	-0.03	0.05	-0.20	0.03	0.16	0.11	0.16	-0.32**	-0.29*	0.11	0.10	1.00					
18	设施成本	17.96	12.89	0.16	-0.03	0.18	-0.14	-0.01	-0.15	-0.06	-0.13	-0.21†	-0.16	0.02	-0.07	0.23	0.23	-0.16	-0.07	-0.43**	1.00				
19	系统/信息技术成本	26.18	18.81	0.15	-0.14	-0.12	0.09	-0.08	0.13	-0.05	0.28*	0.07	-0.06	-0.15	-0.12	0.18	0.18	0.01	-0.05	-0.28**	-0.12	1.00			
20	计划成本	11.58	2.28	-0.11	0.08	-0.06	0.20	0.24*	-0.11	0.29**	-0.02	0.24*	0.03	0.40**	-0.33**	-0.21	0.22†	-0.02	-0.26*	0.22	0.19	-0.38**	1.00		
21	已实现成本	10.09	3.49	0.01	0.03	-0.23†	0.10	0.17	0.07	0.41**	0.11	0.30**	0.15	0.27*	-0.35**	-0.11	0.06	0.12	-0.19	0.05	0.05	-0.15	0.59**	1.00	
22	计划质量	11.42	2.58	0.09	0.15	-0.03	0.21†	0.04	-0.14	0.04	0.08	0.00	-0.12	0.14	-0.20	0.21	0.22*	-0.03	-0.19	0.05	0.32**	-0.27*	0.29**	0.17	1.00
23	已实现质量	10.94	3.44	0.08	-0.03	-0.16	0.26*	0.17	0.04	0.23†	0.02	0.13	0.22	0.33**	-0.25*	0.22	0.34**	-0.23**	-0.29†	-0.08	0.30**	-0.12	0.32**	0.44**	0.54**

$$\beta = 0.0127 \times \frac{3.4898}{0.70197} = 0.063$$

$$C = 10.092 - [\beta \times 1.986] = 9.967$$

自变量与因变量的回归线如下：

已实现成本节约 = 9.967 + 0.063 × 部门

表27所示STATA 10.1的结果显示系数为0.06，常数为9.97，证实了上述手工计算的正确性。然而，较大的残差值（779.32）和较小的决定系数值（0.00）表明这两个变量之间的相关性相当小，即部门变量本身并不能很好地解释或预测已实现的成本节约。

决定系数即"吻合度"表示因变量的哪些变化可以用解释变量来解释。回归分析的标准误差相对较高，标准误差是指用已实现成本效应相同的部门表示的回归线周围的差额。假定值（0.92）远高于下文所述的5%的显著性水平。

此外，95%的置信区间范围包含零，进一步说明这两个变量之间的任何统计关系都可能是假的。一般来说，95%的置信区间同为正或同为负，表示被预测变量将随着预测变量（自变量）的相应变化而增加或减少。但如果95%的置信区间包含零，则两个变量之间可能不存在线性关系。

表27　　　　　　　　　　STATA结果实例

资源	平方误差	自由度	均方误差		观测数量 =	65
模型	0.125	1	0.125		F（1,63） =	0.01
残差	779.321154	63	12.370177		R^2 =	0.9202
					R^2系数 =	0.0002
					伴随R^2系数 =	−0.0157
总计	779.446154	64	12.1788462		均方根误差 =	3.5171

实际成本	系数	标准误差	显著水平	P>|t|	95%的置信区间	
部门	0.0625	0.621746	0.10	0.920	−1.17996	1.30496
y轴截距	9.967308	1.317795	7.56	0.000	7.333905	12.60071

上述简单回归模型所体现的方法同样适用于多元回归模型，后者使用多个解释变量解释已实现的成本效应。该模型可以在其他解释变量保持不变的

6. 共享服务的成本效应和质量效应

情况下,估计对已实现成本节约的影响。

模型1表明,四个因素可以解释已实现成本效应中观测到的42.3%的变化。这些因素包括合同义务、服务水平协议、定价和计划成本节约。由于已实现成本效应是这些解释变量的函数,下文将做更详细的阐述。方差值(或方差比)是由模型均方值(82.01)除以均方根误差(2.78)求得,即 $F = 82.17 / (2.78)^2 = 10.63$。

结果

表28中的模型1至模型4是具有多个回归量的回归模型。

表28　　　已实现成本效应的回归模型

变量	(1) 已实现成本	(2) 已实现成本	(3) 已实现成本	(4) 已实现成本
选择权	$0.6960^{†}$	0.6960	0.3435	0.3435
	(0.3556)	(0.4484)	(0.4138)	(0.5309)
服务水平协议	−0.8634	−0.8634	$−3.4040^{*}$	$−3.4040^{*}$
	−0.8634	−0.8634	$−3.4040^{*}$	$−3.4040^{*}$
定价	0.1512	0.1512	0.2729	0.2729
	(0.2374)	(0.3824)	(0.2936)	(0.4721)
计划成本	0.7347^{***}	0.7347^{***}	0.6424^{*}	0.6424^{**}
	(0.1672)	(0.1641)	(0.2391)	(0.1947)
调查对象概况			−0.1702	−0.1702
			(0.4788)	(0.4114)
选址数量			0.5278	0.5278
			(0.3550)	(0.3427)
规模扩张			−0.3535	−0.3535
			(0.2396)	(0.3661)
事后成本			1.0191	1.0191
			(0.7241)	(0.6890)
委员会			0.2411	0.2411
			(0.5602)	(0.6338)

续表

变量	(1) 已实现成本	(2) 已实现成本	(3) 已实现成本	(4) 已实现成本
系统/信息技术成本			−0.0262 (0.0326)	−0.0262 (0.0340)
常数	0.5306 (2.6819)	0.5306 (2.6192)	4.1160 (5.0811)	4.1160 (4.5061)
决定系数	0.4230	0.4230	0.5128	0.5128
调整后的决定系数	0.3832			
方差	10.63	17.35	3.58	5.48
观测次数	63	63	45	45

括号中为标准误差

†$p<0.1$, *$p<0.05$, **$p<0.01$, ***$p<0.001$

如表25所示，共享服务中心提供的服务是非强制性的还是强制性的，对已实现成本效应有显著影响。强制性服务会使成本增加约7.5%，而非强制性服务会使成本平均降低约12%。表28中的模型1显示，采用非强制性服务在10%的统计水平上与已实现成本节约显著相关。该模型表明，引入非强制性服务与类别值增加0.7相关。这说明成本降幅在2.1%至7%之间，取决于事前成本水平。

签订服务水平协议与已实现成本节约同样密切相关。如表28所示，已实现成本节约与不采用服务水平协议之间存在负相关关系，即采用服务水平协议的组织所报告的成本较低。签订服务水平协议对应的类别值更改为0.86，会产生2.6%到8.6%的已实现成本节约，具体取决于事前成本水平。因此，准确指定其服务、界定共享服务中心及其内部客户的角色和职责、议定准确绩效标准的组织比其他组织绩效更佳。

相对复杂的定价制度与成本节约呈正相关。这样的结果并不意外，因为共享服务中心所提供的服务不收费，或不论实际使用情况仅收取一笔总费用，这会刺激各机构过度消费。此外，由于货币或非货币报酬可能是共享服务中心规模的一个函数，共享服务中心可能会倾向于过度生产。类似基于交易收费等更加先进的定价机制，可以鼓励各个机构仅消费他们真正需要的服务。

计划成本节约对已实现成本节约也有显著影响。模型1显示，计划成本节约每增加一个类别，已实现成本节约会相应增加0.73。这在0.1%的水平上具有统计学意义。对于联邦和地方公共部门组织而言，这一相关性表现尤为突出（参见表29）。对于各州而言，这一相关性要低得多，这可能是规划能力不高的表现，或者说明其项目管理和执行技能不佳。但采用计划成本节约作为已实现成本节约的预测变量，存在内生性问题。

表29　　　计划成本效应和已实现成本效应的部门相关性

部门	已实现成本效应与计划成本效应的相关性	观测次数
联邦	0.8548	16
州	0.3585	33
地方	0.8389	16

模型2采用了稳健的标准误差，而非模型1中的传统标准误差，这缓解了普通最小二乘回归分析对异常值而言不够稳健和少数非典型观测数据可能导致错误结论的问题。稳健的标准误差可以避免异方差性，甚至在误差项不独立、同分布、方差不同的情况下仍然有效。之所以选择这种方法，是因为受调查的72个公共部门组织属于不同集群，如联邦、州和地方。但同一集群内的观测数据可能具有相似特征并彼此关联。稳健的标准误差重视这种集群内的相关性。表28中的模型2和模型4报告了稳健的标准误差。采用稳健的标准误差后，模型2中的合同义务将不再具有统计学意义，且模型4中的计划成本节约将在1%而非5%的水平上具有统计学意义。

表28中的模型3和模型4增加了六个变量：调查对象概况、选址数量、规模扩张、事后透明度、委员会数量和信息技术成本。虽然追加的自变量始终没有统计学意义，但该回归模型的十个变量可以解释已实现成本节约一半

以上变化的原因。由于变量较多，调整后的决定系数小于模型1。决定系数会根据包含在模型中的解释变量数量进行调整，并且只有当某个变量对模型的优化程度大于随机情况时才会提高该系数。

调查对象概况是影响所取得成本节约的变量之一。如表22所示，共享服务中心的监管人员和管理层认为，共享服务中心的成本节约程度高于其内部客户。

选址数量与已实现成本节约的系数呈现正相关。共享服务中心设在5个或以上地点的组织取得最佳结果。平均来看，其类别值为12，即成本节约13%。仅有一处共享服务中心的组织（其代表了大多数调查对象）——报告最低成本节约值约1.5%，类别值为9.52。

规模扩张策略还与已实现成本节约存在关系。回归系数为负（–0.35），假定值相对较小，95%的置信区间较大且包含零，表明与其他变量具有共线性。计划为当前客户提供更多交易和咨询服务的公共部门组织，相比那些以新客户为目标或计划采取经营多样化策略的公共部门组织而言，所节约的成本更高。

事后透明度与已实现成本节约呈现负相关。在转向共享服务中心后不清楚后台服务确切成本的公共部门组织中，26.6%的组织所取得的成本降幅高于那些清楚确切成本的组织。但这可能只是一厢情愿。这些组织对共享服务中心成本效率的看法与现实之间的差异，可能与上文讨论的计划成本效应与已实现成本效应之间的差异类似。

调查对象所设立的委员会数量越多，已实现成本效应就越好。每额外设立一个委员会，已实现成本节约的类别值就会相应增加0.24。因此，共享服务治理结构中包含指导委员会、咨询委员会、用户委员会和其他委员会等各个利益相关方的组织的结果要优于其他组织。

最后，系统和信息技术总支出所占的份额与已实现成本节约呈现弱负相关。总的来说，受调查组织总费用的26.18%为系统和信息技术成本。这一份额对实际成本节约会产生不利影响，即在其他主要成本领域（如劳动力和设施）投入较多的组织，会取得更积极的成本效应。这一结果与其他研究相似，其他研究发现公共部门组织中对信息技术应用的增加与生产力提高无关。米尔格罗梅（Milgrom）和罗伯茨（Roberts）对此提出了可能的解释，他们认为技术进步只有与其他组织的实践变化相配合才能改善效率。

6.2　质量效应

设立共享服务中心，一方面为了降低提供支持服务的成本，另一方面为了改善服务质量，即降低错误率和缩短处理时间，并确保所提供的服务符合双方预期。改善服务质量并不意味着提高共享服务活动的成本。相反，已实现质量效应与已实现成本效应之间存在很强的正相关关系（相关系数为0.44）。

本节将遵循与第6.1节相同的顺序，首先阐述计划质量效应，然后分析已实现质量效应和细分差异。

6.2.1　计划质量效应

图41（参见下文）显示了受调查组织的预期质量效应。平均来看，预期质量改进约为10.1%。仅四个组织在预计质量下降的情况下着手实施共享服务项目。恰好有五分之一的组织认为，共享服务不会影响所提供的后台服务的质量。近一半的组织预计质量提高6%或更多。此外，八个组织预计质量提高将超过30%。

6.2.2　已实现总质量效应

图42（参见下文）列示了所调查组织的已实现质量效应。平均来看，受调查的公共部门组织在实施共享服务时质量改进了7.7%。总体而言，15.38%的组织转向共享服务中心后经历了质量下降。在27.69%的案例中，将支持服务转移到共享服务中心对质量没有任何影响。五分之一的组织质量改进超过20%。

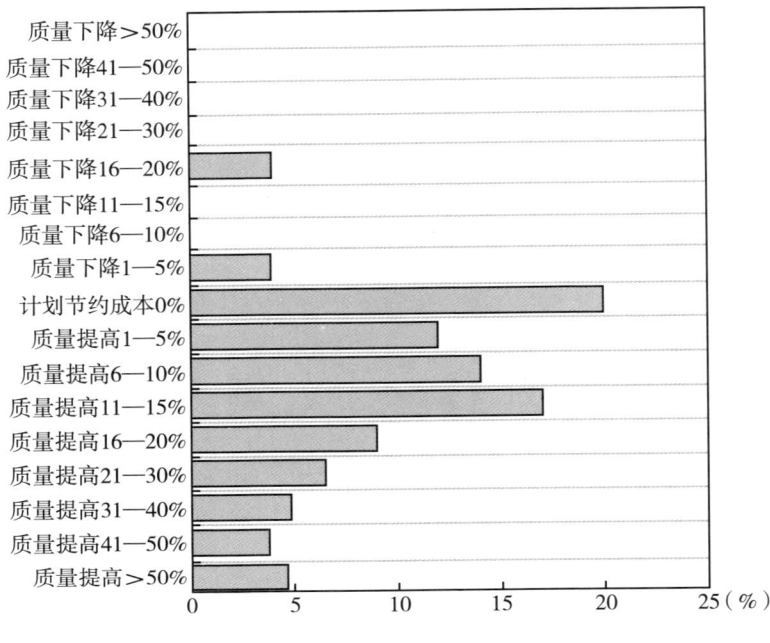

图41　计划质量效应

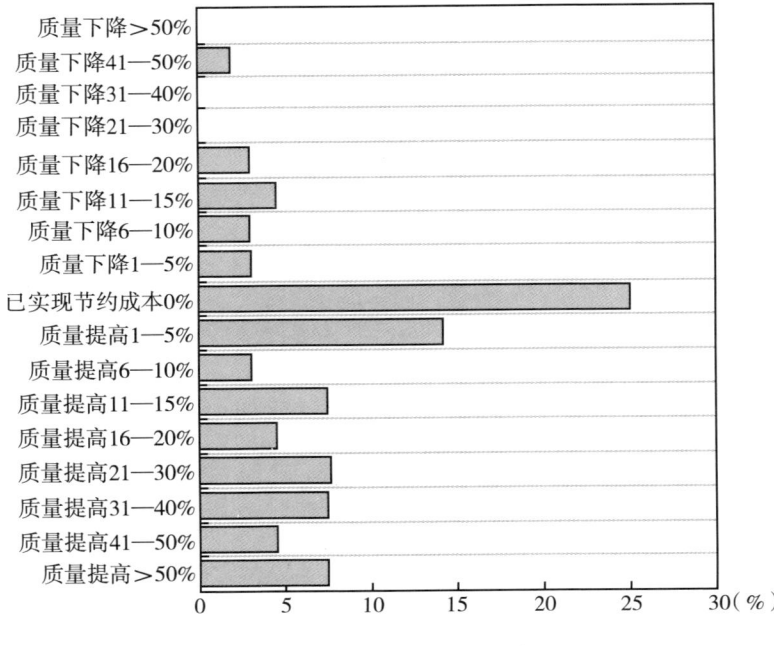

图42　已实现质量效应

虽然各组织在成本和质量方面均未达到预期，但质量方面（已实现类别值为10.94，而计划类别值为11.42）的不足没有费用方面（已实现类别值为10.09，而计划类别值为11.59）的严重。因此，相比成本效应，质量效应似乎更易于预测。

6.2.3 细分的已实现质量效应

本节将根据部门、规模、调查对象概况、选址、流程类型和合同义务来对比已实现质量效应，以确定各个子群的差异。

部门

特定部门的成本节约情况大致类似，都属于10–10.5这一类别，但各部门间的已实现质量效应却有很大差别。城镇报告质量提高了11.75%，而各州的已实现成本节约不到该数字的一半，大约是5.5%。

表30　　　　　　　　按部门细分的已实现质量效应

部门	观测值	平均值	标准偏差	最小值	最大值
联邦	16	11	4.115	2	17
州	33	10.5152	2.906	5	15
地方	16	11.75	3.7859	5	17

规模

与成本效应类似，中等规模的公共部门组织的结果不如小型和大型组织。雇员人数10 000—20 000人的组织在转向共享服务中心后，平均质量下降1.13%。雇员人数1 000—5 000人的组织取得最佳结果——质量改进约14.5%。规模较小的组织显然因此获益——有机会获得最先进的支持技术和专门知识。

表31　　　　　　　　按规模细分的已实现质量效应

雇员人数	观测值	平均值	标准偏差	最小值	最大值
< 1 000	9	10.7778	2.7739	9	17
1 001—5 000	11	12.2727	4.6924	2	17

续表

雇员人数	观测值	平均值	标准偏差	最小值	最大值
5 001—10 000	4	10.25	3.7749	6	16
10 001—20 000	8	8.625	2.3867	5	12
20 001—50 000	13	11.3077	3.8813	5	17
>50 000	20	11.1	2.7511	8	17

调查对象概况

与成本效应相似，不同类型的调查对象对设立共享服务中心的质量效应看法不同。共享服务中心的管理层认为，自共享服务中心成立起，质量提高了13.75%。共享服务中心的监管人员认为质量改进约7.5%。共享服务中心的内部客户认为质量改进仅有3%。看法之所以不同，在一定程度上是由于缺乏各机构在共享服务中心设立前所执行的后台服务质量基线数据。

表32　按调查对象概况细分的已实现质量效应

调查对象	观测值	平均值	标准偏差	最小值	最大值
共享服务中心监管人员	37	10.9189	3.796	2	17
共享服务中心管理层	13	12.1539	2.7942	9	17
共享服务中心客户	8	10	2.9761	5	15
其他	5	8.4	1.5166	6	10

选址

绿地选址所取得的质量改进结果优于棕地选址。虽然与成本降低值的观测数据类似，但同一管辖范围内的绿地共享服务中心与设在总部的棕地共享服务中心在质量方面的差异并不明显。前一选址类型的质量改进约11.5%，后一选址类型的质量改进仅约5%，而大多数调查对象采用了后者。当共享服务中心设在新地区时，修改流程、改进质量似乎更容易。更大的质量改进幅度也可能源自更具专业性（和响应性）的新雇员，他们通常受雇于绿地场所。

表33　　按选址细分的已实现质量效应

选置类型	观测值	平均值	标准偏差	最小值	最大值
棕地，机构	12	11.5	3.6804	6	17
棕地，总部	36	10.4167	3.4836	2	17
绿地（管辖范围内）	13	11.6923	3.2502	8	17
绿地（管辖范围外）	4	11.5	3.3166	9	16

流程类型

将采购流程转移到共享服务中心的公共部门组织不仅取得的成本降低值最高，而且取得的质量改进值也最高（10.5%）。改变财务和会计流程的组织所取得的质量效应值最低（方差值最高）。这类流程的质量提高了约6%。

表34　　按流程类型细分的已实现质量效应

流程类型	观测值	平均值	标准偏差	最小值	最大值
财务和会计	37	10.6216	3.6844	2	17
信息技术	49	10.9796	3.3942	5	17
人力资源	36	10.7778	3.339	5	17
采购	24	11.4583	3.336	6	17

合同义务

给予共享服务中心垄断地位的公共部门组织所取得的结果最差。在垄断情况下，共享服务中心销售服务时可以不顾及质量，因此质量效应较低。服务的主动性越强，设立共享服务中心所取得的质量改进值就越高。主要使用非强制性服务的组织质量改进约10.5%。仅使用非强制性服务的组织质量改进13%。

表35　　按合同义务细分的已实现质量效应

选择权	观测值	平均值	标准偏差	最小值	最大值
全部强制性	17	9.8235	3.6782	2	17
大部分强制性，部分非强制性	21	10.0947	2.5081	6	16

续表

选择权	观测值	平均值	标准偏差	最小值	最大值
大部分非强制性，部分强制性	13	11.5385	3.8431	5	17
全部非强制性	13	12	4	6	17

成熟度

成熟度水平预计也会影响已实现质量效应。仅仅将过去各个机构中执行的流程转移到共享服务中心是不足以实现质量改进的。组织需要花时间提升所提供服务的质量，如通过降低错误率和处理时间以及提高响应能力。因此，本研究假设：

假设17：共享服务中心越成熟，质量改进程度越高。

6.2.4 已实现质量效应的预测因子

表36（参见下文）中的多元线性回归模型采用多种预测变量（自变量），探讨对作为因变量的已实现质量的影响。

模型5和模型6表明，六个自变量可以对已实现质量效应中近60%的观测方差作出解释。这些因素包括共享服务中心的成熟度、共享服务中心的规模扩张、是否采用服务水平协议、达成目标是否有货币报酬、计划质量以及设施成本。模型6采用与模型5相同的回归系数，但却取得稳健的标准误差。在存在异方差的情况下，这些标准误差仍然可靠。

共享服务中心的成熟度与质量呈现正相关，即共享服务中心的成熟度越高，所取得的质量改进值就越高。模型5表明，成熟度每提高一个类别（平均约为两年），已实现质量的类别值就相应增加0.48。

共享服务中心未来的规模扩张也与质量呈现正相关。与只面向当前客户扩大服务种类的共享服务中心相比，打算将服务范围扩展到新客户的共享服务中心所取得的质量改进值更高。过去所实现的大幅度的质量改进显然令共享服务中心相信：它们可以为新客户提供有价值的服务。因此，共享服务中心计划向现有公共部门组织以外的新客户提供已有的服务，或实行经营多样化策略，即为一批新客户提供新的支持服务。

表36　　已实现质量效应的回归模型

变量	（5）已实现质量	（6）已实现质量	（7）已实现质量	（8）已实现质量
成熟度	0.4840†	0.4840†	0.5157†	0.5157†
	（0.2614）	（0.2556）	（0.2685）	（0.2740）
规模扩张	0.1290	0.1290	0.1876	0.1876
	（0.1808）	（0.1687）	（0.1927）	（0.1834）
服务水平协议	−1.6651	−1.6651	−2.0168	−2.0168
	（1.0903）	（1.0653）	（1.2149）	（1.1992）
货币报酬	0.4656†	0.4656†	0.5053†	0.5053†
	（0.2578）	（0.2532）	（0.2657）	（0.2542）
计划质量	0.7282***	0.7282***	0.7705***	0.7705***
	（0.1521）	（0.1579）	（0.1599）	（0.1804）
设备成本	0.0318	0.0318	0.0363	0.0363
	（0.0320）	（0.0274）	（0.0330）	（0.0315）
计划成本			−0.1975	−0.1975
			（0.1853）	（0.2138）
事前成本			0.3952	0.3952
			（0.6948）	（0.9914）
选择权			−0.0629	−0.0629
			（0.3800）	（0.3617）
常数	−0.0139	−0.0139	0.7170	0.7170
	（2.6621）	（2.7888）	（3.5775）	（3.5623）
决定系数	0.5906	0.5906	0.6036	0.6036
调整后的决定系数	0.5321		0.5121	
方差值	10.1	14.78	6.6	9.22
观测次数	49	49	49	49

括号内为标准误差

†$p < 0.1$，*$p < 0.05$，**$p < 0.01$，***$p < 0.001$

正如已实现成本效应一样,没有签订服务水平协议也会对已实现质量改进产生负面影响。服务水平协议通常会界定服务质量参数,并设定事后评价绩效所参照的目标。相比没有签订服务水平协议的组织,采用服务水平协议的公共部门组织比不采用服务水平协议的公共部门组织取得了更积极的质量效应。

共享服务中心管理层是否实现目标的货币后果会影响到已实现质量效应。相比货币激励小或极小的共享服务中心管理层,货币激励高或极高的共享服务中心管理层所实现的质量效应显然更好。模型5表明,货币激励每增加1.00个类别,已实现质量改进就相应增加0.47个类别。与之形成鲜明对比的是,是否实现目标的货币后果对已实现成本节约的影响极小。

设施成本与已实现质量也呈现正相关。平均来看,共享服务中心总成本的17.96%被公共部门组织投在设施建设上。组织的设施成本越高,所实现的质量改进也越大。

与计划成本效应与已实现成本效应之间高度相关的事实相类似,计划质量效应与已实现质量效应之间也高度相关。表37列示了计划质量效应与已实现质量效应的部门相关性。与计划成本效应和已实现成本效应之间的相关性相反(参见表26),各州对各自共享服务倡议的质量效应有着十分准确的预期。另一方面,地方公共部门组织在实现预期质量目标方面遭遇困难。

表37　　计划质量效应与已实现质量效应的部门相关性

部门	已实现质量效应与计划质量效应的相关性	观测次数
联邦	0.5451	16
州	0.7237	33
地方	0.362	16

表36中的模型7额外增加了三个变量:计划成本效应、事前透明度和合同义务。因此,决定系数增加到60%以上,而调整后的决定系数减少到51.21%。模型7的方差值相对较低。方差值或比值是评价回归模型整体预测

能力的一个标准，是模型的均方与均方误差之比。一般情况下，方差值越大，回归方程的预测性越强，即方差值是预测置信度的评价标准。因此，可以认为模型7的预测性不如模型5、模型6和模型8。与模型6类似，模型8取得了稳健的标准误差。

计划成本效应与已实现质量效应呈现负相关。为降低成本而开展共享服务项目的组织所取得的质量改进值较低，很可能是因为质量改进并非项目的既定目标，而仅仅是副产品。

事前透明度也会影响已实现质量。相比了解基线资料的组织，在流程转向共享服务中心前不了解基线资料的组织所实现的质量效应更高。这些组织认为，共享服务中心的服务质量有所改善，但不能肯定，原因是缺乏转向共享服务之前有关各个机构当时质量水平的比较数据。

如表35所示，合同义务与已实现质量改进呈现正相关。相比强制性推广共享服务中心的组织，选择性推广共享服务中心的组织的质量改进程度更高。前者实现了13%的质量改进，后者仅实现了约2.5%的质量改进。模型7中的边际负回归系数是共线性的一种表现，模型中的其他变量解释了所观测到的合同义务与已实现质量改进之间的关系。

 # 美国公共部门支持服务外包特点

政府如要确保提供支持服务时,就要作出自制或外购这一典型的科斯决策:是在公共部门共享服务中心雇用自己的雇员并通过法令规定他们的职责,还是将服务外包给私营第三方?

在美国,各种政策、规章和制度的大量存在使得公共部门的决策者无法自由决定机构支持活动的提供方式。本章将对此重点加以论述。

如下文所述,美国政府将活动划分为政府固有活动、非竞争性商业活动和竞争性商业活动。因此,这里的讨论是美国政府对后台活动进行法律和实际处理的概念框架。与这一结构相呼应,实证调查在第7.4节中考查了受访者的活动属于这三类的程度。

7.1 背景

第二章概述了全球层面私营部门和公共部门过去提供的各种服务。在这一点上,美国政府很早以前就开始采用外包这种形式,例如,1792年美国政府就曾与私营公司签订邮递合同。

这种方式后来持续了150多年。1955年美国总统艾森豪威尔发布了一项指令:"政府的政策是,如果可以通过普通商业渠道从私营企业采购产品或服务,联邦政府将不会发起或开展任何商业活动为自身提供服务或产品。"

1966年,管理和预算办公室发布A–76号函,详尽阐述了这一政策。迄

7. 美国公共部门支持服务外包特点

今为止,最初命名为"商业或工业产品和服务政府采购政策"的A-76号函是处理联邦层面外包问题的主要参考文件。该函于1967年、1979年、1983年、1999年和2003年进行了五次大幅度修订。

A-76号函实质上提出了三步流程(参见图43)。首先,将政府固有服务与商业活动区分开来,前者必须由公共部门雇员执行。其次,确定了哪些商业活动不受竞争性采购所限制,例如,有些商业活动被视为机构的核心竞争力,或者有些活动被法律所禁止。最后,为其余商业活动提供竞争性采购规则。

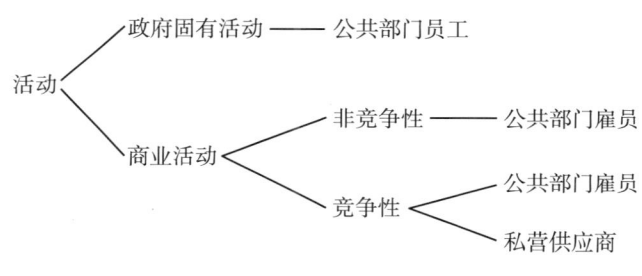

图43 支持服务决策树

7.2 政府固有活动

1962年,约翰·F·肯尼迪总统曾要求美国预算局提交一份有关政府合同的报告,"政府固有"一词首次进入政治领域。时任局长戴维·贝尔(David Bell)所撰写的报告后来被称为"贝尔报告"。在报告中,他写道:"与政府管理决策(如支持选择承包商的决策)或与政府固有活动(如监管职能或与军事行动密切相关的技术活动)息息相关的活动,可能需要直接借助联邦的力量,通过合同反而成效不大。"贝尔的报告建议,政府雇员应该做出决策,决定何时签订何种合同,并且监督和评估承包商的工作。报告还建议政府增强评价外包项目质量的能力,如在发布征询方案之前进行可行性研究。

A-76号函的最初版本对"政府固有"一词没有明确定义。1979年修订本中表述为"某些职能在本质上是政府固有的，与公共利益密切相关，联邦雇员必须执行。"2003年版本中使用的定义与之非常相似，只是用"活动"替代了"职能"，用"政府人员"替代了"联邦雇员"。一些学者指出，在一份涉及商业活动的文件中对"政府固有"下定义具有讽刺意味。

为了避免歧义，管理和预算办公室发布了题为"政府固有职能"的92-1号政策函，其中强调了公共利益的中心地位，并进一步解释了这一术语。该函对此有如下表述："这些职能包括运用政府权力时需要行使自由裁量权的活动，或政府作出决策时需要进行价值判断的活动。"但是，文件也澄清，并非每一项行使自由裁量权的行为都具有固有的政府性质。

92-1号政策函为确定政府固有职能提供了具体指导意见。第5节将本质上主要属于行政性和内部性的职能排除在政府固有职能范围之外。对此，该函遵循了美国最高法院的早期裁决，将行政部门的"行政职能"与"政治权力"区分开来，声称只有后者才能确保自由裁量权的行使。由于后台职能的服务对象（主要）是内部客户，该规定对后台职能产生影响。92-1号政策函的附录A列示了19个属于政府固有职能的非排他性实例，附录B列示了19个不属于政府固有职能的非排他性实例。这两个附录都没有明确提及后台职能。

《联邦采购条例》第7.5小节收录了92-1号政策函，该条例是有关政府固有职能的最重要的行政法。

涉及政府固有职能的主要成文法是《联邦职能清单改革法》。该法颁布时曾命名为《反政府竞争法》。该法要求联邦机构编制年度清单，列出开展的所有活动，并将这些活动划分为政府固有活动或商业活动。虽然前者必须由政府人员执行，但后者可以考虑外包。

《联邦职能清单改革法》包含一系列职能，要么属于政府固有职能，要么不属于政府固有职能。不属于政府固有职能包括收集信息和向联邦机构提供建议、意见和劝告等。与92-1号政策函一样，《联邦职能清单改革法》也将本质上主要属于行政性和内部性的职能排除在政府固有职能范围之外。

2003年发布的A-76号函的现行版本包含92-1号政策函和《联邦职能清

单改革法》的部分内容。另外，现行版本还补充道，拥有"实质性的"自由裁量权是有必要的，这样才能将一项活动视为政府固有活动。

表38　　美国有关政府固有职能的主要法律比较

特征	联邦职能清单改革法	管理和预算办公室A-76号函	联邦采购条例
对政府固有职能下定义	是（法律定义）	是（策略定义）	否（包含管理和预算办公室A-76号函的定义）
详细阐述定义的含义	是	是	否
列示了划归为政府固有职能的代表性职能	否	否	是
明确禁止将政府固有职能外包出去	否	是	是
对商业活动下定义	否	是	否
涉及与政府固有职能密切相关的职能	否	否	是

资料来源：Luckey 2009年，第27页。

虽然《联邦职能清单改革法》、A-76号函和《联邦采购条例》努力阐明政府固有活动，但该术语仍被认为意义不明确。多纳休（Donahue）认为，"政府固有"这一概念太模糊，没有用处。

美国政府问责办公室的一项研究指出，各机构在构建和维护准确的《联邦职能清单改革法》清单方面存在困难，而准确的清单是确定哪些活动向私营竞争者开放的基础。各机构发现难以根据管理和预算办公室提供的23个主要类别的700个职能代码对自身活动进行分类，这些类别和代码主要是为国防部开发的。编码系统一致的代价是，总会出现系统不适合特定机构任务的情况。另一个问题是，某一机构中的政府固有活动在另一机构中可能被视为商业活动。

奥巴马政府2009年政府合同备忘录就探讨了这一问题。备忘录写道："……不得外包的政府固有活动与可能遭遇私营部门竞争的商业活动之间的界限模糊且未得到充分界定。因此，承包商可能正在履行政府固有职能。"

7.3 商业活动

《联邦职能清单改革法》由于与政府职能有关，是第一份明确界定"商业活动"一词的文件。该定义已收入管理和预算办公室A-76号函的现行版本："商业活动指可由私营部门开展的经常性服务，由机构通过政府人员履行职责、签订合同或有偿服务协议的方式来提供资源、执行和控制。商业活动与公共利益的关系并不十分密切，因此无法强求政府人员履行职责。"

商业活动是指所有非政府固有的活动，但并非所有商业活动都能外包给私营供应商。

7.3.1 非竞争性商业活动

竞争性采购受到国会多部法律的约束与限制。表39列示了涉及竞争性采购的一些最重要的法律限制。

表39　　　　　　　　采用竞争性采购的法律限制

法规	约束
109-289号公法，B部分，经110-5号公法修订	限制使用最佳价值，以便在政府"最高效组织"和私营公司之间选择供应商时，兼顾质量和成本（而不仅仅是成本）
109-289号公法，B部分，经110-5号公法修订	杜绝在农村发展和农业贷款项目中采用竞争机制
109-289号公法，B部分，经110-5号公法修订	限制内政部和林务局的竞争资金
109-289号公法，B部分，经110-5号公法修订	限制为竞争性采购用途的土建工程项目账户提供资金

续表

法规	约束
2007财年国土安全部拨款法案	禁止在处理移民资料申请方面通过竞争方式改善服务和降低成本。禁止出于竞争目的在联邦执法培训中心重复开展执法培训
2007财年国防拨款法案	限制竞标防御工事的私营承包商向雇员提供医疗保健服务,并规定了可以提供的医疗保健服务的最低限度
美国法典第38卷第8110段	限制退役军人事务部采用公私竞争方式

资料来源:管理和预算办公室,2007年,第23页。

此外,由于就业政策或其他原因,为了保持内部核心能力,大部分商业活动都不适合外包。对于这类活动,各机构有很大的自由裁量权。甚至连美国国防部也表示:"一直以来,'核心'的相关定义都非常松散且极不准确,经常用作保护现有安排的一种借口。"由于缺乏具体的规章制度,联邦政府开展的很大一部分活动都属于非竞争性商业活动。

如表40所示,不同机构非竞争性商业活动的数量不同。对于美国退役军人事务部来说,97%以上的商业活动都属于非竞争性的。另一方面,对于美国教育部来说,只有3.4%的全时当量被划为非竞争性商业活动。

表40　　　　　　　　2002年非竞争性商业全时当量

机构	总全时当量	总商业全时当量		非竞争性商业全时当量	
		数量	占总全时当量的百分比	数量	占总全时当量的百分比
农业部	99 902	53 394	53.4	17 794	17.8
国防部	596 570	410 699	68.8	171 698	28.8
教育部	4 710	3 062	65.0	159	3.4
卫生与公众服务部	62 604	32 095	51.0	20 454	32.7
内政部	69 147	32 900	47.6	6 355	9.2
财政部	148 100	27 103	18.3	14 790	10.0
退役军人事务部	221 541	190 546	86.0	185 676	83.8

资料来源:美国审计总署,2002年,第428页。

7.3.2 竞争性商业活动

非竞争性以外的商业活动可以外包给私营部门。涉及联邦采购事务的基本竞争法规是《合同竞争法》。该法要求"全面而公开的竞争",允许任何公司参与竞标政府合同。

管理和预算办公室A-76号函还包括如何处理竞争性商业活动的规定。该函的最初版本要求对价值超过50 000美元的产品和服务进行比较成本分析。1979年修订本将这一金额提高到100 000美元。在1983年发布的修订本中,成本比较是以全时当量而非美元表示,全时当量超过10的活动须进行成本比较。

1995年,国防部表示"优先考虑外包支持活动,努力降低运营成本,释放资金满足其他重要需求。"

2000年,国会投票赞成重新审议政府竞争性采购流程。商业活动评审小组应运而生,由美国总审计长主持工作。评审小组的报告中包含大量建议,如使竞争性采购与机构使命保持一致,并确保强化绩效问责。

总统管理议程将竞争性采购列为2001年五大政府管理举措之一。竞争性采购的项目基础就此确立。除国防部外,其他部门和机构几乎不曾建立过全面的流程和程序制度来处理合同管理、承包商支持和绩效评估事务。

A-76号函2003年修订本区分了精简竞争与标准竞争。当需要开展的活动不超过65个全时当量时,采用精简竞争形式;当活动超过此阈值时,采用标准竞争形式。

公私竞争

公共部门和私营部门的供应商经常为开展某项活动而相互竞争,这一现象通常被称为公私竞争。A-76号函2003年修订本废除了之前采用的两步流程,即私营部门的各家公司首先开展"最佳价值竞争",然后再与政府开展"成本比较竞争"。如今,政府机构也被纳入考虑范围,仿佛只是另一家商业投标商。为了确保机构能够战胜私营公司,机构可以组建最高效的组织。该组织的建立意味着政府内部正努力开展过去由机构内部开展的商业活动。这样做可以消除机构营运效率低下的问题,并用比过去更少的人力和更低的成本主动按照工作考绩评语的要求开展活动。

间接成本的成本分摊如间接费用分摊或折旧计划表,在公共部门组织和私营部门组织之间经常存在差异,加大了成本比较的难度。在某种程度上,为了应对这种差异,1996年修订本要求在公私竞争中必须考虑"所有实质性因素"。因此,A-76号函的当前版本引入了一款名为COMPARE的成本核算软件工具,应用A-76号函的成本核算程序,提高成本估算编制的一致性和透明度。

在商业活动中,支持服务是公私竞争最常见的对象。2006年,信息技术是最常见的公私竞争对象,物业管理、行政支持和人力资源紧随其后(参见图44)。2003—2006年,根据《联邦职能清单改革法》的要求,在联邦机构列出的所有商业活动中,约12%已经引入竞争机制。但这只占政府全部活动的3%。据估计,在此期间上述竞争活动的净节余总额为69亿美元。

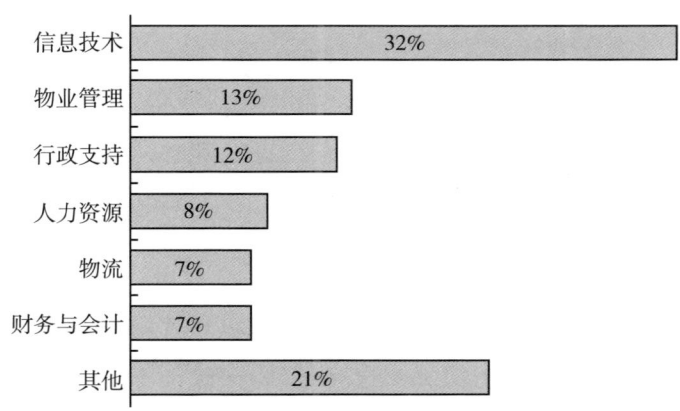

图44 按职能划分的竞争性活动(2006年,以全时当量计算)

资料来源:管理和预算办公室,2007年,第9页。

联邦机构在公私竞争中表现极为出色,在2003—2006年83%的公私竞争中获胜(参见表41)。2006年,这一指标甚至更高,87%的合同由公共部门投标人竞得。在管理和预算办公室所分析的26个机构中,正好有半数机构在2006年将所有竞争性商业活动交由公共部门供应商承办。

勒基（Luckey）等提到，《联邦职能清单改革法》规定了哪些活动可以依法外包，但未规定哪些活动应该外包。他们指出："在所履行的非政府固有职能中，各机构应如何确定哪些职能应在机构内部履行，对此，现有法律、法规或政策文件均无系统规定……"

第八章将考查把后台活动外包给私营公司与将后台活动保留在机构内部两种方式各自的生产、交易和政治成本，借此填补这一空白。

为了深入了解上述三种活动分类对外包决策的影响，下一节将介绍对72个公共部门组织的调查结果。

表41　　　　　　　　　2006财政年度公私竞争结果

机构	所选择的供应商	
	机构内部	承包商
农业部	100%	0%
贸易部	不适用	不适用
国防部	22%	78%
教育部	不适用	不适用
能源部	23%	77%
环境保护署	100%	0%
卫生与公众服务部	86%	14%
国土安全部	100%	0%
住房和城市开发部	100%	0%
内政部	100%	0%
司法部	100%	0%
劳工部	100%	0%
国务院	100%	0%
运输安全管理局	100%	0%
财政部	不适用	不适用
退役军人事务部	不适用	不适用
国际开发署	100%	0%
和平部队	100%	0%

续表

机构	所选择的供应商	
	机构内部	承包商
总务管理局	87%	13%
国家航空航天局	不适用	不适用
国家科学基金会	0%	100%
管理和预算办公室	不适用	不适用
人事管理办公室	100%	0%
小企业管理局	100%	0%
史密森学会	不适用	不适用
社会保障总署	100%	0%
政府层面	87%	13%

资料来源：参见管理和预算办公室，2007年第32页，附录D。

7.4 实证结果

本节将介绍调查结果。首先，介绍受调查组织按上文所述三种类别对后台职能的分类情况。其次，分析受调查组织当前和未来支持服务的外包程度。

7.4.1 分类

我们要求受调查的72家公共部门组织按上文所述政府固有、非竞争性商业、竞争性商业类别对后台活动进行分类，并量化各类活动的百分比。结果，三类活动的百分比分别为42.27%、17.18%和40.55%（参见图45）。

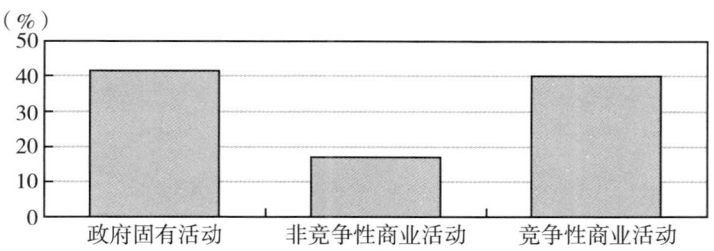

图45 受调查组织中的政府固有活动和商业后台活动

表42　外包的描述性统计和相关性

序号	变量	均值	标准差	1	2	3	4	5	6	7	8	9	10	11	12	13	14	15
1	政府固有	42.27	29.86	1.00														
2	非竞争性商业	17.18	13.04	-0.19	1.00													
3	竞争性商业	40.55	30.17	-0.91***	-0.24**	1.00												
4	当前外包	17.30	23.14	-0.34*	-0.19	0.42*	1.00											
5	未来外包	3.53	0.93	-0.27*	-0.03	0.28*	-0.14	1.00										
6	更换供应商	2.30	1.21	-0.25†	-0.12	0.30*	0.21†	0.34**	1.00									
7	区位特征	3.03	1.22	0.30*	0.03	-0.32*	-0.11	-0.14	-0.35**	1.00								
8	实物资产特性	3.25	1.21	0.34*	-0.04	-0.33*	-0.08	-0.25†	-0.30*	0.75***	1.00							
9	专用资产特性	3.41	1.19	0.44**	0.10	-0.49*	-0.17	0.12	-0.30*	0.51***	0.69***	1.00						
10	人力资本特性	3.42	1.22	0.39**	0.21	-0.49*	-0.27*	-0.33*	-0.49**	0.50***	0.53***	0.57***	1.00					
11	声誉特性	3.00	1.17	0.39**	0.01	-0.40*	-0.22	-0.28*	-0.41**	0.43**	0.62**	0.41**	0.51***	1.00				
12	活力	3.33	1.08	0.39**	0.00	-0.38*	0.08	-0.19	-0.45***	0.33*	0.31*	0.48*	0.28*	0.21	1.00			
13	复杂性	3.52	1.12	0.44**	0.02	-0.44*	-0.10	-0.30*	-0.53***	0.41*	0.33*	0.42*	0.38***	0.31*	0.71***	1.00		
14	频率	3.92	0.86	-0.24†	-0.02	-0.24†	0.02	0.17	0.27*	-0.20	-0.25†	-0.14	-0.15	-0.22*	-0.22*	-0.06	1.00	
15	评价	3.22	1.13	0.40**	-0.20	0.48**	0.25*	0.13	0.50**	-0.37*	-0.25†	-0.26†	-0.33*	-0.12	-0.23†	-0.32**	0.26*	1.00
16	自主性	2.68	1.08	-0.33*	-0.05	0.35*	0.32*	0.19	0.61***	-0.38*	-0.40**	-0.48**	-0.41**	-0.32	-0.45***	-0.42**	0.27**	0.52***

†p<0.01，*p<0.05，**p<0.01，***p<0.001

7. 美国公共部门支持服务外包特点

调查对象的答案千差万别。对于政府固有和竞争性商业活动，答案都在0到100%之间。非竞争性商业活动的答案范围在0到75%之间。标准差较大（参见表42），说明对于支持服务实际在多大程度上属于政府固有活动这一问题，各个机构并未形成一致看法。例如，对于信息技术支持，某个机构可能将其视为政府固有活动；另一个机构可能视其为非竞争性商业活动，为了保持该机构的核心竞争力，仍须由机构内部执行；而第三个机构则可能认为其是竞争性商业活动。

组织的成熟度可能是导致方差大的一个原因。可以假设，相比新设立的共享服务中心，成熟的共享服务中心会认为后台服务并非政府固有职能。作出这种假设的理由是，使用共享服务中心超过五年的机构会发现，它们可以很好地执行政府指令，无须处理后台职能。这些机构的宗旨是让有能力的人以最有效的方式执行这些活动，不一定非要交给传统执行这些活动的公务员去做。因此，作出如下假设：

假设18：共享服务中心越成熟，越不认为后台服务是政府固有职能。

7.4.2 后台服务外包

受调查的72家公共部门组织总计将17.30%的后台服务进行了外包（参见图46）。如前文所述，受调查组织将40.55%的后台服务划分为竞争性商业活动，而17.30%这一比例还不到后者的一半。由于（被视为）政府固有或非竞争性的后台职能不适合外包，该数字是可以外包给私营服务供应商的上限。

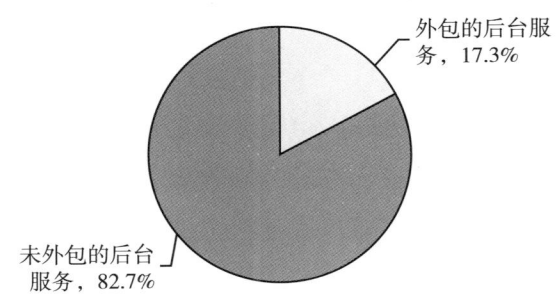

图46 受调查组织外包的后台服务

表43的回归模型9到回归模型12将后台服务外包百分比作为因变量。模型9和模型10表明,将后台活动划分为政府固有活动、非竞争性商业活动和竞争性商业活动可以解释因变量35.68%的变化。这突出了这种分类方法对外包决策的重要性。正如所预计的那样,非竞争性后台商业活动与后台服务外包百分比之间存在负相关关系。非竞争性后台活动每增加1%,后台服务外包百分比降低0.57%。

表43　　　　　　　　　　商业活动的回归模型

变量	(9)外包	(10)外包	(11)外包	(12)外包
非竞争性商业	−0.5666* (0.2712)	−0.5666* (0.2505)	−0.5007† (0.2569)	−0.5007* (0.2340)
竞争性商业	0.3412** (0.1131)	0.3412** (0.1203)	0.3858** (0.1165)	0.3858** (0.1252)
部门			−10.9165** (3.9661)	−10.9165** (3.3289)
服务水平协议			−5.0022 (6.4845)	−5.0022 (5.0909)
常数	16.2870† (9.2385)	16.2870* (7.0760)	41.2479** (13.9887)	41.2479** (12.0002)
决定系数	0.3568	0.3568	0.4707	0.4707
调整后的决定系数	0.3262		0.4164	
方差	11.65	6.86	8.67	5.65
观测次数	45	45	44	44

括号内为标准误差
†$p < 0.1$,*$p < 0.05$,**$p < 0.01$,***$p < 0.001$

不足为奇的是,竞争性商业活动与后台服务外包百分比之间存在正相关。竞争性商业活动每增加1%,后台服务外包百分比就会提高0.34%。

模型10显示了较强的标准误差,可以起到防止异方差性的作用。模型11和模型12增加了两个回归系数——部门和服务水平协议。在公共部门的外包决策中，部门起着重要作用。平均来看，受调查的地方组织将7.95%的支持服务外包了出去。各州外包给私营服务供应商的支持服务比例是这一数字的两倍多（16.75%），联邦机构的外包比例则约为这一数字的四倍多（32.31%）。模型11和模型12中的部门系数反映了这一趋势，尽管幅度略低，但表明地方政府后台活动单一类别的趋势与后台服务外包比例下降10.9%相关。

采用服务水平协议可以将后台服务外包百分比提高5个百分点。显然，明文界定支持服务并规定角色和职责，更易于将服务外包出去。

在模型11和模型12中，决定系数为47.07%，即这四个变量可以解释支持服务外包百分比近一半的变化。模型12报告了稳健的标准误差，导致非竞争性活动的显著性水平从10%降至5%。

最后，我们还询问了受调查组织未来外包后台服务的计划。如图47所示，一半以上的组织打算将更多的后台服务外包出去。只有约10%的组织打算减少外包比例。因此，我们可以预期，后台职能的外包比例与当前水平相比会有所增加，组织所认为的竞争性活动与外包服务数量之间的差距（目前为40.2%和17.3%）未来将会缩小。

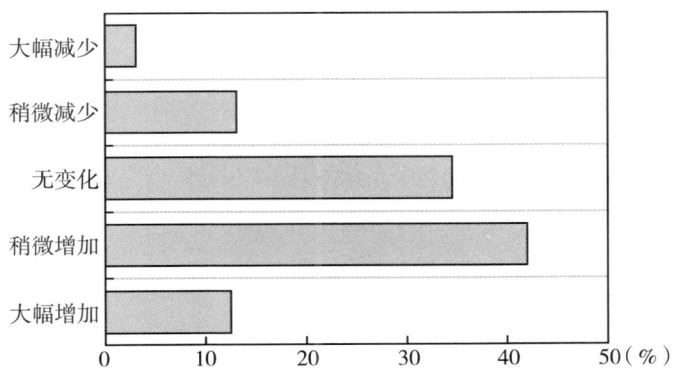

图47 受调查组织未来的支持服务外包计划

 支持服务的经济组织比较：外包与共享服务

第四章对比了在公共部门共享服务中心和在各个机构内开展支持服务的相对优势和劣势。本章将分析把支持服务外包给私营服务供应商和由公共部门共享服务中心自行提供支持服务之间的差异。

尽管第四章比较了"公司内部"的两种备选方案——各机构和共享服务中心都是公共部门的组成部分——本章仍将采用"公司间"视角进行分析。与涉及交易双方的单一所有权实体相比，该公司间协议规定：协议一方为公共部门客户，协议另一方为一个或多个私营部门服务供应商。

在本章中，交易成本理论将主要用于讨论政府在选择后台服务供应商时面临的自制或外购问题。分析假设：当前某个公共部门共享服务中心正在为公共部门组织提供支持服务，并将私营服务供应商视为备选方案。本章的分析从外部服务供应商相对于公共部门共享服务中心的比较优势和劣势开始。本章分析的另一面，即公共部门共享服务中心的比较优势和劣势，将在第8.2节中进行总结。

8.1 外部服务供应商的比较优势和劣势

将过去由公共部门共享服务中心执行的后台服务外包给私营服务供应商，产生的成本可以分为生产成本、交易成本和政治成本。公共部门组织将最大限度地减少成本总额。

8.1.1 生产成本

在不存在交易成本的情况下，从市场上采购后台服务往往是最具成本效益的选择。这样做可以充分利用规模经济和范围经济效益、区位优势和高灵活性优势。

规模经济和范围经济

亚当·斯密（Smith）有过这样一句名言：劳动分工受市场范围所限。这句名言对支持服务是完全适用的。例如，州立共享服务中心（通常）不能向其他州、联邦和地方机构以及私营公司提供服务，而只能向所在州内的参与机构提供服务。

另一方面，私营服务供应商的客户群不受限制，可以向多个部门和组织提供服务。私营服务供应商的规模更大，相比公共部门共享服务中心，私营服务供应商可以更充分地利用日益增长的规模收益。

对于私营公司而言，其生产成本相对低于共享服务中心的原因与上文所述原因类似。上文曾述及相对于只为自身提供支持服务的单个政府机构，共享服务中心更具比较优势。

私营公司的规模较大，服务供应商可以将固定成本分摊到更多的交易中，从而降低平均成本。规模化可以使服务供应商进一步实现专业化，并最终提高劳动生产率。因此，私营服务供应商能够据此开展相关活动，而公共部门共享服务中心内部在开展活动时，要么缺乏足够的相关专有技术，要么所涉专有技术直到需要时才能创建。执行任务的频率越高，雇员的工作效率就会越高。当对新设备和软件模块的投资可以为所有客户充分利用时，资本生产率就会相应提高，那些共享服务中心中未被充分利用的资产也可以调配。这样，服务供应商就能够突破所必须具备的最低规模，进而采纳共享服务中心无法触及的新技术。

由于客户来自不同部门，预计所需要的服务次数也各不相同，异构客户群可以使私营服务供应商更好地管理高峰工作负荷。此外，一个客户需求的增长可以很容易地抵消另一个客户需求的下降。

由于规模较大，私营服务供应商的采购优势也可能高于公共部门共享服务中心。私营服务供应商可以集中采购硬件和软件，获得更高的数量折扣和更好的服务。

最后，由于为一个客户所做的流程和技术改进也可能为其他客户所采纳，因此私营服务供应商还可能会有溢出效应。

选址

如第五章所述，公共部门共享服务中心在地理位置上通常是固定不变的。各中心常常设在所在社区、州或国家的管辖范围内，将共享服务中心设在国外是极不寻常的。

另一方面，私营后台服务供应商在选址方面通常不受限制。信息和通信技术的进步令其在要素禀赋不同和技术能力不同的国家提供服务成为现实。

只要将共享服务中心从劳动力成本高的国家（如美国）迁移到成本低的国家（如印度），私营部门服务供应商就能够大幅降低成本。如果公共部门客户对服务供应商的地区迁移施加限制，这种劳动力套利——许多服务供应商的商业模式都建立在此基础之上——可能会受到抑制。服务供应商若被禁止使用明显更低廉的劳动力储备，那么他就不得不提高服务价格，由此会导致这类限制最终损害到公共部门组织的财务利益。

缓解公共部门僵化问题

让服务供应商提供后台服务具有重要意义，因为这项工作不再由公共部门执行。这样，服务供应商就可以从第二章所述公共部门的僵化局面中解脱出来，并提高灵活性，特别是就业和采购决策方面的灵活性。鉴于共享服务中心一半以上的成本通常与劳动力相关，下文将进一步分析这一部门变化的后果。

就业弹性

与公共部门组织的雇员相比，私营部门组织的雇员与市场力量的隔绝程度要低得多。因此，私营公司给予雇员的工作安全感也就明显低得多。根据美国劳工统计局的就业机会和劳动力流动率调查结果显示，2000年12月至2004年4月期间，私营部门公司每月裁员1.5%。这一数字平均约为公共部门的四倍。同一时期，美国联邦政府每月裁员0.31%，而地方政府和州政府平均每月裁员0.38%。

私营部门的职位不仅工作安全感较低，通常薪资也较低。根据美国劳工统计局的数据显示，公共部门2005年的平均每小时工资为21.28美元，而其他经济领域的平均每小时工资是18.59美元，低了12.6%。此外，公共部门的雇员福利也丰厚得多。政府雇员通常每年多享有4个带薪假期，而从雇主那里领取退休福利的公共部门雇员人数是私营部门雇员的两倍。公共部门雇员和私营部门雇员的保险福利也有差别，享受雇主提供人寿、健康和牙科保险的公共部门雇员人数是私营部门雇员的两倍。约四分之一的公共部门雇员，其家人可以享受免费保险，但仅有十分之一的私营部门雇员，其家人享有这一福利。此外，两个部门在教育援助和带薪休假等福利方面也有显著差异。

公共部门提供的薪酬和雇员福利相对更为丰厚。对此，一种可能的解释是，公共部门雇员中的工会会员占比高得多。1977—2010年，加入工会的私营部门职位占比从17%下降到6.9%，而公共部门工会会员占比几乎保持不变，为35.9%，即约为私营部门占比的5倍。事实上，2009年，美国公共部门雇员在加入工会的劳动力总人数中的占比首次过半。

以上事实对后台服务的提供有重要影响。如果私营服务供应商接手支持服务，它们将不再受公共部门薪酬和福利机制的约束，也不再受潜在的限制性的工作规则的约束。

私营部门与公共部门之间的薪资差别始终存在。但在过去几十年，这一差距越拉越大。尽管政府的薪酬模式基本没变——技能最差的雇员薪酬过高，技能最好的雇员薪酬过低，但私营部门的薪酬模式在过去几十年里却发生了变化。私营部门开始向高级雇员支付额外的奖金，奖励他们奖金、股票期权和各种津贴，并减少对低技能工人的支出。不论是在高端劳动力市场还是低端劳动力市场,公共部门与私营部门的薪酬差距都扩大了。

表44　美国公共部门组织与私营部门组织的工资和福利比较

	公共部门	私营部门
平均小时工资	21.28美元	18.59美元
平均带薪假日(入职第一年)	13天	8天
平均带薪假日(工作十年)	19天	15天
享受福利的雇员占比:		
退休金	98%	49%
人寿保险	89%	47%
医疗保险	86%	45%
牙科保障	60%	32%
与工作相关的教育援助	63%	38%
与工作无关的教育援助	22%	9%
带薪病假	96%	53%
带薪陪审假	95%	70%
带薪服役假	75%	50%
带薪事假	38%	17%

资料来源:美国劳工统计局,转引自Donahue第36页及以后各页。

比较私营部门与公共部门递交给美国劳工部标准职业分类体系的所述职位的工资水平,可以得出下面的图形(参见图48)。公共部门中技能要求较低但工资水平较高的职位包括办公室人员和簿记文员,这两类工作在财务共享服务中心中非常普遍。由于共享服务中心的大部分职位为非管理层职位,因此将过去由公共部门雇员执行的支持服务外包出去预计可以大幅度节约劳动力成本。

其他的灵活性

除就业方面更加灵活外,私营部门服务供应商在其他方面的限制也较少。例如,私营服务供应商不受《行政程序法》限制性规章制度的约束。它们可以制定自己的采购规则，而无须执行采购程序。这些采购程序旨在避免自我交易和腐败，但可能会扼杀效率和创新。

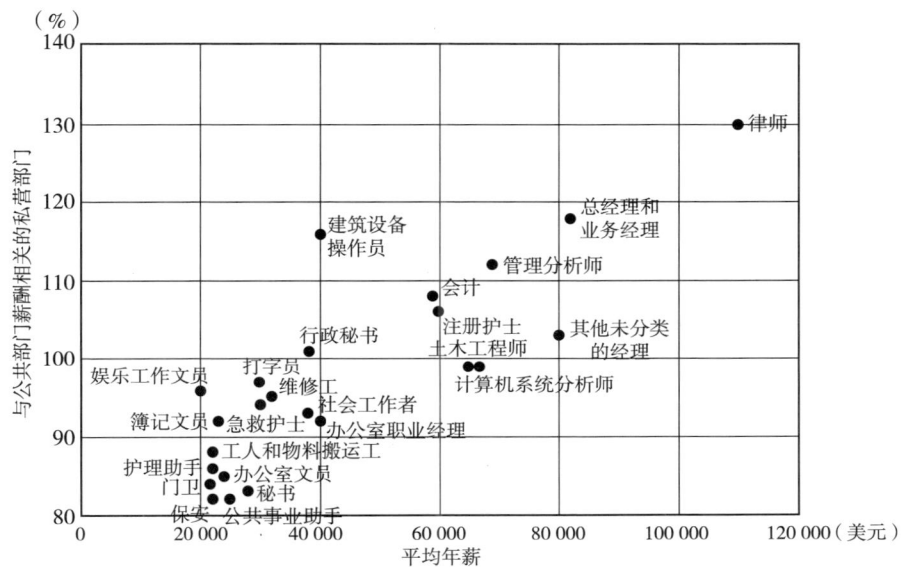

图48 平均年薪

资料来源：劳工统计局，转引自Donahue，第36页及以后各页。

8.1.2 交易成本

交易成本的重要性是罗纳德·科斯最先提出的。在其开创性的文章《公司的本质》中，科斯曾发问道，除价格机制的协调功能以外，"企业这个有意为之的孤岛，是如何在市场这片自发合作的海洋中存活的呢？"他推测"成立一家公司之所以有利可图，得益于运用价格机制。"

在订立后台服务外包合同前，备选的私营服务供应商通常有很多。然而，经常性交易将这种激烈的竞争转变为事后的双边垄断，这种垄断使双方再也无法轻易被取代。这种"根本性的转变"改变了双方的相对力量。在合同执行阶段，原外包中标供应商相对于非中标供应商具有明显的先发优势，因此合同更改时大量供应商备选的情况将不再普遍存在，而是转化为一种双边交易关系。

先发优势源自外包供应商的雇员在工作中接受的各种形式的在职培训。例如，我们可以在四个方面实现节约：软件、流程、沟通和人际关系。

私营承包商为公共部门机构提供后台服务若干年后，有机会熟悉客户潜在的专有软件。私营承包商还可以获得有关公共机构流程的内部消息，承包商深谙自身工作如何对所服务机构的主要活动起到支持作用。

承包商还会学着理解客户机构所使用的特殊语言。熟悉专业术语、描述和账号系统可以令私营公司更有效地与客户沟通。居茨科（Guetzkow）认为，"当所使用的语言以相对较少的符号承载了丰富的含义时，沟通体系就会变得有效。"他建议在长期客户——机构关系中，做到高效和有效的沟通。这样的沟通体系同时量化了理性边界，即对可用信息的限制以及对决策者处理信息的时间和认知能力的限制。

最后，在一定程度上也是由于上述的种种节约，合同伙伴之间以及管理公共机构与外包供应商间联系的雇员之间都建立了机构和个人层面的信任。他们的反复接触减少了交易层面上的机会主义倾向，使他们能够适应对方的期望，并迅速适应不断变化的环境。

由于这些因素无法轻易复制或快速获得，在合同续签阶段，与现有供应商竞争的外包供应商会发现自己处于劣势。

交易成本可以分为协调成本和激励成本。如第4.1.2节中所述，这两种成本的规模取决于后台交易维度，下一节将对此加以分析。

交易维度

本章将遵循米尔格罗姆（Milgrom）、罗伯茨（Roberts）和乔斯特（Jost）提出的五部分类法来分析后台交易的五个维度——资产专用性、不确定性、频率、可度量性和相互依赖性，并将介绍72个公共部门组织的实证研究结果。

资产专用性

资产专用性描述的是交易对专用资产的利用程度。威廉松（Williamson）

认为资产专用性是交易成本最重要的维度，并对资产专用性做了如下定义："资产专用性是指为支持特定交易做出的永久性投资，如果原交易过早终止，则对最佳替代用途或替代用户而言，该投资的机会成本过低。"因此，资产专用性衡量的是专用性投资无法收回或转移到其他交易的程度。

交易成本理论的基本假设是，专用性资产有利于高效生产。组织投资专用性资产可以降低成本，是因为这类投资可以根据各方的具体需求进行调整。但这类投资也有风险：如果没有专用性，资产就无法在不造成损失的情况下重新调配。因此，各方的特定身份对这些特殊交易也起着重要影响。另一方面，通用型资产不适应目前的情况，也不像专用性资产那样因不可挽回的特点而构成危险。

资产专用性越高，交易成本也就越高。协调成本之所以会上升，是因为必须签订一份详细的合同，以说服各方进行专用性投资。这就产生了上文所述的缔约成本。由于监督和执行所订立的合同存在难度且耗费成本，激励成本也会随着交易对专用性投资的需求程度而增加。交易成本理论的一个核心原则是假设资产专用性越高，内部交易的可能性就越大。

资产专用性的形式多种多样。根据各自的投资属性，资产专用性可以分为五类：区位特性、实物资产专用性、专用资产专用性、人力资本专用性和声誉专用性。为了确定后台服务的资产专用性，我们要求参与调查的72个公共部门组织采用五分制（从非常低到非常高）对五类资产的专用性进行打分（参见下文）。

此外，继帕尔米贾尼（Parmigiani）之后，为了确定一个更广泛的标准，我们要求调查对象评价更换后台供应商的难易程度。

如图49所示，超过65%的调查对象认为更换后台供应商非常困难或困难。不到15%的调查对象认为更换供应商非常容易或容易。这表明，在合同续签阶段，将后台合同授予特定外包供应商的决策是不易逆转的。

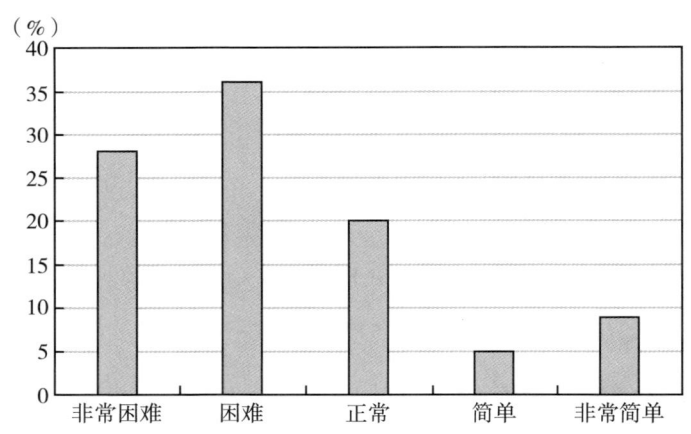

图49 受调查组织更换后台供应商的难易程度

我们假设，受调查组织的成熟度会影响更换后台供应商的难易度评分。相对于新设立的共享服务中心，成熟的共享服务中心认为更换后台供应商更容易。作出这一假设的依据是成熟的共享服务中心至少在五年前就已经转变了支持服务供应商。经过这么长的时间，他们早已克服了最初的问题。相对于流程迁移早期阶段所遇到的小难题，效率的提升幅度要显著得多。相反，新设立的共享服务中心可能还没有达到稳定状态，并且所面临的迁移问题可能也更加严重。因此：

假设19：共享服务中心越成熟，更换后台供应商越容易。

我们要求调查对象采用五分制对各种资产类型的专用性进行打分，其中1分代表"非常低"，5分代表"非常高"，3分代表"不确定"。考虑到资产专用性对组织边界选择的重要性，下文将分别针对每一类型进行深入分析。

区位特性： 区位特性是指因区位原因所做的投资。例如，连续的后台阶段应彼此相邻，以降低运输和储存成本。然后，由第三方运营的后台中心将设在客户（公共部门机构）附近。

但公共部门客户与其外包供应商之间似乎没必要保持密切关系。后台职能目前由共享服务中心而非各公共机构执行，这一事实本身就说明支持活动可以远程执行。

与实物产品不同的是,运输在后台服务市场上没有起到任何作用。批量信息可以以近乎免费的价格进行长距离的交换。同样地,相比产品,服务的储存成本也低得多,其成本主要涉及用于存储数据的附加内存和备份,以及用于文件编集目的的打印输出。

此外,即使资产彼此邻近,也不会存在双边垄断。外包供应商将后台大楼设立在公共部门客户旁边,这丝毫不影响其向其他客户提供服务。如果供应商为了"及时"管理降低库存和储存成本而临近制造商,则通常不会出现这种情况。

因此,调查对象将区位特性评为最不重要的资产专用性类型之一。其平均得分为3.03,略高于"不确定"类别(参见图50)。

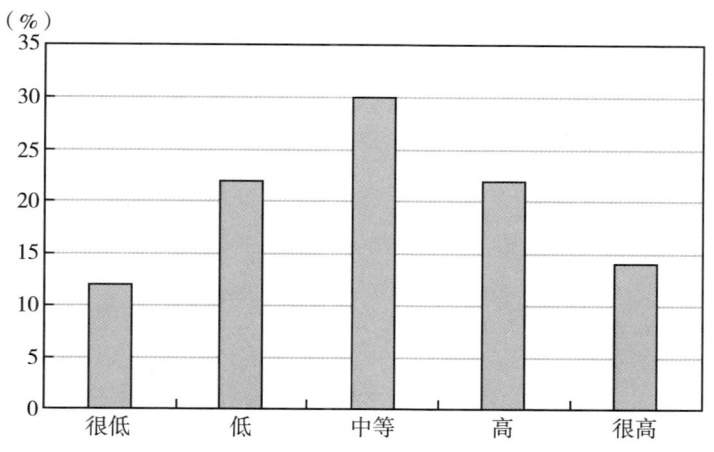

图50　受调查组织的区位特性

实物资产专用性:当所采购的设备和机器只能在特定交易中使用,而对替代性交易的价值较低时,便产生了实物资产专用性。

总体而言,调查对象对实物资产专用性的评分为3.25/5.00,即在五个类别中排名第三(参见图51)。超过40%的受调查企业认为实物资产专用性较高。这一结果带给我们很多启发,例如,我们可能有必要调整现有的标准软件包,以适应特定公共部门客户的特殊需求。

但超过四分之一的调查对象认为,其后台服务的实物资产专用性非常低或低。人们在建立后台中心时,通常不会将其设计为只执行一种特定的支持活动。外包供应商会用到计算机、扫描仪、打印机等,这些设备不仅对特定交易(如应付账款)有用,而且可以分配给不同的任务(如应收账款)。从最初指定的活动(应付账款)转变为新的活动(应收账款),既不需要花费重金调整,也不会导致绩效恶化。因此,服务供应商通常不会局限于特定的支持交易。类似地,服务供应商可以使用自身设备来为其他客户执行流程。

如果公共部门的决策者决定将支持服务外包出去,他们就需要考虑如何处理过时的设备。这些设备要么可以在公共部门内重新安排,要么作为外包协议的一部分转移给外包供应商,要么出售给新用户。

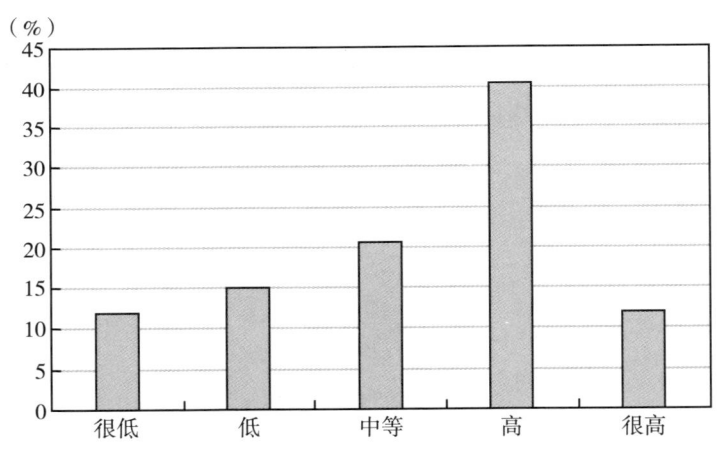

图51　受调查组织的实务资产专用性

专用资产专用性：投资专用资产是为了有机会向特定的买家大量销售。如果没有特定的公共部门买家,对诸如后台中心扩大产能进行总体投资就不太可能。如果公共机构撤销订单,外包供应商将面临严重的生产能力过剩。这意味着,在其他条件不变的情况下,这一因素的重要性随订单大小而增减。长期合同、相对较长的取消通知期限和对违反合同承诺一方加以处罚,可以缓解服务供应商所面临的问题。

公共机构违反其合同承诺并从公共部门共享服务中心撤回订单的几率明显低于第三方服务供应商。在公共部门组织中，政治监管人员可以使用法令，命令公共部门共享服务中心遵守承诺，或者干脆替换其领导层。

如果外包供应商突然终止服务，那些依赖外包供应商执行后台职能的公共部门机构同样会发现，寻找新的支持服务供应商需要付出很高的代价。

受调查的公共部门组织对专用资产专用性的评分为3.41（满分为5.00）。近50%的调查对象对此项的打分为高或非常高。这一评价在五种专用性类型中排名第二，表明专用资产可以在后台服务中发挥重要作用。

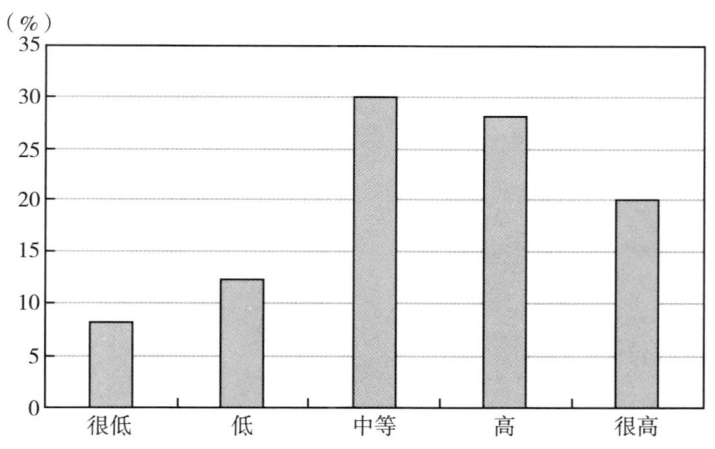

图52 受调查组织的专用资产专用性

人力资本专用性：人力资本专用性投资是指为打造仅在极有限的应用领域内有用的人力资本所进行的投资。

如果雇员使用特定公共部门组织的专有软件系统执行后台服务，则雇员培训和制度化知识方面的投资就具有高度的人力资本专用性。人力资本专用性有利于建立雇佣关系，即使用共享服务中心而非第三方服务的关系。因此，问题在于，通过边做边学和培训所习得的技能能够在多大程度上转移到其他供应商那里。受调查的公共部门组织指出技能不容易转移。人力资本专用性的平均评分为3.42/5.00，高于其他任何资产专用性类别（参见图53）。总的来说，54%的受调查组织认为人力资本专用性非常高或高。

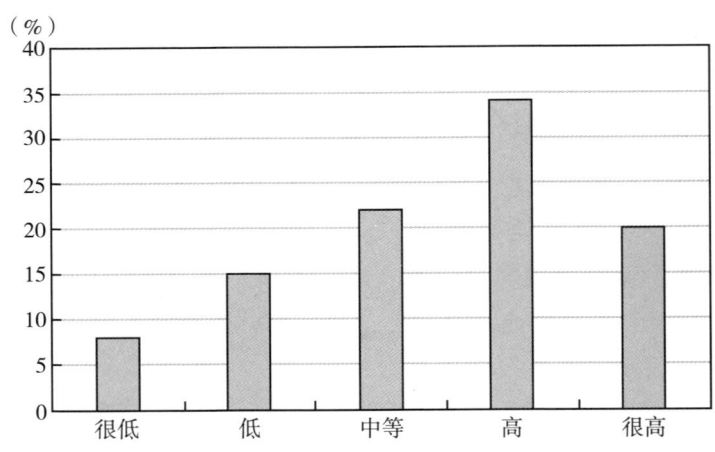

图53　受调查组织的人力资本专用性

声誉专用性：声誉专用性投资是为了建立特定的声誉而发生的，例如作为公共机构的信息技术服务提供商。对于外包供应商来说，声誉专用性可能会阻碍其日后向其他服务（如人力资源）或其他客户（如私营部门企业）的转变。

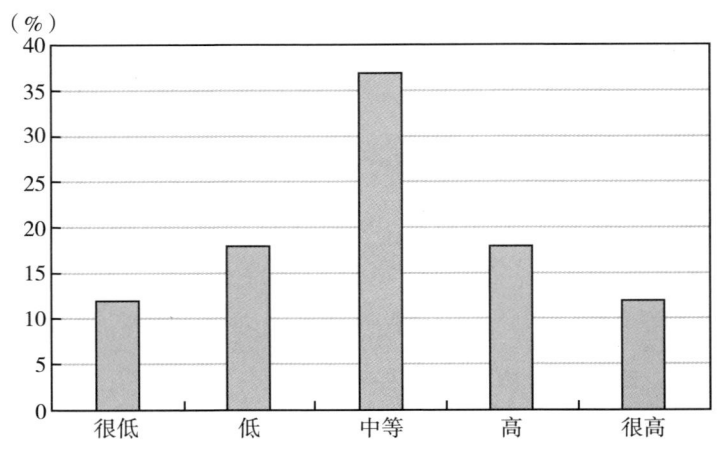

图54　受调查组织的声誉专用性

受调查的公共部门组织将这类资产专用性排在其他任何类型之后。平均得分为3.00分，调查对象的反馈构成钟形分布，在非常高或高和非常低或低之间均匀分布。

共享服务中心的成熟度预计会影响其对后台服务资产专用性程度的评价。相对于新设立的共享服务中心，成熟的共享服务中心倾向于认为区位特性、实物资产专用性、专用资产专用性、人力资本专用性、声誉专用性程度更低。原因是，成熟的共享服务中心至少花费了五年时间，证明支持活动可以远程进行；一个公共机构使用过的设备和机械可以重新调配给另一个机构；为向特定买家出售支持服务的特定前景而进行的投资较少；雇员通过边干边学和培训习得的技能可以从一个机构转移到另一个机构；仅执行如财务流程的单一职能共享服务中心，可以转变为执行如财务、信息技术和人力资源流程的多重职能共享服务中心。据此可以得出如下假设：

假设20：共享服务中心越成熟，五类资产专用性的程度越低。

不确定性

弗兰克·奈特（Frank Knight）最先强调了不确定性对经济活动组织的重要作用。在其开创性著作《风险、不确定性和利润》一书中，Knight用"风险"一词描述可以确定结果概率的情形，用"不确定性"一词描述无法确定结果概率的情形。根据这一定义，每种概率都存在风险。另一方面，不确定性源于无法对所有潜在情况进行分类。穷尽列举各种情况是不现实的，这种不现实实质上是由有限理性和不完全知识决定的。Knight认为，公司的存在是"不确定性的直接结果"。对此，科斯（Coase）曾在《公司的本质》一书中发表过同样的观点。

实物期权会考虑在不确定性情况下作出的决策对未来组织选择的影响，并明确重视未来策略选择的价值。将支持服务外包给私营公司会限制公共部门组织事后的选择范围。如果所有的支持服务都外包给私营供应商，可能会大大削弱公共部门的行政能力，而且今后重建的成本也会很高。这样做可能对主要活动产生消极影响。当所有的会计和财务管理数据都保留在机构内部时，可以更容易、更有效地完成追踪资金流等活动。

不确定性可以区分为活力和复杂性两个维度。环境的活力与外生因素随时间变化的程度有关。在动态环境中,周围的状况变化频繁,这使得起草一份严谨的合同变得相对困难。环境的活力越低,外部供应商执行服务的可能性就越大。

在评价活力因素时,42.9%的受调查组织认为其所在环境是非常有活力或有活力的(参见图55)。只有4.8%的组织认为其所在环境毫无活力。总的来说,这些组织对活力的评分为3.33(1表示毫无活力,5表示非常有活力)。

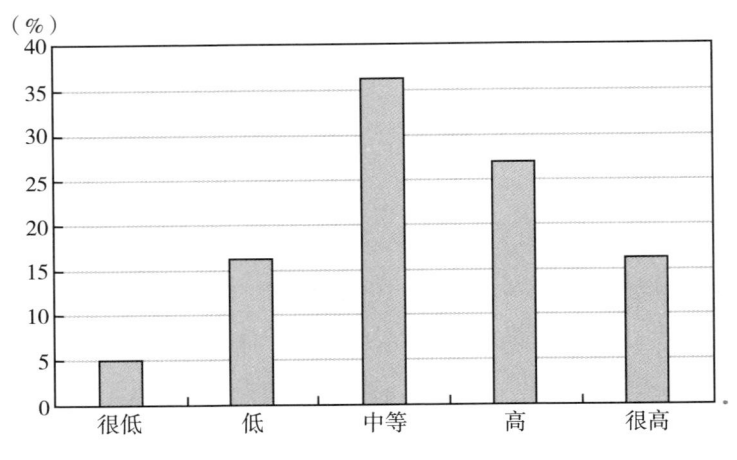

图55 受调查组织的活力

复杂性是指相关外部因素的数量和多样性。在复杂环境中,交易会受到多种因素的影响。支持性交易的复杂性越低,外包供应商执行服务的可能性就越大。

在受调查的公共部门组织中,超过半数的组织认为其后台服务复杂或非常复杂。只有3.2%的组织认为毫不复杂。在1表示毫不复杂、5表示非常复杂的五分制标准下,这些组织对复杂性的评分为3.52。这意味着,平均而言,相对于活力,上述组织认为其后台服务更加复杂。

8. 支持服务的经济组织比较：外包与共享服务

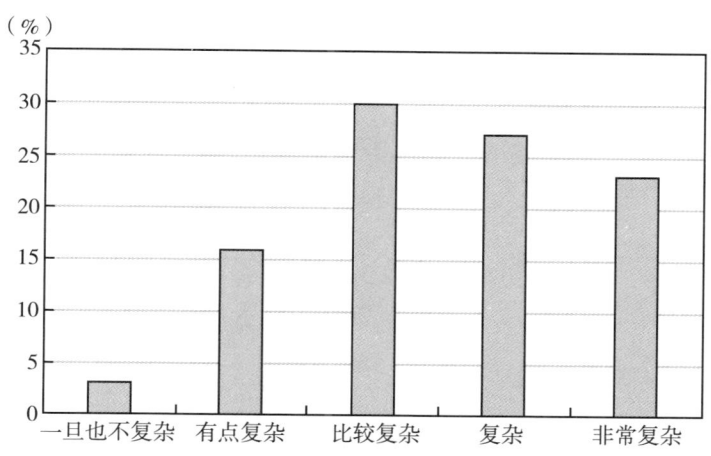

图56 受调查组织的复杂性

交易成本随活力和复杂性的变化呈正向变化，协调和激励成本也都是如此。当某项交易有多个参数，并且这些参数频繁变化，那么谈判和达成协议就会更加困难，协调成本因此上升。由于对复杂且频繁变化的交易而言，监督交易伙伴和执行合同的成本更高，因此激励成本就会相应增加。

不确定性不应该单独分析，而应结合资产专用性一并分析。如果资产专用性较低，则不管不确定性程度如何，聘用第三方服务供应商通常都是最佳选择（参见图57）。利用市场可以使公共机构从供应商的规模经济、区位优势以及上文所述的其他优势中获益。资产专用性低意味着可以相对容易地更换服务供应商，进而降低公共机构所面临的套牢风险。

		资产专用性		
		低	中	高
不确定性	低	外包供应商	公共部门共享服务中心	公共部门共享服务中心
	中	外包供应商	公共部门共享服务中心	公共部门共享服务中心
	高	外包供应商	单个机构	单个机构

图57 资产专用性和不确定性对支持服务自制或购进决策的影响

基于Jost，2000年，第251页。

如果资产专用性增加，情况就会发生变化：高活力且/或高复杂性会大为降低外包合同中包含针对各种偶然性条款的可能性。因此，套牢风险上升，令公共部门共享服务中心成为开展后台服务的首选解决方案。如果不确定性非常高，将后台服务保留在各自机构中则可能是最好的解决方案。这些机构可以直接从各自的环境中获取信息。这些本地信息优势有利于各个机构更好地处理不断变化的环境，节约将本地信息传输到远程共享服务中心的成本。

威廉松（Williamson）认为，成熟行业的不确定性通常会降低。因此，受调查组织的成熟度预计会影响其感知的不确定性程度。成熟的共享服务中心至少已执行了后台流程五年时间。在这段时间里，他们可能已经适应了不确定性。

因此，与新设立的共享服务中心相比，成熟的中心对执行后台服务所需流程、技能和技术评估预计会更稳定，变动的可能性更小。此外，相对于新设立的共享服务中心，成熟的中心更可能会认为相关外部因素的数量较小和多样性较低。因此，本研究假设：

假设21：共享服务中心越成熟，变化越少。

假设22：共享服务中心越成熟，所考虑的复杂性因素越少。

频率

交易频率与交易伙伴之间的重复程度有关。频率通常受后台合同期限所影响，这个期限即公共机构与服务供应商事先同意遵守合同的时限。Williamson将频率区分为一次性、偶然性和经常性三类。

正如第三章所指出的，基于交易频率可以将共享服务中心分为两类：专业技术中心和交易中心。前者执行小批量、高技能的活动，如内部法律或税务咨询；后者执行大批量、低技能的活动，如应付账款或应收账款。

受调查的公共部门组织大多使用交易中心。在调查对象当中，77.4%的组织以高频率或非常高的频率执行后台服务（参见图58）。只有6.4%的组织以低频率或非常低的频率执行这些服务。

8. 支持服务的经济组织比较：外包与共享服务

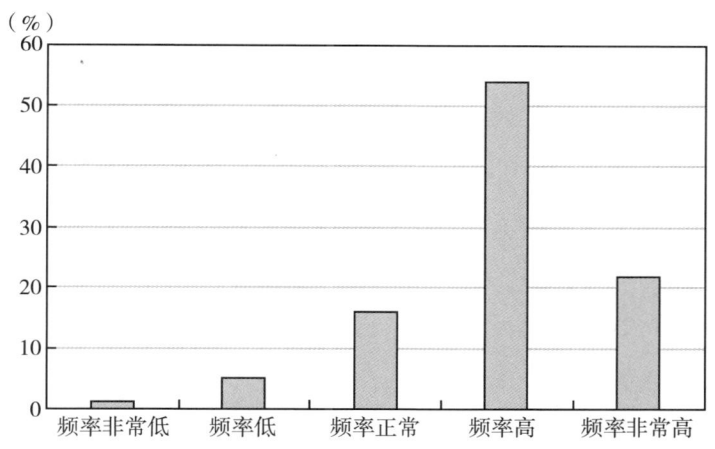

图58 受调查组织的频率

公共部门共享服务中心通常不会提供那些不常需要的后台服务。相反，利用市场可以避免因提供极少用到的支持活动所须付出的专有技术维护成本。双方预计会采用标准形式的合同，并在法庭上解决任何潜在的争议。一方面，由于设计合同的费用控制在最低限度，此举降低了协调成本。但另一方面，由于标准合同不是依据当前支持服务的具体情况量身定制，如果合同一方适时地钻了合同框架中的空子，此举可能导致事后激励成本的升高。

对于经常性的后台交易，双方通常会根据具体情况订立一份合同。更多的交易次数使设计和商定具体合同方面的投资有所保障。尽管总缔约成本较高，但对于比较频繁的交易而言，每笔交易的协调成本实际上有所下降。

经常性的后台交易的动机成本也有望降低。例如，可以设计专用争端解决机制，降低事后因发生法律纠纷而付出高昂代价的可能。如果公共客户和服务供应商在某个方面存在分歧，可以诉诸中立的外部仲裁机构或由后台服务专家组成的专家组。

动机成本也会随着双方在长期合同关系中逐渐深入了解对方而下降。他们建立例行程序，将发生合同分歧的可能性降到最低，并相信对方会保持关系和遵守合同"精神"。

前文的分析只考虑了频率维度。鉴于资产专用性十分重要，我们还必须考虑投资的特点（参见图59）。如果投资是非专用性的，即如果资产专用性较低，那么外包供应商通常会是最具成本效益的后台服务来源。如果资产专用性提高，公共部门共享服务中心就会成为首选解决方案。随着专用性程度的提高，资产转变为其他用途的可能性降低。因此，公共部门共享服务中心会发现，和外包供应商相比，公共部门共享服务中心自身在利用规模经济效益方面不再处于劣势。然而，由于共同公有制涉及交易双方，共同利润有望达到最大化。在此情况下，偶然性活动预计会由专业技术中心执行，而经常性活动将由交易中心执行。

		资产特性		
		低	中	高
频率	偶然性	外包供应商	公共部门共享服务中心（专业技术中心）	公共部门共享服务中心（专业技术中心）
	经常性	外包供应商	公共部门共享服务中心（交易中心）	公共部门共享服务中心（交易中心）

图59 资产专用性和频率对支持服务自制或购进决策的影响

基于Jost，2000年，第253页。

我们假设，受调查的公共部门组织的成熟度对后台服务的频率有影响。由于有更充裕的时间接手这些机构的所有大批量流程，相对于新设立的共享服务中心，成熟的共享服务中心执行服务的频率预计会更高。另一方面，新设立的共享服务中心可能尚没有机会在其公共部门组织中承担所有经常性的流程。公共部门组织可能会将后台活动按机构而非流程转移到共享服务中心中，这意味着某些高频率流程可能仍由单个机构执行。因此，本研究预测：

假设23：共享服务中心越成熟，执行后台服务的频率越高。

可度量性

如图60所示，44.4%的受调查公共部门组织认为，评价支持服务是否得到充分执行是容易或非常容易的。然而，近30%的组织认为绩效评价困难或非常困难。这些组织还发现，准确地评价私营后台服务供应商的绩效非常困难。例如，客观地评价信息技术服务供应商提供的信息技术支持质量可能有难度。除了评价的问题以外，还有问责的问题。例如，如果遇到发票处理延误的情况，我们可能无法厘清到底是由于服务供应商的渎职或疏忽，还是由于机构起初提交了不完整的数据。

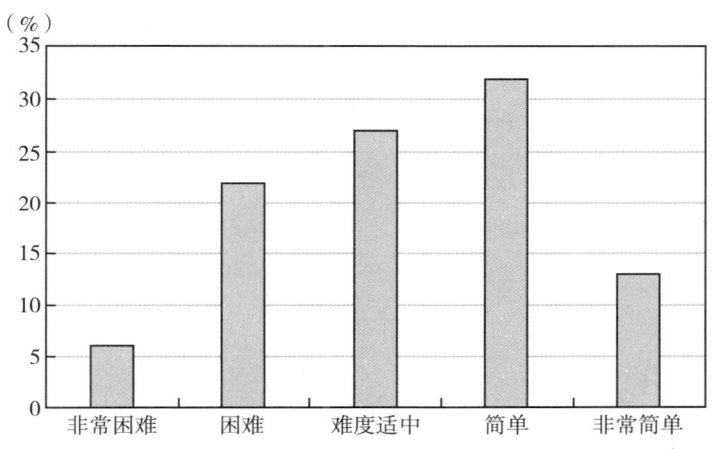

图60　受调查组织的绩效评价难易度

由于私营服务供应商在提供支持服务时可能掌握着客户不了解的绩效相关的隐私信息，信息的不对称令公共部门的客户处于劣势。相对于公共部门客户，供应商更了解那些未被注意到的特征，例如，客户后台技术的先进性和稳定性如何，客户雇员的熟练度和资质如何。

即使服务供应商一开始没有掌握隐私信息，他们也会在建立关系的过程中获得这些信息。他们可以确切地了解执行后台服务的成本，以及服务质量的潜在问题。如果外包供应商为谋取私利采取不当行为，以损害公共机构利益为代价利用其信息优势，可能会引发道德风险问题。如果知道公共机构无法准确评估后台服务的质量，服务供应商在提供服务时可能会偷懒。此外，公共部门客户可能很难确定其他服务供应商能否提供更优质和/或更低廉的支持服务。

如果绩效评价简单且准确度高，根据上文所述的生产成本优势，私营服务供应商将会是更佳的解决方案。但如果难以准确评价绩效，交易成本就会上升。这主要是由于监督和执行成本可能增加导致的激励成本相应增加。协调成本可能也会更高，因为更复杂的合同可能首先需要进行谈判。

将支持流程内部化并不能完全否定评价绩效的需要。但安排公共部门共享服务中心执行后台服务可能会提高透明度，并有助于减少评价不准确的负面影响。例如，可以通过法令要求公共部门共享服务中心的经理与内部客户分享有关成本结构等方面的信息。

相对于新设立的共享服务中心，成熟的共享服务中心有望更好地评价绩效。经过设立以来相对较长时间的运营，成熟的共享服务中心应该能够更容易地确定适当的绩效评价指标。另一方面，新设立的共享服务中心可能还没有将从各个机构转移过来的各种流程标准化。仅仅将各机构的各种流程"提升和转移"到共享服务中心，会加大绩效评价的困难，因为流程不同，所需要的绩效评价标准可能也不相同。因此，我们作出如下假设：

假设24：共享服务中心越成熟，越容易充分评价绩效。

相互依赖性

在与其他交易的关联性上，各种后台交易之间有所不同。在受调查的公共部门组织中，17.4%的组织表示后台交易可以独立执行，与其他交易的交互极少（参见图61）。与此同时，44.4%的组织对后台任务的评价是不太独立或不独立。

即使是相同的流程，有些步骤对与其他交易的相互依赖性要求可能更高一些。例如，可以根据机构雇员相对固定的名单及其各自的薪金，来定期处理工资单并支付工资。许多不断变化的事件也会影响工资总额，如病假、加班费或奖金。各机构需要将这些变化告知外部服务供应商，外部服务供应商只有在收到所有信息后才能正确处理工资。如有某些信息未被妥善传达，则付款金额可能会出现错误，而重新调整又会造成重大损失。

8. 支持服务的经济组织比较：外包与共享服务

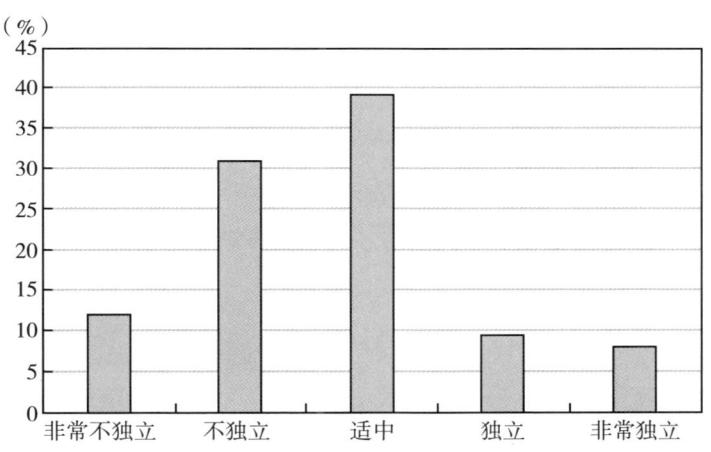

图61　受调查组织的独立性

如果后台服务无法独立执行，则需要确定依赖关系。公共机构交付给外包供应商哪些数据必须按合同的规定来。交换数据的日期也需要商定和监督。对延迟交付信息的处罚需要商议确定和强制执行。复杂性的增加导致协调和激励成本相应增加，例如由于合同需要进一步细化，须加强监督以协调支持交易。

组织的成熟度预计会影响组织执行后台服务的独立性。成熟的共享服务中心与其他交易的关联性应该会更低。成熟的组织至少会花费五年时间将所有重要的流程步骤整合到共享服务中心中。另一方面，例如，为了确保其后台人员就业，或者因为共享服务中心尚且缺乏执行所有步骤所需的人员配备或技能组合，新设立的组织可能会选择在各机构保留部分后台流程。因此，本研究假设：

假设25：共享服务中心越成熟，越能够独立地执行后台服务。

协调成本

协调成本可以被描述为事前交易成本，因为这类成本产生在合同签订之前。利用市场机制为公共机构开展支持活动会产生两种协调成本：启动成本和缔约成本。

启动成本

启动成本包括搜索成本和信息成本。科斯（Coase）认为"查询相关价格"是交易成本的组成部分。公共部门决策者须发出一份投标请求书，以确定哪些服务供应商能够为他们提供支持活动。他们必须在一长串服务供应商列表中，确定一家适合提供他们所需的后台服务的供应商。他们必须收集价格和质量信息，并比较不同的报价。他们须与潜在供应商沟通，前往供应商办公室出席会议，或者走访潜在参照客户以验证他们的资质。

虽然上述分析侧重于公共部门产生的成本，但必须指出的是，私营供应商也会产生启动成本。私营供应商必须开展市场调查，以确定公共部门组织的潜在需求，向公共部门组织宣传自己的服务，对投标请求书作出回应，并走访潜在客户。最终，私营供应商将这些成本计入对公共部门客户作出的报价中。

缔约成本

缔约成本包括谈判成本和协议成本，以及无效谈判的成本。私营服务供应商需要与公共部门客户协商服务等级、价格和其他条款，而达成一份双方都能接受的协议不仅耗费时间，而且可能招致巨大的开支。

即使所有偶然事件都可以事先载入合同，但若要在一份合同中为每一种偶然事件拟定一份条款，成本就会高得离谱。克莱因（Klein）把这种现象称为"墨水成本"，他指出，为了制定非常详细的合同，须在信息收集和谈判方面付出极大的努力。

但后台服务并非现成的产品，后台服务通常需要根据具体情况做出相当大的调整。除了所涉雇员的机会成本外，其还可能需要相当程度的法律支持，并可能产生法律费用。

公共部门的决策者在雇用私营服务供应商执行后台活动时，需要在合同刚性和灵活性之间做出权衡。决策者可以尽力写一份严谨的合同，以准确地描述尽可能多的可能性，这样会降低事后因模糊条款而产生分歧的可能性。

这种做法的缺点是，随着未来的发展，它几乎没有留出调整的空间。

另一方面，决策者可能会努力写出一份精简且灵活的文件。这样做的好处是，各方可以很容易地适应世界现况。但不利的一面是，各方很容易在各自权利、如何填补缺口以及如何分配盈余或分担负担等问题上产生分歧。

刚性与灵活性之间的平衡并不一定同样适用于所有的绩效要素。当公共部门决策者、后台服务供应商和法院无须任何成本便能观察到某一绩效要素时，以及当该要素可以根据订立的合同条款准确评价时，即当该要素是绩效的绝佳指标时，则不存在平衡问题。

一般而言，相对于内部共享服务中心，可收缩性与涉及外部服务供应商的合同关联性更强。塔德利斯（Tadelis）甚至写道："如果活动由于复杂性和模糊性，或由于不断发展的需求而难以通过合同描述和界定时，那么该活动便不适合外包。"

激励成本

激励的挑战性在于确保涉及后台服务协议的各方都愿意履行各自的职责。因此，他们应恪尽职守，披露信息，以便确定最佳行动方案。

激励成本产生的原因是，各方往往倾向于扩大自身利益，为此他们甚至不惜牺牲整体效率。由于信息不对称，成本经常产生。在此情况下，未能掌握所有相关信息的交易伙伴会处于不利地位，并且他们也不清楚另一方是否正在履行合同义务。但在信息对称的情况下也会产生激励成本，如合同未列明所有的偶然事件就属于这种情况。

对于打算将后台服务外包出去的公共部门组织来说，复杂的外包合同必定是不完整的这一事实本身并不构成问题。合同的不完全性只有在与某些行为假设相结合时才会变得棘手。奈特（Knight）是最早主张将"我们所知的人性"纳入经济分析的经济学家之一。但他并没有使用机会主义这个词，而是采用了一个不那么两极化的术语——道德风险。西蒙（Simon）称之为"动机的弱点"。

机会主义可以被描述为"狡诈地谋求私利"。机会主义扩大了经济理论的自利假设，包括做出自我怀疑的陈述和扭曲的信息披露。

将支持服务外包给私营承包商预计会导致承包商出现较多的机会主义行为。这主要是由两个因素导致的：激励强度较高以及监督不利。

相对于公共部门的雇员，私营部门服务供应商的高能激励更多，因为私营服务供应商可以使子群体的收益更高。

此外，将后台外包给第三方后，公共部门决策者想要核实服务供应商的真实成本就会变得相对困难。技术进步或新规定可以显著改变价格最初参照的成本结构。服务供应商可能会声称他们的成本比预期高得多，并滥用其唯一的供应商地位，以便按垄断价格收费。

激励成本包括监督成本和执行成本，本节将分别对两种成本加以分析。

监督成本

一旦私营服务供应商为某机构或一类机构执行后台职能，买方须对所提供的服务质量是否符合合同条款进行监督。计量交付次数和控制服务等级都需要投入资源，如安排公共部门雇员担任监督员。如果情况发生变化，可能就需要修改合同。服务供应商还会产生为建立社会关系和打造可信供方声誉而发生的相关成本。

不完全合同和机会主义行为的结合，令公共部门机构面临着延误风险。可占用的专用性准租金越多，即超出后台活动资源机会成本的回报越多，则延误的可能性就越大。克莱因（Klein）指出："当意外事件使合同关系超出自我实施范围时，就会发生延误。"如果违约的收益超过继续保持合同关系时预期利润的贴现值，情况就属于这种。违约成本包含三个因素：第一，如果合同关系终止，会丧失未来与交易伙伴开展业务的机会；第二，合同关系中不可挽回的专用性投资所产生准租金的贴现值；第三，违约方声誉受损会增加今后与其他客户开展业务的成本。

从公共机构的角度来看，需避免面向私营后台供应商发起的一次性转移支付延迟。但延误也会导致无谓损失，因为在寻租过程中，如在长期谈判期间，会发生资源浪费。

需要注意的是，签订一份包含大量约束性条款的刚性合同并不一定能够降低延误风险。相反，由于环境变化，这样做可能会使合同双方被违背合同最初意图和精神的条款所限制。尽管合同条款不完善，但只要严格执行，就可以诉诸法院实施拖延。

当事后交易只有部分可收缩时，即可观察的交易和可验证的交易，就需要区分约定绩效和完美绩效。

约定绩效是指合同条文内的绩效。外包供应商只会做可以依法执行的事情，所提供的服务也是最低限度上可以接受的，而不会超出这一限度。

另一方面，完美绩效是指合同精神内的绩效。完美是不可收缩的，不能由法院强制执行。完美绩效远远超出了遵守合同的范围，包括能动性和主动性，以及以建设性的方式进行判断和行使自由裁量权。

外包供应商如果只是敷衍了事而拒不展现完美绩效，那就很容易会削弱其履行合同获得的先发优势。

执行成本

如果规定的质量与实际质量不符，可能还会产生重新谈判或法律纠纷的成本。在许多情况下，政府无法事先预测或规定将来究竟需要哪种服务。因此，有关后台服务的外包合同往往是不全面的。

造成这种不全面的原因之一是偶然事件的不可描述性。提到决策者的认知极限，西蒙（Simon）将人类行为描述为"有目的的理性，但只是有限的理性"。决策者不是超理性的，而是在信息不完整和计算能力有限的情况下理性行事。有限的认知能力会影响合同的全面性，令列举后台外包合同中所有可能的偶然事件变得不可能。

即使可以预见所有的偶然事件，并以合理的成本在合同中记录，但评价合同的履行情况并向第三方证明的成本仍然高得令人却步。法院就属于第三方，在发生冲突时法院可以强制双方履行合同。当需要向第三方证明合同履行情况时，合同双方可以获得信息，但第三方却无法验证信息。

与内部冲突解决方案相比，通过法院采取外部仲裁存在许多缺点。法院的证据标准通常更加严格，对问题的看法也更加狭隘，即他们关注的是交易，而非关系。内部冲突解决方案除了解决直接冲突外，更有益于保持工作关系。

8.1.3　政治成本

除了生产和交易成本外，决策者在考虑将支持服务外包给私营公司的同时，通常还会考虑政治成本。尽管雇用私营公司的生产和交易成本可能较低，但顾及政治原因，决策者可能会在支持服务外包这件事上迟疑不决。斯莱特（Slater）和斯彭切尔（Spencer）强调威廉姆斯（Williamson）未能适当地考虑这些因素，他们认为"既得利益在决定生产内部化时占很大比重，他们会使公司的经营范围朝着违反简单效率计算的方向扩大。"

在涉及政治经济学时，公共选择理论认为，就像企业家追求利润最大化一样，政治家——"政治"企业家——追求选票最大化。这样看来，政党不过是为了赢得选举而结成的联盟。政治家们会评估外包后台职能对其实现选票最大化进而赢得选举或连任所产生的影响。

对政治家来说，政治成本上升的原因主要是，公共部门的雇员可能由于私营公司赢得执行支持服务的合同而失业。正如第五章所述，公共部门共享服务中心通常与公共机构位于同一管辖范围内，并向其提供后台服务。另一方面，外包供应商可以在管辖范围之外提供服务。这可能使过去提供支持服务的员工难以继续就业。由于这一决策会导致公共部门雇员失业从而激起民怨，因此政治家们会评估该决策对其连任前景的影响。他们担心裁员会引起负面报道、政治骚乱，以及基于本地偏见的强烈反应，这些都可能会影响其政治前途。因此，相对于向外部采购后台服务，政治家们可能更青睐内部服务。

相反，如果选民认为公共共享服务效率低下且毫无效用，政治家们可能不会考虑生产和交易成本而选择外包后台服务。

8.1.4 实证结果

本节将进一步介绍有关72个受调查公共部门组织的实证结果。首先，本节将介绍这些组织对于雇用私营服务供应商而非公共部门共享服务中心的优缺点的评价。接着，本节将提出回归模型，将外包的支持服务百分比作为因变量，而将上文讨论的各个交易维度作为自变量。

外包的优点和缺点

我们要求受调查组织对使用私营服务供应商而非公共部门共享服务中心的优缺点进行打分。

表45列示了外包后台服务相对于使用共享服务中心的优势。受调查组织认为，私营服务供应商的最大优势是能实现更大的规模经济和范围经济效益。54.8%的组织认为以下几项是私营服务供应商大或非常大的优势：私营服务供应商能够将固定成本分摊到更多的部门、专业化的私营服务供应商的劳动生产率和资本生产率也更高、私营服务供应商对高峰工作负荷管理得更好、私营服务供应商的采购优势以及应用尖端流程和技术的能力。

表45 受调查组织对私营服务供应商相较共享服务中心优势的评价

选项	非常小	小	中间值	大	非常高	平均值	排名
提高规模经济和范围经济效益	8.1%	12.9%	24.2%	29.0%	25.8%	3.52	1
区位更好	25.8%	27.4%	30.6%	8.1%	8.1%	2.45	4
缓解公共部门就业供给刚性	14.5%	17.7%	29.0%	30.6%	8.1%	3.00	3
缓解公共部门的其他刚性	8.1%	19.4%	27.4%	43.5%	1.6%	3.11	2

有助于缓解聘用规定等公共部门刚性排在第二位，紧随其后的是有助于缓解公共部门就业供给刚性。后者的平均分为3.00分，等于中性评价，也就

是说既不高也不低。私营服务供应商几乎能够在任何地点提供后台服务这一项的评分则并不高。仅有16.2%的受调查组织认为这项优势大或非常大。

成熟度预计会影响公共部门组织对外包优势的评价程度。埃森哲在2009年的全球研究中,对来自20多个行业的约275家私营部门共享服务中心进行了评价。他认为,正是"附属(内部)共享服务的既定成功使得外包变得更加普遍"。成熟的组织至少有五年时间去实现第六章所述的成本削减和质量改进。在这段时间内,他们应该认识到,支持服务确实可以远程提供,将曾经由共享服务中心开展的一些活动移交给私营外包供应商,可以带来更多的好处。因此,本研究假定:

假设26:相对于新设立的共享服务中心,成熟的共享服务中心认为外包具有更大优势

尽管所有外包优势——与生产成本相关——的平均值为3.02,但所有外包劣势——与交易和政治成本相关——的平均值为3.27。

表46 受调查组织对私营服务供应商相较共享服务中心劣势的评价

选项	非常小	小	中间值	大	非常大	平均值	排名
搜索成本	6.5%	19.4%	25.8%	32.3%	16.1%	3.32	4
信息成本	3.2%	22.6%	25.8%	32.3%	16.1%	3.35	2
谈判/协议成本	6.7%	20.0%	25.0%	31.7%	16.7%	3.32	4
低效谈判结果的成本	8.2%	11.5%	34.4%	29.5%	16.4%	3.34	3
修改成本	3.3%	18.0%	18.0%	36.1%	24.6%	3.61	1
声誉成本	9.7%	14.5%	25.8%	38.7%	11.3%	3.27	6
诉讼费用	17.7%	22.6%	40.3%	12.9%	6.5%	2.68	8
政治成本	13.6%	13.6%	27.1%	23.7%	22.0%	3.27	6

从表46中可以看到,如果不使用公共部门共享服务中心,转而将后台服务外包出去,排在首位的劣势就是修改成本。60.7%的受调查组织认为,如果情况发生变化,修改合同的难度大或非常大。3.61的平均值超过了外包的

最大优势——提高规模经济和范围经济效益——的平均值（3.52）。

虽然修改成本也属于激励成本，但与外包相关的其余四个评分最高的劣势都是协调成本。信息成本排在第二位，低效谈判结果的成本排在第三位，接下来是搜索成本和谈判成本/协议成本并列第四。总的来说，协调成本的总体评分超过了激励成本（3.33对3.19）。

政治成本的平均值与所有交易成本的平均值相同（3.27）。45.7%的受调查组织认为政治成本高或非常高。

对于外包的优势，共享服务中心的成熟度预计会影响受调查组织对外包劣势的评价。与埃森哲私营部门共享服务研究中的"高手"（支持服务绩效高于平均水平的组织）类似，成熟的公共部门共享服务中心可能更乐意将内部和外部后台服务结合起来使用，并将稳定的支持活动移交给私营服务供应商。因此，相对于新设立的共享服务中心，成熟的共享服务中心对外包相关的交易成本和政治成本的评分预计更低。因此，本研究假设：

假设27：相对于新设立的共享服务中心，成熟的共享服务中心对外包劣势的评分更低。

外包决策的预测因子

如上文所述，在没有交易成本的情况下，由于市场具有规模经济和范围经济效益以及区位优势，公共部门组织可能从市场上采购后台服务。本节将分析交易成本对72个受调查的公共部门组织外包决策的影响。因此，本节将提出六个回归模型，全部使用外包支持服务的百分比作为因变量（参见表47）。

模型13分析了本章所述变量对后台服务外包百分比的影响，这些变量包括Milgrom、Robert和Jost确定的五个交易维度，以及所有单独的资产专用性类型。这个模型的决定系数是22.04%，即它可以解释外包百分比中超过五分之一的观测方差。但因妨碍使用更多变量而调整后的决定系数仅为2.98%，所有变量均无统计学意义。

表47　　　　　　　　　交易成本的回归模型

变量	（13）外包	（14）外包	（15）外包	（16）外包	（17）外包	（18）外包
更换供应商	3.2334（3.7426）	3.2334（3.1347）	0.9077（3.2959）	0.9077（3.3552）		
活力	6.4749（4.3654）	6.4749（4.5513）	8.3519*（3.9380）	8.3519*（3.7879）		
复杂性	−1.7257（4.4245）	−1.7257（3.2030）	−3.7333（3.9201）	−3.7333（2.9514）		
频率	−1.4373（3.6783）	−1.4373（3.0948）	−1.0154（3.6191）	−1.0154（3.1926）	−2.1026	−2.1026
可度量性	0.7086（3.5553）	0.7086（3.0106）	1.7921（3.0978）	1.7921（2.9324）		
自主性	3.3761（4.1085）	3.3761（3.7418）	7.4999*（3.6225）	7.4999*（3.8728）		
区位特性	−2.1328（3.9874）	−2.1328（3.7816）	−21.3078（21.2231）	−21.3078（24.864）		
实物资产专用性	7.5902（5.2681）	7.5902（5.8437）			（3.6447）	（3.7721）
专用资产专用性	−4.7107（4.0700）	−4.7107（4.5550）			7.5221（4.9069）	7.5221（5.7245）
人力资本专用性	−1.7164（3.3005）	−1.7164（2.4623）			−3.5559（3.5627）	−3.5559（4.2583）
声誉专用性	−3.5317（3.6063）	−3.5317（2.7301）			−3.8895（3.0820）	−3.8895（2.4116）
常数	2.1713（25.8606）	2.1713（27.2809）			−4.3309（3.2521）	−4.3309†（2.4837）
					37.1047***（10.0268）	37.1047***（9.0067）
决定系数	0.2204	0.2204	0.1867	0.1867	0.1291	0.1291

续表

变量	(13) 外包	(14) 外包	(15) 外包	(16) 外包	(17) 外包	(18) 外包
调整后的决定系数	0.0298		0.098		0.0454	
方差	1.156	2.378	2.104	4.093	1.542	2.027
观测次量	57	57	62	62	58	58

括号中为标准误差 *p < 0.1, *p < 0.05, **p < 0.01, ***p < 0.001

模型14使用稳健的标准误差，而非常规的标准误差。因此，方差值、模型均方比和均方误差的平方根，从1.16增加了一倍多，达到2.38。但这些结果在统计上仍然微不足道。

为了得到更加稳健的结果，模型13和模型14被分解为两部分。模型15和模型16包含不同的交易维度，模型17和模型18包含不同的资产专用性类型。

在模型15中，五个维度中有四个维度的结果符合交易成本理论的预期，而只有一个维度的结果是混合的。从表47中可以看出，更换供应商的容易程度每提高一个类别（如从容易提高到非常容易），外包后台服务的百分比就相应增加0.91%。在上文论述的基础上，我们将不确定性维度分解为活力和复杂性。活力级别每提高一个类别，外包百分比相应增加8.35%。这一结果在5%的水平上具有统计学意义，并且也是唯一一个变化趋势不符合交易成本理论预期的变量。复杂性每提高一个类别，外包后台服务就会相应减少3.73%。

执行任务的频率每提高一个类别，外包百分比就会相应下降1.02%。评价容易程度每提高一个类别，外包支持服务则会相应增加1.79%。最后，自主性每提高一个类别（如从中性到自主），外包百分比就相应增加7.50%，这一结果在5%的水平上具有统计学意义。

总而言之，模型15显示，预测变量可以解释因变量中18.67%的观测方差。

模型16用稳健的标准误差代替了常规的标准误差。因此，自主性维度的显著性就从10%变为5%。此外，方差值几乎从2.10翻了一番，达到4.10。

模型17分析了本章所述各类资产专用性对后台服务外包百分比的影响。同样，五个变量中有四个变量符合交易成本理论预期。区位特性、专用资产专用性和声誉专用性的增加会导致外包支持服务百分比的下降。由于交易特定资产只有在亏损时才能被重新分配到其他用途，因此，将这类资产保留在公共部门内部是更可取的治理模式。声誉专用性——唯一有统计学意义的变量——每提高一个类别（如从非常低到低），后台服务外包百分比就会相应下降4.33%。也就是说，声誉专用性越高，公共部门组织向私营服务供应商提供的资源就越少。

唯一与交易成本理论的预期存在偏差的是实物资产专用性。在这种情况下，实物资产专用性越高，将业务外包给第三方的公共部门组织就越多。

模型18使用了稳健的标准误差。因此，在10%的水平上，声誉专用性变得显著起来。

综上所述，模型13——模型18为交易成本理论提供了支持性证据。但即使是组合模型中的决定系数也明显低于表43中的模型9（22.04对35.68）。因此，相对于五个交易成本维度，将支持活动分为政府固有活动或商业活动对外包后台服务百分比的影响大得多。

8.2 内部共享服务的比较优势和劣势

上一节分析了使用私营外包供应商相对于使用内部公共部门共享服务中心的优势和劣势。本节将概述内部共享服务中心相对于采购外部服务供应商支持服务的主要利弊。

在一定条件下，使用公共部门共享服务中心比私营服务供应商的可能性更大：资产专用性程度越高，交易的不确定性越大，评价交易价值的难度越大，与其他交易的相互依赖性也越大。资产专用性在交易维度上起着非常重要的作用。如果资产专用性较低，则不管不确定性和频率如何，使用外部服务供应商都是更可取的解决方案。一般来说，部门交易成本会随着频率的增加而降低，因为我们可以在更多交易中分摊设立专门治理结构的成本。

在公共部门共享服务中心中执行后台服务的生产成本预计会高于市场采购成本。通常来说，公共部门共享服务中心的规模经济和范围经济效益不会完全耗尽。公共共享服务中心一般不会为其管辖范围以外的公共机构或私营公司提供服务。由于规模较小，公共部门共享服务中心可能不会在技术改进方面进行投资。共享服务中心的客户群相对同质化，因此难以平衡一个客户的需求高峰与另一个客户的需求低谷。公共部门共享服务中心在采购硬件和软件方面也可能处于不利地位，由于采购数量较少，因此难以取得与外部服务供应商同等的数量折扣。

此外，由于公共部门共享服务中心通常设在管辖范围内，其位置也存在劣势。另一方面，私营外包供应商通常不受其地域流动性的限制。最后，公共部门共享服务中心须遵守更加严格的聘用和采购规定，这些规定在公共部门普遍存在。

由于公共部门共享服务中心的生产成本较高，因此需要降低交易成本，以证明其存在的合理性。而使用公共部门共享服务中心为公共机构提供后台服务会产生其他交易成本。如上所述，新产生的交易成本将分别是协调成本和激励成本。

协调成本包括组织设计成本和运营成本。

公共部门共享服务中心的组织设计成本包括设立共享服务中心的成本、维护的成本以及为满足不断变化的需求而不断调整的成本。这就包括各种行政成本，如信息和通信技术成本以及人力资源成本。这些成本主要是固定成本。

运营成本包括决策成本和信息成本。决策成本与信息成本之所以存在，是为了向决策者提供分散在组织各处的信息。主管的决定也需要向雇员传达。然而，由于决策者的有限理性和不完善的员工交流，导致了不完善的决策。

因此，还需要考虑因这些因素产生的未实现利润的机会成本。

激励成本包括控制和监督成本、绩效评价成本、冲突成本和非协调决策成本。

控制和监督成本来自于监督订单是否适当执行。这些成本包括共享服务中心中监督雇员的主管开支，以及评价各个雇员和交易绩效的开支。冲突、错误的指定或不一致的营运目标也会产生激励成本。当雇员的决定与负责人的决定不一致时，就产生了激励成本。例如，参与外包决策的公共行政人员会评估外包对其自身地位和职业的影响，尽管效率低下，但仍可能试图维持其所监督的雇员数量。正如第二章所述，公共部门决策者存在扩大组织规模的动机，因为其所管理的雇员与货币和非货币报酬之间通常存在正相关。因此，共享服务中心的领导宁愿额外承担过去由各机构执行的后台服务，也不愿将其中一些服务外包给私营部门供应商。

共享服务中心与所服务的公共机构之间的内部契约（通常称为服务水平协议）灵活度很大。这类契约属于非正式性程度较高的关系契约，在预期绩效的许多方面故意不做指明。贝克（Baker）等发现，关系契约"……使契约双方得以利用有关具体情况的详细信息，并在可以利用新信息时加以适应。"内部协议越来越多地使用关系契约的原因在于，与外部协议相比，关系契约不容易受到机会主义的影响。

将后台服务保留在组织内部之所以可以减少机会主义行为，原因有三：可以相对降低激励力度；更易于监督以及在争端解决方面具有优势。

首先，公共部门内部的激励力度相对较低。相对于私营后台服务供应商，管理共享服务中心的公共部门雇员瓜分小团体利益的可能要小得多。但激励力度较低的反面是激励强度的欠缺。其次，让公共部门共享服务中心执行后台职能有利于监督。如果某机构认为共享服务中心收费过高，内部审计开展起来相对容易。内部审计师不仅可以查阅成本结构等方面的书面记录，还可以通过面谈和其他方式收集非正式证据。最后，在解决争端方面，将后台服务保留在组织内部也有优势。各机构与共享服务中心之间的内部分歧可以通过法令来解决。在涉及可以察觉但无法证实的信息时，这一点尤为重要。

将后台服务保留在共享服务中心内，无须事先签订一份完全可行的合同。由于交易双方都存在公共部门实体，因此共同利润最大化的假设是有根据的，延误风险也可以得到缓解。决策可以延后，直到不确定性得以解决。因此，内部解决方案可以解决后台服务仅部分可收缩的一些缺点。

使用公共部门共享服务中心提供支持服务的另一个比较优势是，避免将核心竞争力外包出去。在共享服务中心执行后台职能也为公共部门决策者提供了选择价值，因为这样做保留了公共部门内部的专有技术，未来可能会将其用于其他活动，其公共价值由于存在不确定性而很难量化。例如，有效追踪资金流已成为美国政府反恐战争的一个重要组成部分。

总而言之，公共部门组织将聘用共享服务中心，直至开展增量后台交易的边际成本超过使用第三方服务供应商的边际成本。

9 跨期差异

本章将检验成熟度是否如前几章假设的那样，可用于解释共享服务构建过程中的一些关键差异。本章首先总结前几章提出的假设，然后介绍检验方法，最后探讨假设的检验结果。

9.1 假设

前几章的假设基于这样一个共同的假定：相比新设立的组织，成立时间五年以上的成熟组织更充分地体现了共享服务中心的理想类型特征。一般认为，五年时间足以完成后台流程从各机构到共享服务中心的过渡，并排除最初的若干缺陷。共享服务中心应能在五年时间里达到一定的规模，实现规模经济和范围经济效应，并按计划充分构建业务活动。

另外，新设立的共享服务中心与仍处于格式塔过程中的初创公司十分类似。其服务和流程可能还没有完全标准化，定价模型可能还是初步的，确定服务中心及其客户角色和职责的服务水平协议可能尚未订立或不够严谨。新设立的中心可能会为了尽可能地减少干扰，被迫做出一些初步的妥协，赢得机构或政治赞助商的支持，而更成熟的中心可能已经不需要这么做了。

表48汇总了前几章提出的所有假设。

9. 跨期差异

表48 假设

序号	假设
	……相比新设立的共享服务中心，共享服务中心越成熟……
假设1	……财务和会计流程占比越低……
假设2	……劳动力成本占比越低……
假设3	……认为共享服务的优势越多……
假设4	……认为共享服务的劣势越少……
假设5	……地点集中度越低……
假设6	……更倾向于选择绿地场所……
假设7	……提供的强制性服务越少……
假设8	……标准化程度越高……
假设9	……选择的收费策略越精准……
假设10	……规模扩张策略越多元化……
假设11	……越倾向于采用服务水平协议……
假设12	……所采用的服务水平协议越详尽……
假设13	……服务水平协议更新频率越低……
假设14	……对后台服务成本了解得越准确……
假设15	……目标达成与否对管理层的货币报酬影响越大……
假设16	……成本节约的实现程度越高……
假设17	……质量改进的程度越高……
假设18	……越不认为后台服务是政府"固有"职能……
假设19	……更换后台供应商越容易……
假设20	……认为资产专用性越低……
假设21	……变化越低……
假设22	……考虑的复杂性因素越低……
假设23	……执行后台服务的频率越高……
假设24	……越容易充分评价绩效……
假设25	……越独立地执行后台服务……
假设26	……认为外包具有更大优势……
假设27	……认为外包的劣势更少……

9.2 统计方法

为了检验表48中列出的27个假设,我们利用STATA进行了双样本t检验,在成熟和新设立的共享服务中心各变量均值相等的零假设下,计算了合并t统计量。双边替换假说认为两者是不等同的。

在零假设条件下,t统计量t分布的自由度为 $n_{成熟}+n_{新设立}-2$,即对所有调查对象所回答的问题而言,t分布的自由度为 $26 + 46 - 2 = 70$。

本研究公布了所有假设的样本均值和标准误差,即标准偏差的估计量。假设检验在0.1%、1%、5%和10%的显著性水平上进行。显著性水平并非越低越好,因为显著性水平越低,检验拒绝零假设的临界值就越高。因此,当零假设实际上为假时,会降低检验效能,此时就更难拒绝零假设了。

除检验的显著性水平以外,本研究还公布了显著性概率。显著性概率,也称为p值,是指可以拒绝零假设的最低显著性水平。

为了检验零假设即未知总体平均值——成熟的共享服务中心表示为m,新设立的共享服务中心表示为n——两者是相同的($\mu_m - \mu_n = d_0$),采用相同的样本均值(Ym-Yn)(Ym-Yw)作为估计量。合并方差估计量的公式为:

$$S^2_{pooled\ 合并} = \frac{1}{n_m + n_n - 2}\left[\sum_{i=1}^{n_m}(Y_i - \overline{Y}_m)^2 + \sum_{i=1}^{n_n}(Y_i - \overline{Y}_n)^2\right]$$

均值差的合并标准误差公式为:

$$SE_{pooled\ 合并}(\overline{Y}_m - \overline{Y}_n) = S_{pooled\ 合并} \times \sqrt{1/n_m + 1/n_n}$$

合并t统计量利用均值与标准误差之间的差异,来计算均值差为0的概率。合并t统计量公式为:

$$t = \frac{(\overline{Y}_m - \overline{Y}_n) - d_0}{SE(\overline{Y}_m - \overline{Y}_n)}$$

9.3 结果

接下来的六个小节将介绍假设的检验结果。每个小节均包含前文某一章中所提出的假设，从第三章第一节的假设开始，到第八章第六节的假设结束。

9.3.1 共享服务的特征

之所以提出假设1，是为了检验公共部门组织是否如许多私营部门公司一样，率先从财务和会计流程开始采用共享服务的（参见第三章）。要验证这一假设，新设立的共享服务中心的财务和会计流程与总流程之比必须比成熟组织更高。调查显示，52.17%的新设立的共享服务中心执行了财务和会计流程（参见表49）。而由于成熟的共享服务中心一般执行的流程也更多，因此成熟组织的这一百分比要高得多，达69.23%。

将财务和会计流程数除以流程总数，新设立组织的结果是24%，成熟组织的结果是23.68%。由于两者之间的差异极小，必须拒绝这一假设。因此，公共部门与私营部门不同，我们没有证据证明财务和会计流程是公共部门共享服务中心的传统起点。

假设2为成熟的共享服务中心的劳动力成本所占总成本的比例应该低于新设立的共享服务中心。假设2基于这样一个假定，即设立的时间越长，共享服务中心越能够精简流程和减少劳动密集型的人工。不出所料，尽管差异没有达到显著性（51.21%对比54.84%），成熟的共享服务中心的劳动力成本与总成本之比更低。

劳动力成本比率的相对相似性，在一定程度上可能是由第八章所述的就业供给刚性导致的，就业供给刚性使得公共部门减少劳动力变得更加困难。俄亥俄州共享服务微型案例研究表明，该州共享服务中心的所有工作人员都曾是州雇员，在共享服务中心达到最低效率规模后，由于生产率提高，这些工作人员不能被轻易解雇。

表49 共享服务特征和机构差异的假设检验

序号	假设描述	均值和标准误差		差	|Δt|	P值
		成熟的共享服务中心	新设立的共享服务中心			
假设1	财务流程与总流程之比	23.68 (3.59)	24.00 (3.72)	0.32 (3.78)	0.08	0.94
假设2	劳动力成本与总成本之比	51.21 (4.74)	54.84 (3.56)	-3.63 (5.89)	0.62	0.54
假设3	分摊固定成本	4.19 (0.25)	3.73 (0.15)	0.47* (0.27)	1.70	0.10
	因专业化而提高了劳动生产率	4.14 (0.23)	3.63 (0.14)	0.52* (0.25)	2.05	0.05
	因专业化而提高了资本生产率	3.86 (0.21)	3.30 (0.16)	0.56* (0.26)	2.10	0.04
	改善高峰工作负荷管理	3.86 (0.25)	3.48 (0.15)	0.38 (0.28)	1.38	0.17
	采购优势	4.19 (0.25)	3.55 (0.18)	0.64* (0.30)	2.13	0.04
	工艺和技术改进	4.24 (0.17)	3.65 (0.18)	0.59* (0.28)	2.11	0.04
	区位优势	3.48 (0.27)	2.80 (0.19)	0.68* (0.33)	2.06	0.04
	缓解各机构的管理压力	4.29 (0.16)	3.20 (0.15)	1.09*** (0.23)	4.63	0.00
	充分关注共享服务中心	4.05 (0.19)	3.33 (0.16)	0.72** (0.26)	2.81	0.01
假设4	透明度更高/监管更容易	4.19 (0.18)	3.50 (0.18)	0.69* (0.28)	2.44	0.02
	客户导向性更高	3.95 (0.21)	3.15 (0.22)	0.80** (0.34)	2.33	0.02
	机构的停业成本	2.29 (0.22)	3.26 (0.18)	-0.98** (0.30)	3.26	0.00
	共享服务中心的设立成本	2.52 (0.25)	3.67 (0.15)	-1.14*** (0.28)	4.09	0.00
	与各机构的信息和通信成本	2.33 (0.28)	3.67 (0.14)	-1.33*** (0.28)	4.73	0.00
	缺乏竞争/共享服务中心逃避责任	2.05 (0.19)	3.05 (0.16)	-1.00*** (0.26)	3.91	0.00
	共享服务中心的子目标的抵制	2.41 (0.27)	2.93 (0.17)	-0.52* (0.30)	1.72	0.09
	机构管理层的抵制	3.18 (0.33)	4.38 (0.15)	-1.20*** (0.32)	3.80	0.00
	政治成本	2.95 (0.33)	4.00 (0.17)	-1.05** (0.33)	3.18	0.00

附注：括号中为标准误差
*p<0.1, **p<0.05, ***p<0.01, ****p<0.001

9.3.2 政府机构差异

假设3的内容是，相比新设立的共享服务中心，成熟的共享服务中心更能评价共享服务的优势。运营时长在五年以上的中心应该可以完成过渡，并能体验到理想共享服务中心的优势。这种说法在第四章述及特有优势时曾经考查过。

除一项特有优势外，成熟的共享服务与新设立的共享服务中心之间的差异都非常显著。共享服务的两项协调成本优势达到最高显著性水平。

在缓解各机构管理层压力方面，成熟的共享服务与新设立的共享服务中心之间的差异在0.1%的水平上是显著的。相对于来自新设立组织的调查对象来说，所在组织实施共享服务超过五年的调查对象认为共享服务极大地节省了机构管理层的时间和精力。类似地，他们也更加认同（1%的水平），设立共享服务中心可以使组织充分重视支持活动。支持活动在新的环境中处于主导地位，不再是机构行政人员的一项次要职责。

我们认为，共享服务带来的众多的生产和激励成本优势在5%的水平上被认为是显著的。相对于新设立的组织，成熟的公共部门组织认为，通过专业化和采购优势以及工艺和技术的改进来提高劳动和资本生产率，最终实现规模和范围经济效应更具有意义。类似地，相对于新设立的组织，成熟的公共部门组织对提高透明度、简化监督以及加强对客户的导向性所带来的区位优势和激励成本降低的认可度更高。

在10%的水平上，相对于新设立的组织，成熟的组织认为固定成本的分摊和服务质量的改进更加有利。

共享服务唯一没有达到显著性的优势是高峰工作负荷管理。如第五章所述，大多数内部客户都来自同一公共部门组织，高峰期的差别可能并不是很大，因此成熟的组织并没有体会到这种优势。

作为前一假设的推论，假设4假定，相对于新设立的共享服务中心，成熟的共享服务中心认为共享服务的劣势较少。这一假设并没有被拒绝，因为成熟组织对共享服务全部七个特有劣势的打分较低。全部协调成本劣势、三种激励成本劣势中的两种以及共享服务的政治成本劣势差异在0.1%或1%的水平上具有统计学意义。交易成本劣势包括各机构的停业成本、共享服务组织的设立成本、与单个机构的信息和通信成本、共享服务中心缺乏竞争/逃避责任，以及机构管理层的阻力。共享服务只有一个劣势，即对共享服务中心潜在子目标的识别达到了10%的显著性水平。

从这些结果可以看出，各组织对共享服务的满意度很高。与新设立的组织相比，长时间使用共享服务的组织可以更强烈地体会到共享服务的积极影响，对消极影响的体会则不那么明显。成熟的组织可以更好地评价转向共享服务的结果，其相对较高的批准率说明，共享服务中心能够在公共部门内成功运营。

9.3.3 共享服务架构

本节将分析第五章提出的假设。关于共享服务的选址有两种假设。假设5假定，成熟的共享服务中心集中度低于新设立的共享服务中心；假设6假定，成熟的共享服务中心倾向于选择绿地场所。

由表50可以看出，假设5在0.1%的水平上未被拒绝。尽管新设立的共享服务中心平均使用1.36个场所，成熟的共享服务中心平均使用2.69个场所，几乎是前者的两倍。因此，成熟的共享服务中心的集中度更低。在证明了共享服务的可行性令各机构尝到甜头之后，共享化流程的数量通常会增长。这些流程通常在新的地区执行。

在私营部门，惠普（Hewlett-Packard）等大型组织已开始采用共享服务。这些大型组织首先整合了美国和欧洲的地区性后台活动，然后将这些活动转移到印度。但受调查的公共部门组织似乎未在成立后迁移共享服务中心。与假设6相反，新设共享服务中心的公共部门组织所建立的绿地业务反而更多。首先选择棕地共享服务中心，然后在低成本地区采取绿地策略（共享服务曾经遭遇的抵制减少了，以实现更多的区位经济效益），似乎并非所有组织共同的发展轨迹。由于只有5.6%的受调查组织选择其管辖范围以外的绿地组织，在当地社区或所在州范围内迁移共享服务中心似乎并未实现明显的生产成本节约，因此不足以解释与迁移决策相关的政治成本为何增加。

表50 共享服务架构、成本与质量效应的假设检验

均值和标准误差

序号	假设描述	成熟的共享服务中心	新设立的共享服务中心	差	|Δt|	P值
假设5	地点集中度	2.69 (0.31)	1.36 (0.17)	1.34*** (0.32)	4.19	0.00
假设6	共享服务中心的绿地场所	0.27 (0.09)	0.28 (0.07)	-0.01 (0.11)	0.12	0.90
假设7	强制各机构使用共享服务中心	2.42 (0.23)	2.30 (0.16)	0.13 (0.27)	0.47	0.64
	产出标准化	3.92 (0.17)	3.60 (0.15)	0.32 (0.23)	1.41	0.16
	服务频率标准化	4.20 (0.13)	3.69 (0.14)	0.51* (0.21)	2.42	0.02
假设8	流程标准化	3.88 (0.19)	3.50 (0.15)	0.38 (0.24)	1.58	0.12
	系统标准化	4.08 (0.16)	3.60 (0.15)	0.48* (0.23)	2.11	0.04
	价格标准化	3.96 (0.16)	3.83 (0.16)	0.13 (0.24)	0.52	0.61
假设9	收费系统	3.24 (0.31)	3.05 (0.27)	0.19 (0.43)	0.46	0.65
假设10	共享服务中心规模扩张	2.41 (0.34)	2.14 (0.22)	0.27 (0.39)	0.70	0.49
假设11	服务水平协议	0.85 (0.07)	0.68 (0.07)	0.16 (0.11)	1.52	0.13
假设12	服务水平协议的内容范围	5.41 (0.20)	4.37 (0.31)	1.04* (0.40)	2.62	0.01
假设13	服务水平协议的更新	3.41 (0.24)	3.52 (0.25)	-0.11 (0.36)	0.30	0.76
假设14	后台服务的精确成本	1.68 (0.17)	2.14 (0.11)	-0.46* (0.19)	2.44	0.02
假设15	货币后果	2.83 (0.31)	2.72 (0.21)	0.11 (0.37)	0.31	0.76
假设16	已实现的成本变动	10.77 (0.91)	9.74 (0.46)	1.03 (0.91)	1.13	0.26
假设17	已实现的质量变化	12.73 (0.62)	10.02 (0.51)	2.71* (0.84)	3.21	0.02

附注：括号中为标准误差
*$p<0.1$, **$p<0.05$, ***$p<0.01$, ****$p<0.001$

如第五章所述，近60%的受调查公共部门组织要求其各机构采用共享服务中心来支持其全部或大部分后台服务。如第六章所述，这样做会导致成本节约和质量改善的幅度降低，原因是垄断供应商缺乏高效提供服务的积极性。

假设7假定，成熟度会影响合同义务。相对于新设立的共享服务中心，成熟的共享服务中心提供的强制性服务较少。虽然预计这种差异会出现，但并没有达到显著性水平。这表明，数年之后公共部门组织可能也不会允许其机构终止从共享服务中心采购后台活动。如果一些机构转而选择私营服务供应商而非公共部门共享服务中心，对于余下的内部客户而言，服务价格可能会飙升，从而遭到这些机构的政治监管人员的抵制。

假设8假定，相对于新设立的共享服务中心，成熟的共享服务中心标准化程度更高。预计各组织首先会"提升和转变"其流程，然后再将流程标准化。研究发现，在所有成熟的共享服务中心中，被分析的所有个体类别的流程标准化程度都较高：产出、服务频率、流程、系统和价格。研究发现，服务频率和所用系统的差异在5%的水平上具有统计学意义。价格标准化程度的差异最小。

正如假设9所预计的，相对于新设立的共享服务中心，成熟的共享服务中心倾向于选择较复杂的收费系统。但这一差异并无统计学意义。这着实令人惊讶，因为成熟的共享服务中心对其成本结构有更深入的理解（参见假设14），并且可以凭借更高的透明度对个别交易收费，而非根据机构规模等指标简单地在其客户之间分摊共享服务中心的成本。如果未能随时间推移使定价机制趋于标准化，就会打击共享服务中心及其客户降低成本的积极性。如果所有成本均能得到补偿，共享服务中心就不会积极主动地降低成本。共享服务中心的管理层将倾向于过度生产，因为其地位和报酬往往与共享服务中心在公共部门内的规模挂钩。如果必须支付固定的费用，各机构会倾向于过度消费所提供的服务，并且没有理由帮助共享服务中心降低成本，例如准确地履行职责。不选择较复杂的收费系统的好处有：简单的系统更易于管理；可以节省交易的谈判成本；无须收集和分析其他公共部门共享服务中心或私营服务供应商的市场价格。

假设10假定，成熟的和新设立的共享服务中心所采用的规模扩张策略是不同的。虽然累积结果的差异没有统计学意义（参见表50），但对个别策略的深入分析表明，成熟的和新设立的共享服务中心不同程度地选择了许多策略（参见图62）。

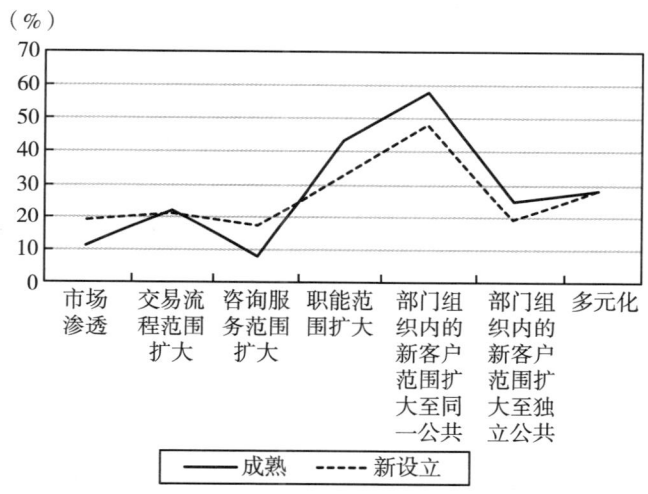

图62 受调查组织的共享服务中心扩张策略

相对于成熟的共享服务中心，新设立的共享服务中心对市场渗透策略的实施程度更高。新设立的中心努力地向当前客户提供更多的现时服务，如通过进一步接管仍由各机构内部开展的活动等，以此实现增长。相对于成熟的共享服务中心，新设立的中心更加经常采用的一个策略是扩大咨询流程的范围，即向当前客户提供更多基于知识的服务。

另一方面，成熟的共享服务中心对职能范围扩展策略的采用相对更为频繁。在渗透到某一职能范围时，如信息技术，接管诸如应用程序维护与开发、数据中心运营、桌面支持以及电信、硬件和软件获取等流程后，某个组织如果仍想拓展其共享服务的范围，该组织可能会被迫转向另一个新的职能领域，如人力资源。

相对于新设立的共享服务中心，成熟的共享服务中心也更倾向于实施市场开发策略。成熟的共享服务中心向同一公共部门组织内的其他机构和独立组织提供服务的情况明显多于新设立的共享服务中心。

假设11到假设13均涉及服务水平协议。约84%的成熟共享服务中心与客户签订了服务水平协议，而约65%的新设立的共享服务中心与客户签订了服务水平协议。当p值为0.13时，这一差异几乎不明显。

相对于实际签订服务水平协议与否，共享服务中心所处的生命周期阶段对服务水平协议内容的影响更大。总的来说，成熟的共享服务中心所使用的服务水平协议比新设立的共享服务中心更复杂，而这一假设在5%的显著性水平上未被拒绝。成熟的共享服务中心明确规定服务水平协议的各部分内容，而这一情况在新设立的共享服务中心却较少。所有成熟的共享服务中心以及80%的新设立的共享服务中心都在服务水平协议中对服务进行了界定。类似地，95%的成熟共享服务中心与80%的新设立的共享服务中心相比，界定了各机构的角色和职责。

在共享服务中心的角色和职责界定方面，两者之间的差异要小得多（91%对87%）。90%以上的成熟的共享服务中心将绩效评价纳入服务水平协议，而只有三分之二的新设立的共享服务中心这样做。有82%的成熟的共享服务中心在服务水平协议中规定了价格，但仅有三分之二的新设立的共享服务中心这样做。最后，70%以上的成熟的共享服务中心和仅半数的新设立的共享服务中心将问题和争议管理流程纳入到服务水平协议中。

假设13假定，相对于新设立的共享服务中心，成熟的共享服务中心对服务水平协议的更新频率更低。作出该假设的理由是，成熟的共享服务中心所面临的环境相对稳定，而新设立的共享服务中心须应对许多变化，需更加频繁地更新协议。虽然预计这一差异会出现，但未达到显著性水平。

相比新设立的共享服务中心，成熟的共享服务中心对后台服务成本的了解更深入，这一假设在5%的显著性水平上未被拒绝。长年执行流程有助于成熟组织提高透明度和确定各个流程的成本。另一方面，新设立的组织难以区分设立共享服务中心的成本和将各个流程转移到共享服务中心的一次性成本以及正在进行的流程成本。此外,许多流程会先转移到共享服务中心,再进行修改,因此各流程最初的成本可能会发生很大的变化。

尽管透明度的提高有助于评价共享服务中心的绩效,但在目标未实现的情况下,成熟的公共部门组织不会对管理层的货币薪酬施加统计学上显著的更大影响(假设15)。对于此现象的一个可能的解释是,公共部门的薪酬与绩效之间的关系一般不太明显(参见第二章)。在受调查的公共部门组织中,只有三分之一的组织表示,如果未达到或实现目标,共享服务中心管理层的货币薪酬会受到高或极高的影响,而这种情况在成熟组织与新设立组织之间的差异极小。

9.3.4 成本与质量效应

假设16和假设17涉及向共享服务过渡所实现的成本与质量效应。

如上文所述,各组织经常将所属各机构执行的支持流程"提升和转变"至共享服务中心,然后再进行重新改造。摩根大通/麦肯锡的一项研究认为,共享服务降低成本的60%源自共享服务中心设立后的流程再造,流程再造会消除步骤与瓶颈,减少异常,并使活动标准化和自动化。

在受调查的公共部门组织中,成熟的共享服务中心比新设立的共享服务中心节约了更多的成本。然而,该差异(约6.5%对比约2.25%)并无统计学意义,因此成熟的共享服务中心比新设立的共享服务中心实现更多的成本节约这一假设需要被拒绝。

共享服务中心的成熟度对所报告的质量效应有较强的影响。成熟的共享服务中心所报告的质量改进约为16.5%。另一方面,新设立的共享服务中心仅报告了约3%的质量改进,这一差异在5%的水平上是显著的。

这证明了一个重要事实:提高质量需要时间。仅仅将流程从机构转移到共享服务中心,还不足以实现质量改进。在转向共享服务中心后进行流程再造,往往要比让一群不同的雇员在较远的地点自主完成相同的工作来得容易。在过渡期之后,实现质量改进的最佳实践可应用于所有流程,如降低错误率。

9.3.5　美国公共部门特征

假设20假定，相对于新设立的共享服务中心，成熟的共享服务中心认为后台服务的政府固有属性较弱。事实就是如此，正如表51所示。根据表51，来自成熟共享服务中心的35.11%的调查对象和来自新设立共享服务中心的45.95%的调查对象将后台服务归类为政府固有服务。

由于成熟的共享服务中心往往并不认为后台服务与公共利益密切相关，需要由公共部门雇员来执行，因此倾向于将更多的后台服务外包给私营公司，而非新设立的共享服务中心。尽管前者外包了18.64%的后台流程，后者仅外包了16.60%。此外，相对于新设立的共享服务中心，成熟的共享服务中心打算日后将更多的支持服务外包出去（3.59对比3.50，总体结果如图47所示）。

这些调查结果尽管没有统计学意义，但可能表明，与私营部门类似，公共部门共享服务中心是日后外包的重要一环。

9.3.6　对外包的影响

假设19假定，相对于新设立的共享服务中心，成熟的共享服务中心认为更换后台供应商比较容易。事实的确如此，差异在1%的水平上达到显著水平（参见表51）。尽管新设立的共享服务中心对更换供应商难度的打分为1.95（非常接近2，意味着困难），但成熟的共享服务中心的打分为2.95（非常接近3，意味着不确定）。对这一鲜明对比的一种可能的解释是，至少一些新设立的共享服务中心可能仍然深陷迁移问题当中。另一种可能解释是，来自成熟共享服务中心的一些调查对象可能在五年或更多年前不曾亲身参与设立共享服务中心，低估了所在组织当时所面临的最初的困难。

假设20假定，相对于新设立的共享服务中心，成熟的共享服务中心认为五类资产专用性较低。调查结果支持了这一观点。成熟和新设立的共享服务中心在实物资产专用性方面的差异在1%的水平达到显著性。相对于新设立的共享服务中心，成熟的共享服务中心显然更倾向于这样的观点：计算机、打印机、扫描仪和其他设备可以用于多个流程和客户。

表51　美国公共部门特征和对外包影响的假设检验

序号	假设描述	均值和标准误差		差值	|t△|	P值
		成熟的共享服务中心	新设立的共享服务中心			
假设18	政府固有的	35.11 (6.51)	45.95 (4.95)	−10.84 (8.38)	1.29	0.20
假设19	更换后合供应商	2.95 (0.30)	1.95 (0.14)	1.00** (0.30)	3.38	0.00
	区位特性	2.50 (0.29)	3.32 (0.18)	−0.82* (0.32)	2.51	0.01
假设20	实物资产专用性	2.65 (0.29)	3.61 (0.17)	−0.96** (0.31)	3.06	0.00
	专用资产专用性	2.85 (0.30)	3.68 (0.16)	−0.83* (0.31)	2.65	0.01
	人力资本专用性	3.05 (0.29)	3.61 (0.19)	−0.56 (0.33)	1.66	0.10
	声誉专用性	2.80 (0.29)	3.11 (0.18)	−0.31 (0.32)	0.94	0.35
假设21	动态	2.82 (0.21)	3.61 (0.16)	−0.79** (0.27)	2.95	0.00
假设22	复杂性	3.09 (0.26)	3.76 (0.16)	−0.67* (0.29)	2.33	0.02
假设23	频率	4.09 (0.19)	3.83 (0.13)	0.27 (0.23)	1.18	0.24
假设24	评价	3.82 (0.22)	2.90 (0.16)	0.92** (0.28)	3.31	0.00
假设25	自主性	3.27 (0.25)	2.37 (0.14)	0.91** (0.26)	3.46	0.00
	更大的规模经济和范围经济效应	3.68 (0.27)	3.43 (0.19)	0.26 (0.33)	0.78	0.44
	更好的区位	2.77 (0.29)	2.28 (0.17)	0.50 (0.31)	1.59	0.12
假设26	缓解公共部门就业供给刚性	3.32 (0.23)	2.83 (0.19)	0.49 (0.31)	1.58	0.12
	缓解公共部门其他刚性	3.27 (0.21)	3.03 (0.16)	0.25 (0.27)	0.92	0.36
	搜索成本	2.82 (0.27)	3.58 (0.17)	−0.76* (0.30)	2.54	0.01
	信息成本	2.68 (0.19)	3.71 (0.17)	−1.03*** (0.27)	3.82	0.00
	谈判/协议成本	2.95 (0.28)	3.53 (0.17)	−0.57T (0.31)	1.85	0.07
假设27	低效谈判结果的成本	2.91 (0.29)	3.61 (0.15)	−0.70* (0.30)	2.35	0.02
	修改成本	2.96 (0.28)	3.97 (0.14)	−1.02*** (0.28)	3.62	0.00
	声誉成本	2.55 (0.26)	3.66 (0.15)	−1.11*** (0.28)	4.02	0.00
	诉讼成本	2.18 (0.24)	2.89 (0.16)	−0.71* (0.28)	2.52	0.01
	政治成本	3.00 (0.28)	3.42 (0.22)	−0.42 (0.36)	1.17	0.25

附注：括号内为标准误差
T p<0.1，*p<0.05，**p<0.01，***p<0.001

对于区位特性和专用资产专用性，差异在5%的水平上达到显著性。成熟的共享服务中心认为，它们出于选址原因或出于向特定客户销售支持服务的前景分析所做出的投资低于新设立的共享服务中心。

虽然人力资本专用性的结果略微显得欠缺统计学意义（p值为0.1024），但结果符合预期。成熟的共享服务中心认为，为打造人力资本做出的投资在更广泛的应用领域内也是有用的，而不仅仅局限于一个流程或一个客户。类似地，尽管对新设立的共享服务中心影响相当小，但成熟的共享服务中心对声誉专用性的打分更低。

假设21和假设22都涉及不确定性。假设21假定，相对于新设立的共享服务中心，成熟的共享服务中心认为提供支持服务所需的流程、技能和技术缺乏变化。由于在5个百分点的范围内差异为0.79，该假设未在1%的水平上被拒绝。假设22假定，成熟的共享服务中心认为流程、技能和技术并不那么复杂，即由少量的相关外部因素构成。研究发现，差异在5%的水平上是具有统计学意义的。因此，相对于新设立的共享服务中心，成熟的共享服务中心对这两个维度的不确定性打分更低。随着处理外部环境的经验不断增长，感知到的不确定性明显减少。

假设23假定，成熟的共享服务中心执行后台服务的频率高于新设立的共享服务中心。虽然该假设被证明属实，但差异并没有统计学意义。两类共享服务中心都以较高的频率开展活动。

正如假设25所预计的那样，两类共享服务中心在与其他交易的关联性上有所不同。相对于新设立的共享服务中心，成熟的共享服务中心更加独立于其他交易。两类中心的差异在1%的水平上达到显著性。成熟的共享服务中心与其他交易的关联性更低，因为它们有更多的时间将相互联系的活动转移至共享服务中心，从而最大限度地减少与各个机构的联系。

假设26假定，相对于新设立的共享服务中心，成熟的共享服务中心会认为将支持服务外包更为有利。虽然结果在统计学上并无显著性，但对于所评价的所有外包优势来说，该假设确实属实。成熟的共享服务中心会更加认同：

私营公司可能会实现更大的规模经济和范围经济效益，并且可以在更好的地区运营，因为私营公司并不局限于在特定的管辖范围内建立组织。此外，相对于新设立的共享服务中心，成熟的共享服务中心对缓解公共部门就业供给刚性和采购刚性这一优势的打分更高。

作为前一假设的推论，假设27假定，相比新设立共享服务中心，成熟的共享服务中心会认为外包的劣势更少。由于成熟的和新设立的共享服务中心之间的差异均符合预期，且在统计学上具有显著性，因此对于所有交易成本而言，该假设未被拒绝。对于信息成本、修改成本和声誉成本，研究发现差异在0.1%的水平上甚至达到了显著性。另一方面，对于政治成本来说，差异虽然符合预期，但未达到显著性。

10 结论

在这一章中,我们将总结主要研究成果和见解,并对有关未来公共部门共享服务的研究提出建议。

10.1 研究成果汇总

本书旨在丰富公共部门共享服务的理论和实证基础,并分析相对于开展后台活动的其他主要方式——在单独的机构内进行或外包给私营服务供应商——共享服务中心的优缺点。

如第二章所述,共享服务与新公共管理的目标是一致的。共享服务中心这一概念更有利于激励其管理层改善组织绩效,并赋予管理层权力,通过消除阻碍创新的规则和程序来实现他们的目标。共享服务也符合改革运动的顾客导向宗旨,因为共享服务中心会公布对所提供服务的成本、质量和及时性的持续评估结果。

第三章收集了共享服务最常用的定义,并将共享服务在私营部门取得成功的原因追溯至20世纪初多部门公司的引入。根据部门而不是职能来设计组织结构,导致了各业务部门支持服务的重复。第三章分析了过去各公司对这种重复现象的应对措施,即引入共享服务的前身如中央行政区域、中央部门或企业员工。这一章介绍了作为多部门型先驱的美国公司如何率先为财务和会计流程建立共享服务,并将控制和支持活动分离开来。这种分离使员工免于执行多个可能相互冲突的任务，比如在提高响应性的同时执行公司标准。

私营部门采用共享服务是信息和通信技术进步的结果，技术的进步更易于按照可编码性、标准化性、模块化性三个维度分解支持服务。公司采用共享服务后，通常不再需要接近特定的业务部门，因而执行支持服务时能够从全球劳动力成本差价中受益。

在私营公司采用共享服务20年后，公共部门组织开始接受共享服务中心，这主要是预算危机和机构迫切需要削减相关成本导致的。由于缺乏关于公共部门共享服务的可靠数据，本研究收集了对72个美国公共部门组织实证调查取得的主要数据。

调查结果显示，信息技术是公共部门申请共享服务最常见的领域，而不像私营公司那样最常见的领域是财务和会计。

第三章研究了美国公共部门组织成功建立共享服务的三个案例——伊利诺伊州、俄亥俄州和国家航空航天局。这些案例展示了公共部门组织在中心范围、中心位置、合同义务和其他特征方面可以采用的各种方法。

第四章分析了建立公共部门共享服务中心相对于在各个单独机构中开展支持活动的比较优势和劣势。公共部门组织选择的是最小化生产、交易和政治成本总和的组织形式。

由于具有规模经济和范围经济优势，共享服务中心能够降低开展后台活动的生产成本。共享服务中心能够将固定成本分摊到更多的部门，并通过专业化提高劳动和资本生产率。共享服务中心将能够更好地管理其高峰负载，实现采购优势，并更容易跟上技术发展的步伐。最后，因为可以设置在比各个单独机构成本更低的地区，共享服务中心将可以实现区位经济。

设立共享服务中心也有一些交易成本优势，减轻了各机构内部的管理压力，使共享服务中心管理层能够有充足的精力管理后台服务，提高了透明度，降低了监管难度，加强了客户导向。但设立共享服务中心也会增加交易成本。各机构的停业成本、共享服务组织的设立成本、与各个机构的信息和通信成本都增加了协调成本。由于缺乏竞争、子目标识别和机构管理层反对而导致的推诿增加了激励成本。

除了生产和交易成本外，在决定公共部门支持服务的组织设计时还需要考虑政治成本。政客们很可能会评估建立共享服务中心对其连任机会的影响，连任机会可能会因各机构解雇公务员而减少。

第五章介绍并分析了有关共享服务架构（包括区位策略、组织结构和激励结构）的调查结果。在本研究中，大多数共享服务中心：

- 选择一个实际的共享服务中心区位（43.7%）
- 将共享服务中心设在总部（60.6%）
- 把接近内部客户作为一个主要的区位选址标准（52.2%）
- 要求各机构一般必须选择使用共享服务中心，但偶尔可以自行选择是否使用共享服务中心（31.4%）
- 将服务频率视为最为标准化的项目（74.6%）
- 将共享服务中心组织为业绩中心（40%）
- 采用成本加成定价策略（23.5%）
- 在共享服务治理结构中采用指导委员会（61%）
- 计划将共享服务中心的服务范围扩大至同一公共部门组织的新客户（50.7%）
- 采用服务水平协议（74.3%）
- 在服务水平协议中界定共享服务中心的服务、角色和职责（88.5%）
- 每年更新服务水平协议（76.5%）
- 共享服务中心的管理层达到目标与否，对其收入影响极小（31.3%）

第六章分析了72家受调查组织建立共享服务中心的成本与质量效应。公共部门组织将其支持服务转变为共享服务中心，可以削减成本和改进质量。平均而言，这些组织降低了3.5%的成本，提高了7.7%的质量。这些结果低于预期——这些组织预期的成本与质量效应分别为11.0%和10.1%，而且在成本节约方面显著低于有关私营部门推行共享服务中心的四项研究所取得的27.8%的平均水平。之所以达不到私营部门在降低成本方面的成就，其中一个原因是大多数公共部门组织未充分利用区位经济和劳动力套利机会，只有5.6%的公共部门组织将共享服务中心设在美国的管辖范围以外，没有一家公司在海外设立共享服务中心。

这一章建立了一个包含四（六）个回归因子的回归模型，解释了42.3%（59.1%）的自变量变化，实现了成本（质量）效应。成本节约和质量改进对下列组织来说都是最高的：

- 来自地方部门（成本降低4.3%和质量改进11.8%）
- 雇用1 001–5 000个员工（8.5%和14.4%）
- 由共享服务中心管理层评估（6.5%和13.8%）
- 选择其管辖范围内的绿地区位（11.9%和11.5%）
- 执行采购流程（7.6%和11.3%）
- 赋予机构与共享服务中心签订合同的绝对自主权（11.9%和13.0%）

第七章考察了美国公共部门外包后台服务的特点。美国政府将活动划分为政府固有活动、非竞争性商业活动和竞争性商业活动，只有后者被外包给私营服务供应商。受调查组织的后台职能可以分为三类，42.3%属于政府固有活动，17.2%属于非竞争性商业活动，40.5%属于竞争性商业活动。回归模型表明，分类可以解释外包支持服务35.7%的百分比变化。总的来说，受调查的组织外包了17.3%的后台服务，即不到一半的竞争性商业活动。超过一半的组织未来打算将更多的支持服务外包出去，只有10%的组织计划减少外包。

第八章研究了使用外部服务供应商而非公共部门共享服务中心提供后台服务的相对优势和劣势。考虑到规模经济和范围经济、区位优势以及消除了公共部门雇员和采购方面存在的僵化现象等优势，雇用私营服务供应商——符合第二章所述的"引导而不是争吵"的新公共管理范式——可以降低生产成本。

然而，交易成本更高。由于交易成本由资产特性、不确定性、频率、可度量性和相互依赖性五个维度决定，因此本研究邀请了72个公共部门组织根据这些维度评价支持服务。大多数组织表示：

- 更换后台供应商很困难（36.5%）
- 执行后台服务所需的流程、技能和技术是不断变化的（36.5%）
- 执行后台服务所需的流程、技能和技术有些复杂（30.2%）
- 后台服务执行频率高（54.8%）
- 很容易衡量这些服务是否得到充分执行（31.7%）
- 服务可以在中立自主的情况下执行（38.1%）

考虑到资产专用性的重要性，第八章还对区位特性、实物资产专用性、专用资产专用性、人力资本专用性、声誉专用性的程度进行了评价，其中人力资本专用性程度最高。此外，还分析了资产专用性对不确定性和频率维度的影响。当资产专用性较低时，无论不确定性和频率的程度如何，外包供应商都将是首选方案。所建立的回归模型表明，五个维度可以解释所观察到的变化在外包后台活动中占比18.7%的原因。

第八章还分析了雇用外部服务供应商的交易成本劣势。由于雇用外部服务供应商会导致搜索、信息和协议成本的增加，以及低效谈判结果的成本，故协调成本增加。由于监管和执行成本增加，激励成本相应增加。

最后，雇用私营服务供应商也可能导致政治成本增加。为了防止公共部门的工作岗位被转移到另一个司法管辖区，政客们可能更倾向于设立共享服务中心，而不考虑政治和交易成本。

最后一章检验了27个关于共享服务中心成熟度影响的假设。潜在的假设是，成熟的共享服务中心——那些已存在五年以上的共享服务中心——比新设立的共享服务中心更充分地表现出共享服务中心的理想类型特征。的确，这两个群体之间存在着相当大的差异。以下关于成熟共享服务中心与新设立共享服务中心差异的假设未被驳回（$p<0.05$）。成熟的共享服务中心：

- 认为共享服务的优势较大
- 认为共享服务的劣势较小
- 区位集中度更高
- 服务和系统频率的标准化程度更高

- 服务水平协议覆盖范围更广
- 更精确地了解后台服务的成本
- 质量改进的程度更高
- 认为更换后台服务更容易做到
- 认为区位、实物资产和专用资产专用性程度较低
- 认为活力和复杂性较低
- 可以更容易地充分评价绩效
- 更自主地执行后台服务
- 认为外包的交易成本劣势较小

10.2 未来可能的研究方向

一项学术研究是无法完全涵盖公共部门共享服务的复杂课题的。本书旨在推动研究，以深化对该课题的认识。未来有五个研究领域似乎特别有希望取得突破。

第一，虽然本书是迄今为止公共部门共享服务方面最全面的学术研究，但由于样本量相对较小，往往无法获得具有统计学意义的结果。例如，在回归模型中，系数有预期的符号，但没有达到显著性。随着越来越多的公共部门组织转向共享服务，将来应该有可能获得更大的样本，从而对变量作出更有力和更可靠的解释。

第二，可以开展一项新研究，使数据客观化。在本论文中，调查数据是自报的。如第六章所述，共享服务中心管理层对自身绩效的评估远远高于共享服务中心的内部客户。为了减少评价共享服务时感知差异所造成的偏见，可以收集和分析原始数据和内部文献。如有可能，应收集设立共享服务中心前后准确的后台服务成本。对于只能主观评价而无法客观核查的变量，可以同时询问同一公共部门组织不同部门的代表，以查明可能的差异。

第三，本研究包括伊利诺伊州、俄亥俄州和美国国家航空航天局的案例

研究。还需要进行更多的案例研究，以便更深入和更长期地探讨各个公共部门组织在设立共享服务中心时所面临的问题，从而揭示协调和激励各个组织部门的最佳做法。

第四，未来的研究重点应放在第五章探讨的共享服务架构的理论发展上，尤其应对垂直和水平差异更详细的分析。由此，可以更深入地了解公共部门共享服务的合同义务和适当的定价机制等问题，从而有可能确定共享服务中心发展的更详细的阶段划分，证明存在不同的合同类型和收费模式的必要性。

第五，应扩大研究的地理范围。本调查仅包括美国公共部门组织。未来需要开展更多研究，分析其他国家的公共部门组织是如何设计其支持服务的。这将有助于评估美国公共部门组织是否与20世纪80年代的私营部门组织类似，在采用公共部门共享服务方面走在前列。特别值得研究的是，公共部门共享服务在中国等新兴经济体的使用情况。

附录：调查问卷

公共部门共享服务中心
杰德·施瓦茨（Gary Schwarz）
奥托·拜斯海姆管理学院
哈佛大学文理研究生院研究员
哈佛大学肯尼迪政府学院助教

调查对象会收到一份调查结果摘要，他们可以以普通公共部门组织为标准，衡量自己所涉及的组织。涉及个人的结果是完全保密的——我们不会公布任何涉及个人的结果。

调查对象完成问卷后将有可能抽中一张亚马逊网站价值100美元的优惠券，本次调查共设优惠券三张。

填完的问卷请通过以下方式返回：
邮寄：美国马萨诸塞州坎布里奇阿伯丁大道79号，邮政编码02138
电子邮箱：gschwarz@fas.harvard.edu
传真：617-812-0317

A.组织背景
1.公共部门组织的名称：＿＿＿＿＿＿＿＿＿＿＿＿＿＿＿＿＿＿

2.部门分类（单选）

☐联邦　　　　　　　　☐州　　　　　　　　　☐地方

3.雇员人数（即：如果属于联邦，您所涉及的整个部门/机构规模多大？如果属于州或地方，整个政府规模多大？）（单选）

☐<1 000　　　　　　　☐1 001-5 000　　　　　☐5 001-10 000

☐10 001-20 000　　　　☐20 001-50 000　　　　☐>50 000

4.共享服务中心执行哪类流程？（多选）

☐财务与会计　　　　　☐信息技术　　　　　　☐人力资源

☐采购　　　　　　　　☐其他

5.调查对象概况（单选）

☐共享服务中心监管人员（首席体验官、行政办公室）

☐共享服务中心管理人员

☐共享服务中心客户（机构、部门）

☐其他

6.您所涉及的组织使用共享服务多长时间？（单选）

☐考虑使用

☐自首次使用起不满一年

☐自首次使用起1-2年

☐自首次使用起3-5年

☐自首次使用起6-10年

☐自首次使用起10年以上

B.共享服务中心的组织结构与管理

1.共享服务中心的实际数量有几处？（单选）

☐0　　☐1　　☐2　　☐3　　☐4　　☐5或以上

2.与您相关的共享服务中心设在哪里？（多选）

☐棕地（在现有区位内、在机构内）

□棕地（在现有区位内、在总部内）

□管辖范围内的绿地（不同的新的区位）

□管辖范围外但仍属美国境内的绿地（不同的新的区位）

□管辖范围外且美国境外的绿地（不同的新的区位）

3.请根据您的情况，对下列决定共享服务中心区位的标准，按重要性进行排序。[仅排出最重要的三个标准：最重要（1），第二重要（2），第三重要（3）]

_____ 劳动力成本

_____ 不动产成本

_____ 邻近总部

_____ 邻近内部客户

_____ 交通便利

_____ 熟练的劳动力供给充裕

_____ 经济发展激励

_____ 支持欠发达地区

_____ 政治考量

_____ 生活质量

4.机构使用共享服务中心是强制的还是自愿的？（单选）

□全部强制　　　　　　　　□大多数自愿，少数强制

□大多数强制，少量自愿　　□全部自愿

5.向各机构提供的以下服务的标准化平均程度有多高？

	（非常低，	低，	中等，	高，	非常高）
– 产出	□	□	□	□	□
– 服务频率	□	□	□	□	□
– 流程	□	□	□	□	□
– 系统	□	□	□	□	□
– 价格	□	□	□	□	□

6.您所涉及的共享服务中心的最重要的绩效评价基础是什么？（单选）

☐成本中心（负责降低成本）

☐预算中心（……以满足预算）

☐收入中心（……使收入最大化）

☐业绩中心（……以满足服务水平协议）

☐利润中心（负责成本和收入）

☐投资中心（利润中心负责投资决策）

☐其他

7.机构使用共享服务中心怎样收费？（单选）

☐免费

☐成本加成收费（即在共享服务中心引致的成本基础上加上管理费）

☐固定收费

☐在预定范围内的固定收费（即如需求超过阈值，则重新协商）

☐基于交易收费

☐基于市场收费

☐其他

8.您所涉及的共享服务治理结构是否包含以下委员会？（多选）

☐指导委员会　　☐咨询委员会　　☐用户委员会　　☐其他

9.您是否打算扩大共享服务中心的范围？如果是，如何扩大？（多选）

☐没有扩大范围的计划

☐市场渗透（如更多地向相同的客户提供相同的服务）

☐扩大交易流程范围

☐扩大咨询流程范围（如提供更多以知识为本的服务）

☐扩大职能范围（如除信息技术服务外再纳入人力资源）

☐将范围扩大至同一公共部门组织内的新客户

☐将范围拓展至其他独立组织中的新客户

☐经营多样化（如为新客户提供新服务）

10.您在共享服务中心与机构之间是否使用服务水平协议?(单选。如为是,请回答B11和B12题。如为否,请直接跳至B13题。)

☐是　　　　　　　　☐否

11.您的服务水平协议的内容是什么?(如果您B10题的答案为是,本题为多选)

☐服务的定义　　　　☐共享服务中心的角色和职责

☐机构的角色和职责　☐定价

☐问题与争议管理流程　☐其他

☐绩效评价

12.您多久更新一次服务水平协议?(如果您B10题的答案为是,本题为单选)

☐每季度　　　　　☐每半年　　　　　☐每年

☐每两年　　　　　☐每三年　　　　　☐每四年

☐每五年　　　　　☐低于每五年

13.共享服务中心的管理层达到目标与否,对其收入影响如何?
(非常小,　小,　　中等,　　大,　　非常大)
　　☐　　　☐　　　☐　　　☐　　　☐

C.共享服务中心的成本与优劣势

1.您是否知道共享服务中心设立前各机构后台服务的确切成本?(单选)

☐是的,知道每一笔交易的成本　☐是的,但仅知道总成本

☐不知道

2.您知道共享服务中心后台服务的确切成本吗?(单选)

☐是的,知道每一笔交易的成本　☐是的,但仅知道总成本

☐不知道

3.请对您所涉及的共享服务中心的(大致)主要成本进行分类。(百分比)

－劳动力成本　　　　　＿＿＿＿＿＿＿

- 设施成本　　　　　　　_____
- 系统/信息技术成本　　_____
- 其他　　　　　　　　　_____

<100%

4.与在各个机构/部门中执行后台服务相比，共享服务在以下方面的优势有多大？　　　（非常小，　　小，　　不确定，　　大，　　非常大）

- 提高服务质量　　　□　　□　　□　　□　　□
- 分摊固定成本　　　□　　□　　□　　□　　□
- 共享服务的专业化有助于提高劳动生产率
　　　　　　　　　　□　　□　　□　　□　　□
- 共享服务的专业化有助于提高资本生产率
　　　　　　　　　　□　　□　　□　　□　　□
- 改进高峰负载管理　□　　□　　□　　□　　□
- 采购优势　　　　　□　　□　　□　　□　　□
- 改进流程和技术　　□　　□　　□　　□　　□
- 区位优势　　　　　□　　□　　□　　□　　□
- 减轻各机构的管理压力
　　　　　　　　　　□　　□　　□　　□　　□
- 使共享服务中心获得充分的关注
　　　　　　　　　　□　　□　　□　　□　　□
- 提高透明度/降低监管难度
　　　　　　　　　　□　　□　　□　　□　　□
- 加强客户导向　　　□　　□　　□　　□　　□
- 提高重组的管理灵活度
　　　　　　　　　　□　　□　　□　　□　　□
- 易于后期外包　　　□　　□　　□　　□　　□

5.与在各个机构/部门中执行后台服务相比,共享服务在以下方面的劣势有多大? （非常小， 小， 不确定， 大， 非常大）

- 机构的停业成本 □ □ □ □ □
- 共享服务组织的设立成本

□ □ □ □ □

- 与各个机构的信息与通信成本

□ □ □ □ □

- 共享服务中心缺乏竞争/逃避责任

□ □ □ □ □

- 共享服务中心的子目标识别

□ □ □ □ □

（如作出不必要的扩大或技术改进）
- 部门/机构管理层的反对

□ □ □ □ □

（如由于员工的流失和权力的丧失）
- 政治成本 □ □ □ □ □

（如在机构中裁员不得人心）

6.与设立共享服务中心前的基数相比,实施共享服务预计的成本变化是怎样的?（单选）

成本增加：
□1%-5%　　□6%-10%　　□11%-15%　　□16%-20%
□21%-30%　□31%-40%　□41%-50%　　□>50%
□预计成本节约0%

成本降低：
□1%-5%　　□6%-10%　　□11%-15%　　□16%-20%
□21%-30%　□31%-40%　□41%-50%　　□>50%

7.与设立共享服务中心前的基数相比,实施共享服务实现的成本变化是

怎样的？（单选）

成本增加：

☐ 1%-5%　　☐ 6%-10%　　☐ 11%-15%　　☐ 16%-20%

☐ 21%-30%　☐ 31%-40%　☐ 41%-50%　　☐ >50%

☐ 实现成本节约 0%

成本降低：

☐ 1%-5%　　☐ 6%-10%　　☐ 11%-15%　　☐ 16%-20%

☐ 21%-30%　☐ 31%-40%　☐ 41%-50%　　☐ >50%

8.与设立共享服务中心前的基数相比，实施共享服务预计的质量变化（如错误率、处理时间、响应性）是怎样的？（单选）

质量降低：

☐ 1%-5%　　☐ 11%-15%　☐ 21%-30%　　☐ 41%-50%

☐ 6%-10%　　☐ 16%-20%　☐ 31%-40%　　☐ >50%

☐ 预计质量变化 0%

质量提高：

☐ 1%-5%　　☐ 11%-15%　☐ 21%-30%　　☐ 41%-50%

☐ 6%-10%　　☐ 16%-20%　☐ 31%-40%　　☐ >50%

9.与设立共享服务中心前的基数相比，实施共享服务实现的质量变化（如错误率、处理时间、响应性）是怎样的？（单选）

质量降低：

☐ 1%-5%　　☐ 6%-10%　　☐ 11%-15%　　☐ 16%-20%

☐ 21%-30%　☐ 31%-40%　☐ 41%-50%　　☐ >50%

☐ 实现质量变化 0%

质量提高：

☐ 1%-5%　　☐ 6%-10%　　☐ 11%-15%　　☐ 16%-20%

☐ 21%-30%　☐ 31%-40%　☐ 41%-50%　　☐ >50%

D.共享服务中心与外包

1.您所涉及的后台活动属于以下类别的（大约）占比多少？（总计100%）

_____% 政府固有的、与公共利益紧密相连的活动，必须由政府雇员开展

_____% 非政府固有但又不能外包出去的活动，如为了保持机构/部门的核心竞争力

_____% 非政府固有的、可能由私营部门进行的活动

2.您所涉及的后台流程目前外包给私营公司的比例是多少？（百分比）

_____%

3.后期，您是否计划将后台流程或多或少地外包给私营公司？（单选）

□无　　□再多一些　　□很多　　□再少一些　　□很少

4.您如果决定不外包，原因是什么？

[仅排出最重要的三个原因：最重要（1），第二重要（2），第三重要（3）]

_____ 信息保密

_____ 将专有技术的流通范围控制在组织内

_____ 外包体验不佳

_____ 外包供应商不了解特定的组织需求

_____ 合同不能充分描述后台服务

_____ 敲竹杠问题（如外部供应商可能要求高于约定的价格）

_____ 外包在政治上不受欢迎

5.与使用共享服务中心相比，外包在以下方面的优势有多大？

（非常小，　小，　不确定，　大，　非常大）

- 规模经济和范围经济程度更高

　　□　□　□　□　□

- 区位更好　□　□　□　□　□

- 消除了公共部门在雇员方面存在的僵化现象

　　□　□　□　□　□

（如工会）

－消除了公共部门在其他方面存在的僵化现象

☐ ☐ ☐ ☐ ☐

6.与使用共享服务中心相比，外包在以下方面的劣势有多大？

（非常小， 小， 不确定， 大， 非常大）

－搜索成本 ☐ ☐ ☐ ☐ ☐

（如寻找有能力的服务提供商）

－信息成本 ☐ ☐ ☐ ☐ ☐

（如收集价格和质量数据）

－谈判/协议成本 ☐ ☐ ☐ ☐ ☐

－低效谈判结果的成本

☐ ☐ ☐ ☐ ☐

－修改成本 ☐ ☐ ☐ ☐ ☐

（如根据变化的情况调整合同）

－声誉成本 ☐ ☐ ☐ ☐ ☐

（如建立可信赖伙伴的声誉）

－诉讼成本 ☐ ☐ ☐ ☐ ☐

（如涉及法律纠纷）

7.更换后台供应商是否困难？

（非常困难， 困难， 不确定， 容易，非常容易）

☐ ☐ ☐ ☐ ☐

8.如果终止与特定外包供应商的关系，您无法收回的具体投资有多高？

（非常低， 低， 不确定性， 高， 非常高）

－区位特性（如区位）☐ ☐ ☐ ☐ ☐

－实物资产专用性 ☐ ☐ ☐ ☐ ☐

（如设备或硬件）

－专用资产专用性 ☐ ☐ ☐ ☐ ☐

（如专用软件开发）
- 人力资源专用性   ☐   ☐   ☐   ☐   ☐
（如外包供应商专门培训）
- 声誉专用性   ☐   ☐   ☐   ☐   ☐

9.执行后台服务所需的流程、技能和技术是不断变化的吗？即未来有可能改变吗？

（一点也不，   有点，   有些，   是的，   程度很高）
　　☐　　　　☐　　　☐　　　☐　　　☐

10.执行后台服务所需的流程、技能和技术复杂吗？即是由很多因素组成的吗？

（一点也不，   有点，   有些，   是的，   程度很高）
　　☐　　　　☐　　　☐　　　☐　　　☐

11.后台服务是否高频率重复执行？
（频率非常低，   频率低，   不确定，   频率高，   频率非常高）
　　☐　　　　　☐　　　　☐　　　　☐　　　　☐

12.衡量服务是否得到充分执行的难易度如何？
（非常困难，   困难，   不确定，   容易，   非常容易）
　　☐　　　　☐　　　☐　　　☐　　　☐

13.后台服务是否可以自发执行，而不与其他交易有太多牵扯？
（没有太多自主权，没有自主权，不确定，有自主权，有很大自主权）
　　☐　　　　　☐　　　　☐　　　☐　　　☐

参考文献

Accenture 2003. Focus on Value: The Case for Shared Services in the Public Sector. Accenture.

Accenture. 2004. Creating and Operating an Effective and Equitable Shared Services Chargeback Framework. Accenture

Accenture. 2005a. Driving High-Performance in Government: Maximizing the Value of Public-Sector Shared Services. Accenture.

Accenture. 2005b. Optimizing Shared Services Performance through Better Service Management. Accenture.

Accenture. 2009. Lessons from the Masters. Accenture.

Acemoglu, Daron, Philippe Aghion, Claire Lelarge, John van Reenen, and Fabri-zio Zilibotti. 2007. "Technology, Information, and the Decentralization of the Firm". Quarterly Journal of Economics 122 (4): 1759-1799.

Acemoglu, Daron, Michael Kremer, and Atif Mian. 2008. "Incentives in Mar-kets, Firms, and Governments. Journal of Law, Economics, and Organization 24 (2): 273-307.

Aghion, Philippe and Jean Tirole. 1997. "Formal and Real Authority in Organi-zations." Journal of Political Economy 105 (1): 1-29.

Alchian, Armen and Harald Demsetz. 1972. "Production, Information Costs, and Economic Organization." American Economic Review 62 (5): 777-795.

Aksin, O. Zeynep and Andrea Masini. 2008. "Effective Strategies for Internal Outsourcing and Offshoring of Business Services." Journal of Operations Management 26（2）: 239-256.

Alesina, Alberto and Guido Tabellini. 2007. "Bureaucrats or Politicians? Part I: A Single Policy Task." American Economic Review 97（1）: 169-179.

Alonso, Ricardo, Wouter Dessein, and Niko Matouschek. 2008. "When Does Coordination Require Centralization." American Economic Review 98（1）: 145-179.

Anderson, Lori. 2008. The Meaning of Inherently Governmental in OMB Circu-lar A-76 from 1966 to 2003: A Change in Governing Approaches? Virginia Polytechnic Institute and State University. Digital Library and Archives.

Anechiarico, Frank and James Jacobs. 1996. The Pursuit of Absolute Integrity: How Corruption Control Makes Government Ineffective. Chicago: Univer-sity of Chicago Press.

Ansoff, Igor. 1965. Corporate Strategy. New York: McGraw-Hill.

Antras, Pol. 2003. "Firms, Contracts, and Trade Structure." Quarterly Journal of Economics 118（4）: 1375-1418.

G. Schwarz, *Public Shared Service Centers*, Management, Organisation und ökonomische Analyse 16, DOI 10. 1007/978-3-8349-4480-1, © Springer Fachmedien Wiesbaden 2014

Antras, Pol, Luis Garicano, and Esteban Rossi-Hansberg. 2006. "Offshoring in a Knowledge Economy." Quarterly Journal of Economics 121（1）: 31-77.

Arbeitskreis Dr. Krähe der Schmalenbach-Gesellschaft. Konzern-Organisation: Aufgaben- und Abteilungsgliederung im industriellen Unternehmungsverbund. Köln-Opladen: Westdeutscher Verlag.

Arbuthnot, Richard. 2009. Strategy for Planning and Delivering Public Sector Shared Services. Presentation at the Public Shared Services Summit. Harvard

Kennedy School of Government on 2009/06/18.

Arrow, Kenneth. 1964. "Control in Large Organizations." Management Science 10 (3): 397-408.

Arrow, Kenneth. 1974a. "Limited Knowledge and Economic Analysis." American Economic Review 64 (1): 1-10.

Arrow, Kenneth. 1974b. The Limits of Organization. New York: Norton. Apte, Uday and Richard Mason. 1995. "Global Disaggregation of Information-Intensive Services." Management Science 41 (7): 1250-1262.

AT Kearney. 2004. Success Through Shared Services. AT Kearney. AT Kearney. 2005. Shared Services in Government. AT Kearney. Bach, Norbert and Thorsten Petry. 2004. "Corporate Functions und Corporate Services als Führungsinstrumente m Konzern: Ergebnisse einer Untersuchung der DAX 30 Unternehmen." Working Paper 2/2004. Justus-Liebig-Universität Gießen-Fachbereich Wirtschaftswissenschaften.

Baker, George, Robert Gibbons, and Kevin Murphy. 2002. "Relational Contracts and the Theory of the Firm." Quarterly Journal of Economics 117 (1): 39-84.

Bangemann, Tom. 2005. Shared Services in Finance and Accounting. Gower: Aldershot.

Barton, Allen. 1980. "A Diagnosis of Bureaucratic Maladies." In Carol Weiss and Allen Barton (Eds.) Making Bureaucracies Work. 27-36. Beverly Hills: Sage.

Barzel, Yom. 1982. "Measurement Cost and the Organization of Markets." Jour-nal of Law and Economics 25 (1): 27-48.

Becker, Gary and Kevin Murphy. 1992. "The Division of Labor, CoordinationCosts, and Knowledge." Quarterly Journal of Economics 57 (4): 1137-1160.

Bell, David. 1962. Report to the President on Government Contracting for Research and Development.

Bell, Martin. 1981. "A Matrix Approach to the Classification of Marketing Goods and Services." In James Donnelly and William George (eds.): Market-ing of Services. 208-212. Chicago: American Marketing Association.

Bergeron, Bryan. 2003. Essentials of Shared Services. New York: Wiley.

Berle, Adolf and Gardiner Means. 1932. The Modern Corporation and Private Property. Piscataway: Transaction Publishers.

Bernoulli, Daniel. 1954 [1738]. "Exposition of a New Theory on the Measure-ment of Risk." Econometrica 22 (1): 23-36.

Besanko, David, David Dranove, Mark Shanley, and Scott Schaefer. 2007. Eco-nomics of Strategy. Fourth Edition. Hoboken: Wiley.

Bevir, Mark, R. A. W. Rhodes, and Patrick Weller. 2003. "Traditions of Govern-ance: Interpreting the Changing Role of the Public Sector." Public Admini-stration 81 (1): 1-17.

Bhagwati, Jagdish, Arvind Panagariya and T. N. Srinivasan. 2004. "The Muddles over Outsourcing." Journal of Economic Perspectives 18 (4): 93-114.

Blau, Peter and Richard Scott. 1962. Formal Organizations: A Comparative Approach. San Francisco: Chandler.

Bleicher, Knut. 1966. Zentralisation und Dezentralisation von Aufgaben in der Organisation der Unternehmungen. Berlin: Duncker & Humblot.

Blinder, Alan. 2006. "Offshoring: The Next Industrial Revolution?" Foreign Affairs 85 (2): 113-128.

Bovens, Mark. 2005. "Public Accountability." In: Ewan Ferlie, Laurence Lynn, and Christopher Pollitt (Eds.), The Oxford Handbook of Public Management. 182-208. Oxford: Oxford University Press.

Braun, Günther und Joachim Beckert. 1992. "Funktionsbereichsorganisation. "In: Erich Frese (Ed.): Handwörterbuch der Organisation. Third Edition. 640-

655. Stuttgart: Poeschel.

Breuer, Claudia and Wolfgang Breuer. 2006. "Shared-Services in Unternehmensverbünden und Konzernen- Eine Analyse auf der Grundlage der Transaktionskostentheorie. "In: Frank Keuper and Christian Oecking (Eds.), Corporate Shared Services. 97-118. Gabler: Wiesbaden.

Breuer, Wolfgang and Claudia Kreuz. 2006. "Shared-Service-Center - Eine lohnende Investition? "In: Frank Keuper and Christian Oecking (Eds.), Corporate Shared Services. 145-173. Gabler: Wiesbaden.

Buchanan, James and Gordon Tullock. 1962. The Calculus of Consent. Ann Arbor: University of Michigan Press.

Bühner, Rolf. 1992. "Spartenorganisation. "In: Erich Frese (Ed.): Handwörterbuch der Organisation. Third Edition. 2274-2287. Stuttgart: Poeschel.

Burman, Allan. 2008. "Inherently Governmental Functions: At a Tipping Point?" Public Manager 37 (1): 41-43.

Burns, Timothy and Kathryn Yeaton. 2008. Success Factors for Implementing Shared Services in Government. IBM Center for the Business of Govern-ment: Washington.

Cabinet Office. 2008. Central Government Shared Services: Guidance for Customers and Providers.

Chase, Richard. 1981. "The Customer Contact Approach to Services: Theoretical Bases and Practical Extensions." Operations Research 29 (4): 698-706.

Chandler, Alfred. 1962. Strategy and Structure. Cambridge, MA: MIT Press.

Chandler, Alfred. 1990. Scale and Scope: the Dynamics of Industrial Capitalism.

Cambridge, MA: Harvard University Press.

Christensen, Tom and Per Lagreid. 1998. "Administrative Reform Policy: The

Case of Norway." International Review of Administrative Sciences 64 (3): 457-75.

Christensen, Tom and Per Lagreid. 2001. "A Transformative Perspective on Administrative Reforms." In: Tom Christensen and Per Laegreid (Eds.), New Public Management: The Transformation of Ideas and Practice. 13-42. Al-dershot: Ashgate.

Coase, Ronald. 1937. "The Nature of the Firm." Economica 4 (16): 386-405.

Coase, Ronald. 1972. "Industrial Organization: A Proposal for Research." In: Victor Fuchs (Ed.), Policy Issues and Research Opportunities in Industrial Organization. 59-73. Cambridge, MA: National Bureau of Economic Re-search.

Coase, Ronald. 1988. "The Nature of the Firm: Origin." Journal of Law, Economics, and Organization 4 (1): 3-17.

Coase, Ronald. 2000. "The Acquisition of Fisher Body by General Motors." Journal of Law and Economics 43 (1): 15-31.

Coleman, Robert. 2006. "Service Level Agreements: A Shared Services Corner-stone." CMA Management 80 (3): 37-39.

Commons, John. 1990[1934]. Institutional Economics: Its Place in Political Economy. New Brunswick: Transaction Publishers.

Dahl, Robert and Charles Lindblom. 1953. Politics, Economics and Welfare. New York: Harper and Brothers.

Davis, Michael L and Kathy Hayes. 1993. "The Demand for Good Government." Review of Economics and Statistics 75 (1): 148-152.

Davis, Tim. 1991. "Internal Service Operations: Strategies for Increasing Their Effectiveness and Controlling Their Cost." Organizational Dynamics 20 (2): 5-22.

Davis, Tim. 2005. "Integrating Shared Services with the Strategy and Operations of MNEs." Journal of General Management 31 (2): 1-17.

Deloitte. 2007. 2007 Global Shared Services Survey Results. Deloitte Development.

Deloitte. 2009a. 2009 Global Shared Services Survey Results. Deloitte Development.

Deloitte. 2009b. Taking Shared Services to the Next Level: Towards a Portfolio Approach for Shared Services Optimization. Deloitte Development.

Deloitte Touche Tohmatsu. 2003. Shared Services Handbook: A Practical Guide to Implementing Shared Services. Deloitte Touche Tohmatsu.

Demsetz, Harold, 1983. "The Structure of Ownership and the Theory of the Firm." Journal of Law & Economics 26 (2): 375–90.

Demsetz, Harald. 1988. "The Theory of the Firm Revisited." Journal of Law, Economics, and Organization 4 (1): 141–61.

Demsetz, Harald. 1997. "The Firm in Economic Theory: A Quiet Revolution." American Economic Review 87 (2): 426–429.

Denhardt, Robert and Janet Vinzant Denhardt. 2000. "The New Public Service: Serving Rather than Steering." Public Administration Review 60 (6): 549–559.

Department of Defense. 2001. Quadrennial Defense Review Report.

Dessein, Wouter and Tano Santos. 2006. "Adaptive Organizations." Journal of Political Economy 114 (5): 956–995.

DiMaggio, Paul and Walter Powell. 1983. "The Iron Cage Revisited: Institutional Isomorphism and Collective Rationality in Organizational Fields." American Sociological Review 48 (2): 147–160.

Dixit, Avinash. 1997. "Power of Incentives in Private versus Public Organizations." American Economic Review 87 (2): 378–382.

Dixit, Avinash. 2002. "Incentives and Organizations in the Public Sector: AnInterpretative Review." Journal of Human Resources 37 (4): 696–727.

Dollery, Brian and Blight Grant. 2010. "Tortoises and Hares: The Race to Shared Services Across Australian State and Territory Jurisdictions." International

Journal of Public Administration 33（1）: 43-54.

Donahue, John and Richard Zeckhauser. 2006. "Public-Private Collaboration." In: Michael Moran, Martin Rein and Robert Goodin, The Oxford Handbook of Public Policy. 496-525. Oxford: Oxford University Press.

Donahue, John. 2008. The Warping of Government Work. Cambridge: Harvard University Press.

Downs, Anthony. 1957. An Economic Theory of Democracy. New York: Harper and Row.

Downs, Anthony. 1967. Inside Bureaucracy. Boston: Little, Brown.

Dudley, Larkin. 1996. "Fencing in the Inherently Governmental Debate." In: Gary Wamsley and James Wolf, Refounding Democratic Public Administration: Modern Paradoxes, Postmodern Challenges. 68-91. Thousand Oaks: Sage Publications.

Dunleavy, Patrick and Christopher Hood, Christopher. 1994. "From Old Public Administration to New Public Management." Public Money & Management 14（3）: 9-16.

Economist Intelligence Unit. 2006. Evaluating Public Sector Shared Services. London: The Economist Intelligence Unit.

Eisenstat, Russel. 1990. Corporate Staff Work in Divisionalized Corporations. Working Paper 90-056. Harvard Business School.

Erickson, Aaron. 2008. Ohio Shared Services: Service First. Presentation at the National Association of State Auditors, Comptrollers and Treasurers. Annual Conference on 2008/08/11.

Erickson, Aaron. 2009. Ohio Shared Services: Reflecting on Year One. Presenta-tion at the Public Shared Services Summit. Harvard Kennedy School of Gov-ernment on 2009/06/18.

Erlei, Matthias and Peter-J. Jost. 2001. "Theoretische Grundlagen des Transaktionskostenansatzes." In: Peter-J. Jost (Ed.), Der Transaktionskostenansatz in der Betriebswirtschaftslehre. 36-75. Stuttgart: Schäffer-Poeschel.

Fayol, Henri. 1984 [1916]. General and Industrial Management. New York: IEEE Press.

Ferlie, Ewan, Laurence Lynn, and Christopher Pollitt (Eds.). 2005. The Oxford Handbook of Public Management. Oxford: Oxford University Press.

Ferris, James and Elizabeth Graddy. 1994. "Organizational Choices for Public Service Supply." Journal of Law, Economics and Organization 10 (1): 126-141.

Figueiredo, Rui de, Pablo Spiller, and Santiago Urbiztondo. 1999. "An Informa-tional Perspective on Administrative Procedures." Journal of Law, Economics, and Organization 15 (1): 283-305.

Finer, Herman. 1941. "Administrative Responsibility in Democratic Government." Public Administration Review 1 (4): 335-350.

Frese, Erich und Axel von Werder. 1993. "Zentralbereiche. Organisatorische Formen und Effizienzbeurteilung." In: Erich Frese, Axel von Werder, and Walter Maly (Eds.): Zentralbereiche und praktische Erfahrungen. 1-50. Stutt-gart: Schäffer-Poeschel.

Furubotn, Eirik and Rudolf Richter. 2005. Institutions & Economic Theory: The Contributions of the New Institutional Economics. Second Edition. Ann Ar-bor: The University of Michigan Press.

Garicano, Luis. 2000. "Hierarchies and the Organization of Knowledge in Production." Journal of Political Economy 108 (5): 874-904.

Garicano, Luis. 2010. "Information Technology, Organization, and Productivity in the Public Sector: Evidence from Police Departments." Journal of Labor Economics 28 (1): 167-201.

Gaus, John. 1950. "Trends in the Theory of Public Administration." Public Administration Review 10(3): 161-168.

General Accounting Office(GAO). 2005. "Competitive Sourcing: Greater Em-phasis Needed on Increasing Efficiency and Improving Performance." Jour-nal of Public Procurement 5(3): 401-441.

Gershon, Peter. 2004. Releasing Resources for the Front Line: Independent Re-view of Public Sector Efficiency. HMSO: Norwich.

Gibbons, Robert. 2005. "Four Formal(izable)Theories of the Firm?" Journal of Economic Behavior and Organizations 58(2): 202-47.

Gilmour, John. 2006. Implementing OMB's Program Assessment Rating Tool: Meeting the Challenges of Integrating Budget and Performance. Washington: IBM Center for the Business of Government.

Goo, Jahyun, Derrick Huang, and Paul Hart. 2008. "A Path to Successful IT Outsourcing: Interaction Between Service-Level Agreements and Commit-ment." Decision Sciences 39(3): 469-506.

Goodnow, Frank. 1900. Politics and Administration: A Study in Government. New York: Russell and Russell.

Goold, Michael, David Pettifer, and David Young. 2001. "Redesigning the Cor-porate Centre." European Management Journal 19(1): 83-91.

Gore, Albert. 1993. From Red Tape to Results: Creating a Government That Works Better and Costs Less. U. S. Government Printing Office.

Gospel, Howard and Mari Sako. 2010. "The Unbundling of Corporate Functions: The Evolution of Shared Services and Outsourcing in Human Resource Man-agement." Industrial and Corporate Change 19(5): 1367-1396.

Gramlich, Edward and Daniel Rubinfeld. 1982. "Micro Estimates of PublicSpending Demand Functions and Tests of the Tiebout and Median-Voter Hy-potheses." Journal of Political Economy 90(3): 536-560.

Grant, Gerald, Shawn McKnight, Aareni Uruthirapathy, and Allen Brown.

2007.

"Designing Governance for Shared Services Organizations in the Public Service." Government Information Quarterly 24（3）: 522-538.

Gregory, Robert. 2003. "Accountability in Modern Government." In: Guy Peters and Jon Pierre (Eds.), Handbook of Public Administration. 557-568. London: Sage Publications.

Grossman, Gene and Esteban Rossi-Hansberg. 2006. "Trading Tasks: A Simple Theory of Offshoring. Working Paper. August 2006.

Grossman, Sanford and Oliver Hart. 1986. "The Costs and Benefits of Ownership: A Theory of Vertical and Lateral Integration." Journal of Political Economy 94（4）: 691-719.

Guetzkow, H. 1965. "Communication in Organizations." In James March.

Handbook of Organizations. 534-573. Chicago: Rand McNally & Company.

Hamel, Winfried. 2004. "Funktionale Organisation. "In: Georg Schreyögg und Axelv. Werder (Eds.), Handwörterbuch Unternehmensführung und Organisation. Fourth Edition. 324-332. Stuttgart: Schäffer-Poeschel.

Hart, Oliver. 1988. "Incomplete Contracts and the Theory of the Firm." Journal of Law, Economics, and Organization 4（1）: 119-139.

Hart, Oliver. 1989. "An Economist's Perspective on the Theory of the Firm." Columbia Law Review 89（7）: 1757-1774.

Hart, Oliver. 2009. "Hold-up, Asset Ownership, and Reference Points." Quar-terly Journal of Economics 124（1）: 267-300.

Hart, Oliver and John Moore. 2005. "On the Design of Hierarchies: Coordination Versus Specialization." Journal of Political Economy 113（4）: 675-702.

Hart, Oliver and John Moore. 2008. "Contracts as Reference Points." Quarterly Journal of Economics 123（1）: 1-48.

Hart, Oliver, Andrei Shleifer, and Robert Vishny. 1997. "The Proper Scope of Government: Theory and an Application to Prisons." Quarterly Journal of Economics 112 (4): 1127-1161.

Hayek, Friedrich. 1945. "The Use of Knowledge in Society." American Economic Review 35 (4): 519-530.

Hermes, Heinz-Josef and Gerd Schwarz. 2005. "Shared Services in der Praxis." In: Heinz-Josef Hermes and Gerd Schwarz (Eds.), Outsourcing. Haufe: München.

Heugens, Pursey. 2005. "A Neo-Weberian Theory of the Firm." Organization Studies 26 (4): 547-567.

Hill, Larry. 1992. "Introduction: Public Bureaucracy and the American State." In: Larry Hill (Ed.), The State of Public Bureaucracy. 1-11. London: M. E. Sharpe.

Hill, Larry. 1992. "Taking Bureaucracy Seriously." In: Larry Hill (Ed.), The State of Public Bureaucracy. 15-59. London: M. E. Sharpe.

Hirsch, Barry. 2010. "Unions, Dynamism, and Economic Performance. In: Mi-chael Wachter and Cynthia Estlund (Eds.), Research Handbook on the Economics of Labor and Employment Law. Forthcoming. Cheltenham: Edward Elgar.

Hirshleifer, J. 1973. "Where Are We in the Theory of Information?" American Economic Review 63 (2): 31-39.

Hobbes, Thomas. 1955 [1651]. Leviathan. Oxford: Blackwell.

Holman, Barry. 2002. Competitive Sourcing: Challenges in Expanding A-76 Government-wide. Testimony Before the Committee on Governmental Af-fairs, US Senate.

Holmes, Oliver Wendell. 1992. The Essential Holmes: Selections from the Let-ters, Speeches, Judicial Opinions, and Other Writings of Oliver Wendell Holmes Jr. University of Chicago Press: Chicago.

Holmström, Bengt and John Roberts. 1998. "The Boundaries of the Firm

Revis-ited." Journal of Economic Perspectives 12 (4): 73-93.

Hood, Christopher. 1991. "A Public Management for All Seasons?" Public Ad-ministration 69 (1): 3-19.

Hood, Christopher. 2005. "Public Management: The Word, the Movement, the Science." In Ferlie, Ewan, Laurence Lynn, and Christopher Pollitt (Eds.). 2005. The Oxford Handbook of Public Management. 7-26. Oxford: Oxford University Press.

Hood, Christopher and Guy Peters. 2004. "The Middle Aging of New Public Management: Into the Age of Paradox?" Journal of Public Administration Research and Theory 14 (3): 267-282.

Hurwicz, Leonid. 1969. "On the Concept and Possibility of Informational De-centralization." American Economic Review 59 (2): 513-524.

Hutzschenreuter, Thomas, Arie Lewin, and Wolfgang Ressler. 2011a. "The Growth of White-Collar Offshoring: Germany and the US from 1980 to 2006." European Management Journal 29 (4): 245-259.

Hutzschenreuter, Thomas, Arie Lewin, and Wolfgang Ressler. 2011b. "Time to Success in Offshoring Business Processes: A Multi Level Analysis." Man-agement International Review 51 (1): 65-92.

Janssen, Marijn and Anton Joha. 2006. "Motives for Establishing Shared Service Centers in Public Administrations." International Journal of Information Management 26 (2): 102-115.

Janssen, Marijn and Wagenaar, René W. 2004. "An Analysis of a Shared Ser-vices Centre in E-Government." In: HICSS. Proceedings of the 37th Hawaii International Conference on System Sciences. 1-10.

Jones, Lawrence and David Kettl. 2003. "Assessing the Public Management Reform in an International Context." International Public Management Re-view 4 (1): 1-18.

Joskow, Paul. 1985. "Vertical Integration and Long Term Contracts: The

Case of Coal-Burning Electric Generating Plants." Journal of Law, Economics, and Organization 1 (1): 33-80.

Joskow, Paul. 1987. "Contract Duration and Relationship-Specific Investments: Empirical Evidence from Coal Markets." American Economic Review 77 (1): 168-185.

Jost, Peter-J. 2000a. Ökonomische Organisationstheorie. Wiesbaden: Gabler.

Jost, Peter-J. 2000b. Organisation and Koordination. Wiesbaden: Gabler.

Jost, Peter-J. 2000c. Organisation and Motivation. Wiesbaden: Gabler.

Jost, Peter-J. 2001a. "Der Transaktionskostenansatz im Unternehmenskontext. "In: Peter-J. Jost (Ed.), Der Transaktionskostenansatz in der Betriebswirtschaftslehre. 9-34. Stuttgart: Schäffer-Poeschel.

Jost, Peter-J. 2001b. "Innerbetriebliche Koordination. "In: Peter-J. Jost (Ed.), Der Transaktionskostenansatz in der Betriebswirtschaftslehre. 301-335.

Stuttgart: Schäffer-Poeschel.

Jost, Peter-J. 2004. "Transaktionskostentheorie. "In: Georg Schreyögg and Axel Von Werder (Eds.), Handwörterbuch Unternehmensführung und Organisation. 1450-58. Stuttgart: Schäffer-Poeschel.

JPMorgan. 2004. Moving Towards Global Shared Service Centers. JPMorgan Chase Bank.

Kagelmann, Uwe. 2001. Shared Services als Alternative Organisationsform: Am Beispiel der Finanzfunktion im multinationalen Konzern. Wiesbaden: Gabler.

Kahneman, Daniel. 2003. "Maps of Bounded Rationality: Psychology for Behav-ioral Economics." American Economic Review 93 (2): 1449-1475.

Kahneman, Daniel, Jack Knetsch, and Richard Thaler. 1991. "The Endowment Effect, Loss Aversion, and Status Quo Bias. "Journal of Economic Perspec-tives 5 (1): 193-206.

Kahneman, Daniel and Amos Tversky. 1979. "Prospect Theory: An Analysis of Decision under Risk." Econometrica 47 (2): 263-293.

Kakabadse, Andrew and Nadia Kakabadse. 2000. "Sourcing: New Face to Economies of Scale and the Emergence of New Organizational Forms." Knowledge and Process Management 7 (2): 107-118.

Kamarck, Elaine. 2007. The End of Government…As we Know it: Making Pub-lic Policy Work. London: Lynne Rienner.

Katz, Daniel and Robert Kahn. 1966. The Social Psychology of Organizations. New York: Wiley.

Kelman, Steven. 2002. "Contracting," In: Lester Salamon (Ed.), The Tools of Government: A Guide to the New Governance. 282-318. Oxford: Oxford University Press.

Kelman, Steven. 2005. Unleashing Change: A Study of Organizational Renewal in Government. Washington: Brookings Institution Press.

Kelman, Steven. 2007. "The Transformation of Government in the Decade Ahead." In Donald Kettl and Steven Kelman (Eds.) Reflections on 21st Cen-tury Government Management. 33-55. Washington: IBM Center for the Business of Government.

Kelman, Steven. 2008. "Public Administration and Organization Studies." In: Arthur Brief and James Walsh (Eds.), Academy of Management Annals 1: 225-267. New York: Erlbaum.

Kettl, Donald. 1997. "The Global Revolution in Public Management: Driving Themes, Missing Links." Journal of Policy Analysis and Management 16 (3): 446-462.

Kettl, Donald. 2000. The Global Public Management Revolution: A Report on the Transformation of Governance. Washington: Brookings.

Kettl, Donald. 2002. The Transformation of Governance: Public Administration for Twenty-First Century America. Baltimore: John Hopkins University Press.

Keuper, Frank and Christian Oecking (Eds.). 2006. Corporate Shared Services. Gabler: Wiesbaden.

Klaes, Matthias and Esther-Mirjam Sent. 2005. "A Conceptual History of the Emergence of Bounded Rationality." History of Political Economy 37 (1): 27-59.

Klein, Benjamin. 1983. "Contracting Costs and Residual Claims: The Separation of Ownership and Control." Journal of Law & Economics 26 (2): 367-74.

Klein, Benjamin. 1996. "Why Hold-ups Occur: The Self-Enforcing Range of Contractual Relationships." Economic Inquiry 34 (3): 444-463.

Klein, Benjamin. 2000. "Fisher-General Motors and the Nature of the Firm." Journal of Law and Economics 43 (1): 105-141.

Klein, Benjamin, Robert Crawford, and Armen Alchian. 1978. "Vertical Integra-tion, Appropriable Rents and the Competitive Contracting Process." Journal of Law and Economics 21 (2): 297-326.

Klein, Benjamin and Kevin M. Murphy. 1997. "Vertical Integration as a Self-Enforcing Contractual Arrangement." American Economic Review 87 (2): 415-420.

Knetsch, Jack. 1989. "The Endowment Effect and Evidence of Nonreversible Indifference Curves." American Economic Review 79 (5): 1277-1284.

Knez, Peter, Vernon Smith, and Arlington Williams. 1985. "Individual Rational-ity, Market Rationality, and Value Estimation." American Economic Review 75 (2): 397-402.

Knight, Frank. 1921. Risk, Uncertainty and Profit. Boston: Houghton Mifflin.

Knott, Jack and Gary Miller. 1987. Reforming Bureaucracy: The Politics of Institutional Choice. Englewood Cliffs: Prentice-Hall.

Kosiol, Erich. 1962. Organisation der Unternehmung. Wiesbaden: Gabler.

Kreisel, Henning. 1995. Zentralbereiche: Formen, Effizienz und Integration.

Wiesbaden: Gabler.

Kroszner, Randall and Louis Putterman. 2009. "Reintroducing the Economic Nature of the Firm. "In: Randall Kroszner and Louis Putterman (Eds.), The Economic Nature of the Firm. Third Edition. 1-32. Cambridge: Cambridge University Press.

Krüger, Wilfried. 2004. "Center-Konzepte in der Konzernentwicklung. "In: Axel von Werder and Harald Stöber (Eds.), Center-Organisation. 181-205. Stuttgart: Schäffer-Poeschel.

Krüger, Wilfried and Marc Danner. 2004. "Bündelung von Controllingfunktionen in Shared Service Centern." Zeitschrift für Controlling & Management 48 (Sonderheft 2): 110-118.

Laski, Harold. 1930. "Bureaucracy." In: Edwin Seligman (Ed.), Encyclopaedia of the Social Sciences 3: 70-73. New York: Macmillan.

Luckey, John, Valerie Bailey Grasso, and Kate Manuel. 2009. Inherently Governmental Functions and Department of Defense Operations: Background, Is-sues, and Options for Congress. Congressional Research Service Report for Congress.

Lynn, Laurence. 1998. "The New Public Management: How to Transform a Theme into a Legacy." Public Administration Review 58 (3): 231-37.

Mankiw, Gregory and Philip Swagel. 2006. "The Politics and Economics of Offshore Outsourcing." Journal of Monetary Economics 53 (5): 1027-1056.

Maor, Moshe. 1999. "The Paradox of Managerialism." Public Administration Review 59 (1): 5-18.

Marglin, Stephen. 1974. "What Do Bosses Do?" Review of Radical Political Economy 6 (2): 60-112.

March, James. 1978. "Bounded Rationality, Ambiguity, and the Engineering of Choice", Bell Journal of Economics, 9 (2): 587-608.

Marschak, Thomas. 1969. "On the Comparison of Centralized and Decentralized

Economies." American Economic Review 59（2）: 525-32.

Marshall, John. 2009. "The New Administration's Shared Services Opportu-nity." Public Manager. Retrieved May 15, 2011 from http: //www. thepublicmanager. org/articles/docs/sharedservices_opportunity. pdf

McBride, Mark. 1990. "The Economic Approach to Political Behavior: Gover-nors, Bureaucrats, and Cost Commissions." Public Choice 66（2）: 117-136.

McIvor, Ronan, Martin McCracken, and Marie McHugh. "Creating Outsourced Shared Services Arrangements: Lessons from the Public Sector." European Management Journal: 29（6）: 448-461.

McNolgast. 1999. "The Political Origins of the Administrative Procedure Act." Journal of Law, Economics and Organization 15（1）: 180-217.

Mechling, Jerry. 2006. "Transforming the Back Office: Why and How." eC3 Annual Conference Paper.

Meier, Kenneth and Gregory Hill. 2005. "Bureaucracy in the Twenty-First Cen-tury." In: Ewan Ferlie, Laurence Lynn, and Christopher Pollitt（Eds. ）, The Oxford Handbook of Public Management. 51-71. Oxford: Oxford University Press.

Merton, Robert. 1940. "Bureaucratic structure and personality." Social Forces 18（4）: 560-568.

Metters, Rich. 2008. "A Typology of Offshoring and Outsourcing in Electroni-cally Transmitted Services." Journal of Operations Management 26（2）: 198-211.

Milgrom, Paul and John Roberts. 1988a. "An Economic Approach to Influence Activities in Organizations." American Journal of Sociology 93（Supple-ment）: S154-179.

Milgrom, Paul and John Roberts. 1988b. "Economic Theories of the Firm: Past, Present, and Future." Canadian Journal of Economics 21（3）: 444-458.

Milgrom, Paul and John Roberts. 1990a. "Bargaining Costs, Influence Costs, and the Organization of Economic Activity." In: James Alt and Kenneth Shepsle

(Eds.), Perspectives on Positive Political Economy. 57-90. Cambridge: Cambridge University Press.

Milgrom, Paul and John Roberts. 1990b. "The Economics of Modern Manufacturing:Technology, Strategy, and Organization. American Economic Review 80 (3): 511-528.

Milgrom, Paul and John Roberts. 1992. Economics, Organization and Management. Prentice-Hall: Upper Saddle River.

Miller, Darryl and Jacque Foust. 2003. "Classifying Services by Tangibility/Intangibility of Attributes and Benefits." Services Marketing Quarterly 24 (4): 35-55.

Mintzberg, Henry. 1996. "Managing Government, Governing Management." Harvard Business Review 74 (3): 75-83.

Mithas, Sunil and Jonathan Whitaker. 2006. "Effect of Information Intensity and Physical Presence Need on the Global Disaggregation of Services: Theory and Empirical Evidence." SSRN Working Paper.

Mitzman, Arthur. 1970. The Iron Cage: An Historical Interpretation of Max Weber. New York: Alfred A. Knopf.

Moe, Terry. 1984. "The New Economics of Organization." American Journal of Political Science 28 (4): 739-777.

Moe, Terry. 1990a. "Political Institutions: The Neglected Side of the Story." Journal of Law, Economics, and Organization 6(Special Issue): 213-254.

Moe, Terry. 1990b. "The Politics of Structural Choice: Toward a Theory of Pub-lic Bureaucracy." In: Oliver Williamson (Ed.), Organization Theory: From Chester Barnard to the Present and Beyond. 116-153. Oxford: Oxford Uni-versity Press.

Mookherjee, Dilip. 2006. "Decentralization, Hierarchies, and Incentives: A Mechanism Design Perspective." Journal of Economic Literature 44 (2): 367-390.

Moore, Mark. 1995. Creating Public Value: Strategic Management in Government. Cambridge, MA: Harvard University Press.

Moore, Mark. 2000. "Managing for Value: Organizational Strategy in For-Profit, Nonprofit, and Governmental Organizations." Nonprofit and Voluntary Sector Quarterly 29 (1): 183–204.

Nachmias, David and David Rosenbloom. 1980. Bureaucratic Government USA.

New York: St. Martin's Press.

National Audit Office. 2007. Improving Corporate Functions Using Shared Services. London: The Stationary Office.

NASA. 2007. NASA Shared Services Center: A Brief History. Unpublished brochure.

Neumann, von John and Oskar Morgenstern. 1944. The Theory of Games and Economic Behavior. New York: Princeton University Press.

Newman, William. 1963. Administrative Action: The Techniques of Organization and Management. Second Edition. Englewood Cliffs: Prentice-Hall.

Niskanen, William. 1971. Bureaucracy and Representative Government. Chicago: Aldine-Atherton.

Niskanen, William. 1975. "Bureaucrats and Politicians." Journal of Law and Economics 18 (3): 617–43.

Niskanen, William. 1979. "Competition among Government Bureaus." American Behavioral Scientist 22 (5): 517–24.

Nordsieck, Fritz. 1955[1934]. Rationalisierung der Betriebsorganisation. 2. Auflage. Stuttgart: C. E. Poeschl.

North, Douglass. 1981. Structure and Change in Economic History. New York: Norton.

North, Douglass. 1997. "Prologue." In: John Drobak and John Nye (Eds.), The

Frontiers of the New Institutional Economics. 3-12. San Diego: Academic Press.

Novaes, Walter and Luigi Zingales. 2004. "Bureaucracy as a Mechanism to Generate Information." Rand Journal of Economics 35 (2): 245-259.

Office of Management and Budget. 2007. Competitive Sourcing: Report on Competitive Sourcing Results Fiscal Year 2006.

Oftelie, Antonio. 2010. Shared Services Horizons of Value. Cambridge, MA: The President and Fellows of Harvard College.

Olsen, Johan. 2005. "Maybe it is Time to Rediscover Bureaucracy." Journal of Public Administration Research and Theory 16 (1): 1-24.

Olson, Mancur. 1965. The Logic of Collective Action. Cambridge, MA: Harvard University Press.

Osborne, David and Ted Gaebler. 1992. Reinventing Government: How the Entrepreneurial Spirit is Transforming the Public Sector from Schoolhouse to Statehouse, City Hall to the Pentagon. Reading, MA: Addison-Wesley.

Osborne, David and Peter Plastrik. 2000. The Reinventor's Fieldbook: Tools For Transforming Your Government. New York: Wiley.

Panzar, John and Robert Willig. 1981. "Economies of Scope." American Economic Review 71 (2): 268-272.

Pauly, Mark. 1968. "The Economics of Moral Hazard." American Economic Review 58 (3): 531-37.

Perry, James and Hal Rainey. 1988. "The Public-Private Distinction in Organiza-tion Theory: A Critique and Research Strategy." Academy of Management Review 13 (2): 182-201.

Perry, James and Lois Wise. 1990. "The Motivation Bases of Public Service." Public Administration Review 50 (3): 367-373.

Peters, Guy and Jon Pierre. 2003. "Introduction: The Role of Public Administra-tion in Governing." In: Guy Peters and Jon Pierre (Eds.), Handbook of Public Administration. 1-10. London: Sage.

Petit, Thomas. 1975. Fundamentals of Management Coordination. New York: Wiley.

Pollitt, Christopher. 1990. Managerialism and the Public Services: The Anglo-American Experience. Oxford: Basil Blackwell.

Prendergast, Canice. 2007. "The Motivation and Bias of Bureaucrats." American Economic Review 97 (1): 180-96.

Porter, Michael. 1985. Competitive Advantage. New York: The Free Press.

Porter, Michael and Victor Millar. 1985. "How Information Gives You a Competitive Advantage." Harvard Business Review 63 (4): 149-160.

Posner, Richard. The Economic Analysis of Law. Boston: Little, Brown.

PricewaterhouseCoopers. 2008. How to Design a Shared Service Center that Works. PricewaterhouseCoopers.

Quinn, Barbara, Robert Cooke, and Andrew Kris. 2000. Shared Services: Mining for Corporate Gold. London: Prentice Hall.

Radner, Roy. 1992. "Hierarchy: The Economics of Managing." Journal of Eco-nomic Literature 30 (3): 1382-1415.

Rainey, Hal and Young Han Chun. 2005. "Public and Private Management Compared." In: Ewan Ferlie, Laurence Lynn, and Christopher Pollitt (Eds.), The Oxford Handbook of Public Management. 72-102. Oxford: Oxford Uni-versity Press.

Rajan, Raghuram and Luigi Zingales. 1998. "Power in a Theory of the Firm". Quarterly Journal of Economics 113 (2): 387-432.

Rajan, Raghuram and Luigi Zingales. 2001. "The Firm as a Dedicated Hierarchy: A Theory of the Origins and Growth of Firms". Quarterly Journal of Economics 116 (3): 805-851.

Rajan, Raghuram and Julie Wulf. 2006. "The Flattening Firm: Evidence from

Panel Data on the Changing Nature of Corporate Hierarchies." Review of Economics and Statistics 88（4）: 759-773.

Reckenfelderbäumer, Martin. 2004. "Zentralbereiche. "In: Georg Schreyögg und Axel v. Werder（Ed. ）, Handwörterbuch Unternehmensführung und Organisation. Fourth Edition. 1665-1673. Stuttgart: Schäffer-Poeschel.

Robertson, Dennis. 1923. Control of Industry. Hertfordshire: Nisbet & Co.

Samuelson, William and Richard Zeckhauser. 1988. "Status Quo Bias in Decision Making." Journal of Risk and Uncertainty 1（1）: 7-59.

Schmalenbach, Eugen. 1959. Über Dienststellengliederung in Großbetrieben. Köln/Opladen: Westdeutscher Verlag.

Schramm, Walter. 1936. Die betrieblichen Funktionen und ihre Organisation. Berlin: Walter de Bruhter.

Schulman, Donniel, Martin Harmer, John Dunleavy, and James Lusk. 1999. Shared Services: Adding Value to the Business Units. New York: Wiley.

Schumpeter, Joseph. 1996 [1942]. Capitalism, Socialism and Democracy. London: Routledge.

Schwarz, Gerd. 2005. "Outsourcing: Eine Einführung." In: Heinz-Josef Hermes and Gerd Schwarz（Eds. ）, Outsourcing. Haufe: München.

Simon, Herbert. 1947. Administrative Behavior: A Study of Decision-Making Processes in Administrative Organizations. New York: McMillan Co.

Simon, Herbert. 1957. Models of Man: Social and Rational; Mathematical Essays on Rational Human Behavior in a Social Setting. New York: Wiley.

Simon, Herbert. 1979. "Rational Decision Making in Business Organizations." American Economic Review 69（4）: 493-513.

Simon, Herbert. 1985. "Human Nature in Politics: The Dialogue of Psychology with Political Science." American Political Science Review 79（2）: 293-304.

Simon, Herbert. 1991. "Organizations and Markets." Journal of Economic Perspectives 5（2）：28-44.

Simon, Herbert, Harold Guetzkow, George Kozmetsky, and Gordon Tyndall. 1954. Centralization vs. Decentralization in Organizing the Controller's De-partment. New York：Controllership Foundation.

Shleifer, Andrei. 1998. "State versus Private Ownership." Journal of Economic Perspectives 12（4）：133-150.

Shleifer, Andrei and Robert Vishny. 1994. "Politicians and Firms." Quarterly Journal of Economics 109（4）：995-1025.

Shostack, Lynn. 1977. "Breaking Free from Product Marketing." Journal of Marketing 41（2）：73-80.

Slater, Gary and David Spencer. 2000. "The uncertain foundations of transaction costs economics." Journal of Economic Issues 34（1）：61-87.

Smith, Adam. 1976 [1776]. An Inquiry into the Nature and Causes of the Wealth of Nations. Chicago：University of Chicago Press.

State of Illinois. 2009. "Shared Services." In：Illinois State Budget：Fiscal Year 2010. 79-82. Springfield：State of Illinois.

State of Wisconsin and State of Minnesota. 2009. Wisconsin Minnesota Collaboration Report.

Stauss, Bernd. 1995. "Internal Services：Classification and Quality Management." International Journal of Service Industry Management 6（2）：62-78.

Stieglitz, Harold and Allen Janger. 1965. Top Management Organization in Divisionalized Companies. New York：National Industrial Conference Board.

Stigler, George. 1961. "The Economics of Information." Journal of Political Economy 69（3）：213-25.

Stiglitz, Joseph. 2002. "Information and the Change in the Paradigm in Econom-ics." American Economic Review 92（3）：460-501

Talbot, Colin. 2005. "Performance Management." In：Ewan Ferlie, Laurence

Lynn, and Christopher Pollitt (Eds.), The Oxford Handbook of Public Management. 491-517. Oxford: Oxford University Press.

Tadelis, Steven. 2007. "The Innovative Organization: Creating Value through Outsourcing." California Management Review 50 (1): 261-277.

Teece, David. 1980. "Economies of Scope and the Scope of the Enterprise." Journal of Economic Behavior and Organization 1 (3): 223-247.

Thaler, Richard. 1980. "Toward a Positive Theory of Consumer Choice." Journal of Economic Behavior and Organization 1 (1): 39-60.

Tirole, Jean. 1994. "The Internal Organization of Government." Oxford Economic Papers 46 (1): 1-29.

Tirole, Jean. 1999. "Incomplete Contracts: Where Do We Stand?" Econometrica 107 (1): 1-39.

Tversky, Amos and Daniel Kahneman. 1991. "Loss Aversion in Riskless Choice: A Reference-Dependent Model. Quarterly Journal of Economics 106 (4): 1039-1061.

Waldo, Dwight. 1948. The Administrative State: A Study of the Political Theory of American Public Administration. New York: Ronald Press.

Waldo, Dwight. 1952. "Development of Theory of Democratic Administration." American Political Science Review 46 (1): 81-103.

Wamsley, Gary and Mayer Zald. 1973. The Political Economy of Public Organizations: A Critique and Approach to the Study of Public Administration. Lexington, MA: Lexington Books.

Weber, Jürgen. 2006. "Zum Zusammenspiel von zentralem und dezentralem Controlling." Zeitschrift für Controlling & Management 50 (4): 211-217.

Weber, Jürgen and Utz Schäffer. 2008. Einführung in das Controlling. Twelfth Edition. Stuttgart: Schäffer Poeschl.

Weber, Max. 1978. Economy and Society. Berkley: University of California

Press.

Weiss, Carol. 1980. "Efforts at Bureaucratic Reform: What Have we Learned." In: Carol Weiss and Allen Barton(Eds.), Making Bureaucracies Work. 7-26.

Beverly Hills: Sage.

Werder, von Axel and Jens Grundei. 2004. "Konzeptionelle Grundlagen der Center-Organisation: Gestaltungsmöglichkeiten und Effizienzbewertung." In: Axel von Werder and Harald Stöber(Eds.), Center-Organisation. 11-54.

Stuttgart: Schäffer-Poeschel.

Werder, von Axel and Harald Stöber(Eds.). 2004. Center-Organisation. Schäffer-Poeschel: Stuttgart.

Whinston, Michael. 2003. "On the Transaction Cost Determinants of Vertical Integration." Journal of Law Economics and Organizations 19(1): 1-23.

White. Leonard. 1926. Introduction to the Study of Public Administration. New York: Macmillan.

Whitfield, Dexter. 2007. Shared Services in Britain. European Services Strategy: Newcastle upon Tyne.

Williamson, Oliver. 1970. Corporate Control and Business Behavior. Englewood Cliffs: Prentice Hall.

Williamson, Oliver. 1971. "The Vertical Integration of Production: Market Fail-ure Considerations." American Economic Review, 61(2): 112-23.

Williamson, Oliver. 1975. Markets and Hierarchies: Analysis and Antitrust Im-plications. New York: Free Press.

Williamson, Oliver. 1979. "Transaction Cost Economics: The Governance of Contractual Relations". Journal of Law and Economics 22(2): 233-61.

Williamson, Oliver. 1981. "The Modern Corporation: Origins, Evolution, Attrib-utes." Journal of Economic Literature 19(4): 1537-68.

Williamson, Oliver. 1985. The Economic Institutions of Capitalism. New York: Free Press.

Williamson, Oliver. 1999. "Public and Private Bureaucracies: A Transaction Cost Economics Perspective." Journal of Law, Economics, and Organization 15 (1): 306–342.

Williamson, Oliver. 2005. "The Economics of Governance." American Economic Review 95 (2): 1–18.

Willig, Robert. 1979. "Multiproduct Technology and Market Structure." Ameri-can Economic Review 69 (2): 346–351.

Wilson, Woodrow. 1887. "The Study of Administration." Political Science Quar-terly 2 (2): 197–222.

Van Herwaarden, Elias and Gerd Schwarz. 2005. "Der optimale Standort für Shared Services." In: Heinz-Josef Hermes and Gerd Schwarz (Eds.), Outsourcing. Haufe: München.

Zammuto, Raymond, Terri Griffith, Ann Majchrzak, Deborah Dougherty, and Samer Faraj. 2007. "Information Technology and the Changing Fabric of Organization." Organization Science 18 (5): 749–62.

Zingales, Luigi. 2000. "In Search of New Foundations." Journal of Finance 55 (5): 1623–1653.